I0429237

Anatole Leroy-Beaulieu

# La Révolution
# et le libéralisme

*Essais de critique et d'histoire*

Le code de la propriété intellectuelle du 1er juillet 1992 interdit en effet expressément la photocopie à usage collectif sans autorisation des ayants droit. Or, cette pratique s'est généralisée dans les établissements d'enseignement supérieur, provoquant une baisse brutale des achats de livres et de revues, au point que la possibilité même pour les auteurs de créer des oeuvres nouvelles et de les faire éditer correctement est aujourd'hui menacée. En application de la loi du 11 mars 1957, il est interdit de reproduire intégralement ou partiellement le présent ouvrage, sur quelque support que ce soir, sans autorisation de l'Editeur ou du Centre Français d'Exploitation du Droit de Copie , 20, rue Grands Augustins, 75006 Paris.

ISBN : 978-1523631476


10  9  8  7  6  5  4  3  2  1

Anatole Leroy-Beaulieu

# La Révolution et le libéralisme

Essais de critique et d'histoire

# Table de Matières

Avant-propos                                                    6

Le banquet du centenaire de 1789                              11

Les mécomptes du libéralisme                                 109

La Révolution et la séparation de l'Église et de l'État      147

Nos hôtes de 1889                                            198

## Avant-propos

La Révolution et le libéralisme, tel est le sujet des principaux essais réunis dans ce volume. Il en est peu qui prêtent à autant de discussions ; la science historique, d'un côté, l'expérience de la politique, de l'autre, y ont jeté des lumières et, aussi, des ombres nouvelles. Ce sujet, dont aucun Français ne saurait se désintéresser, j'ai le sentiment de l'avoir traité d'une manière objective, cherchant à en découvrir les faces multiples, sans craindre, au besoin, de paraître me contredire. Qui veut saisir, dans leur complexité, les caractères et les causes des grandes révolutions sociales ou politiques doit souvent braver l'apparence de la contradiction. L'unité d'impression et de jugement risque de n'être obtenue qu'au moyen de la mutilation de la réalité vivante, partant aux dépens de la vérité. Cette difficulté, je l'ai vivement ressentie. C'est pour cela que, dans le *Banquet du Centenaire de 1789*, je me suis permis de faire discourir, sur la Révolution, des personnages de différente origine et de pays divers.

Chacun de ces discours, si opposés de points de vue, contient, à mon sens, une part de vrai ; la vérité d'ensemble me paraît ressortir de ces portions de vérité.

En tête de ces pages, dédiées à mes élèves, je crois devoir placer une ou deux remarques. La Révolution française et le libéralisme français sont issus l'un de l'autre ; et quoique, à certains égards, opposés d'esprit et de tempérament, ils se trouvent, bon gré, mal gré, mis en cause simultanément. Ce n'est pas seulement 1789 qui est discuté, attaqué, renié ; c'est, avec la Révolution, le Libéralisme qui en avait recueilli l'héritage, et qui, en en répudiant les chimères et les violences, se flattait d'en corriger et d'en achever l'œuvre.

Aux fils et aux petits-fils des hommes de 1830 et de 1789, ce siècle vieilli offre un spectacle attristant. À gauche comme à droite, dans les partis au pouvoir aussi bien que dans l'opposition, parmi les monarchistes non moins que parmi les républicains, les idées de liberté sont en discrédit. Ce phénomène, qui n'est pas nouveau chez nous, n'est pas particulier à la France ; mais, nulle part, il n'est plus

Anatole Leroy-Beaulieu

apparent. Démocrates ou conservateurs, la plupart des politiques ou des écrivains qui vantaient la liberté à la veille ou au lendemain de 1870 lui sont devenus infidèles ; et cela, non seulement dans leurs actes ou leurs procédés, genre d'infidélité qui, tenant aux passions humaines, est de tous les temps ; mais aussi dans leurs maximes, dans leurs théories, infidélité autrement grave, parce que plus désintéressée. De même qu'on a proclamé la banqueroute de la Révolution, beaucoup, autour de nous, sont enclins à dénoncer la faillite du Libéralisme.

Nous en avons, ici même, indiqué les mécomptes, et ces mécomptes, nous en avons montré les raisons, dans l'avènement de la Démocratie et dans les fautes du Libéralisme : dans son goût de l'abstraction, dans son optimisme bourgeois, dans sa présomption orgueilleuse, dans son dogmatisme poussé parfois jusqu'à l'esprit de secte, dans sa négligence ou son oubli des besoins moraux et matériels des masses.

Tandis que l'idée de liberté parait en déclin, prenant, aux yeux de beaucoup de jeunes gens, quelque chose de suranné et de vieillot, l'idée nationale, l'idée de patrie a conservé ou repris tout son prestige. Au culte démodé de la Liberté, intangible et trompeuse déesse, a succédé, pour nombre de Français, le culte de la France, religion plus positive, moins remuante et moins décevante. C'est par ce sentiment profond et sérieux que la jeunesse actuelle, la moins jeune peut-être qu'ait nourrie la terre de France, tend à s'élever au-dessus du lourd matérialisme et de l'empirisme sceptique qui menacent de prévaloir dans le domaine politique. Cela est à l'honneur de la jeunesse, et cela est pour le bien de la France ; c'en serait assez pour ne désespérer ni de l'une ni de l'autre. Mais ce qu'elle ne semble pas sentir, cette jeunesse désabusée avant d'avoir vécu, c'est combien, de ce côté de la Révolution, l'amour de la France est difficile à séparer de l'amour de la liberté, aussi bien que de l'amour de l'humanité. Au dedans, non moins qu'au dehors, il est malaisé à un peuple de renoncer entièrement à ce que, durant un siècle, il a regardé comme sa vocation. Les peuples sont tenus par leur passé. Une nation, qui sur la scène du monde a joué les premiers rôles, n'est pas toujours maîtresse de changer de personnage. L'Europe aurait peine à comprendre une France systématiquement fermée à l'idéal que la France incarnait aux yeux des hommes. Il est des transformations qui risquent de ressembler à une abdication. Certes, il est périlleux de jouer au peuple Messie. Peut-être l'avons-nous trop fait à d'autres époques. Nous n'en avons plus le droit aujourd'hui ; mais, sans prétendre à aucune sorte de propagande, sans avoir la naïveté de donner en modèle nos révolutions et nos institutions sans cesse remises en question, nous ne sommes pas contraints d'abjurer tout notre passé, de brûler tout ce qu'ont adoré nos pères et nos grands-pères, de renier tout ce que, à travers leurs illusions, il y a eu de noble et d'humain dans les efforts des trois ou quatre générations qui nous ont précédés.

Le grand tort de la Révolution, celui que, à la suite de M. Taine, nous reconnaissons tous aujourd'hui, c'est d'avoir fait table rase du passé, d'avoir rompu avec toute la tradition, d'avoir fait fi de la coutume et de l'histoire, d'avoir en un mot renversé et pour ainsi dire retourné les assises historiques de la France. Il n'est pas permis de couper en deux impunément la vie et la conscience d'un peuple. C'est par là surtout que la Révolution a été funeste. Sur ce point, les sévérités des critiques de 1789 ne sont que trop justifiées.

Pour légitime que soit la réaction historique et scientifique contre l'erreur de la Révolution, il nous faut prendre garde de refaire, inconsciemment, contre elle, la faute de la Révolution contre l'ancienne France. Que nous le déplorions avec les sages, ou que nous nous en félicitions avec les téméraires, la France moderne est issue de la Révolution. 1789 est une date que tous les *mea culpa* de nos contemporains ne sauraient biffer de notre histoire. Nous en sortons, nous en sommes nourris, nous en sommes imbus malgré nous. *In ipsâ sumus et movemur*, pourrions-nous dire de la Révolution. Elle a pénétré nos esprits, non moins que nos institutions. Elle fait corps avec la France moderne. Nous ne sommes pas maîtres de nous en délivrer à volonté. Elle est devenue, à son tour, la réalité vivante, le fait historique avec lequel il faut compter. Elle a, depuis cent ans, pris racines dans notre sol et dans notre peuple ; l'en arracher exigerait une révolution plus violente que celle de 1789, car ses racines sont encore en pleine sève.

Anatole Leroy-Beaulieu

De même, le plus grave et le plus juste reproche adressé à ce que la France a longtemps vénéré sous le nom de " principes de 1789 ", c'est leur nature abstraite ; c'est que, étant spéculatifs, ils sont vagues et indéfinis ; c'est qu'ils sont empruntés à la raison raisonnante, maîtresse de disputes et de discordes, et non à l'histoire et à la tradition ; c'est qu'ils visaient plutôt l'homme en général, vide et creuse abstraction, sortie du cerveau des philosophes , que le Français du XVIIIe siècle. Tel est, encore une fois, notre grand grief contre cet Évangile de 1789 que nos pères ne nous eussent pas permis de blasphémer ; c'est le premier qu'on relève dans tous les ouvrages suggérés par la célébration du Centenaire [1]. Mais, ne nous y trompons point, le reproche vaut moins pour le présent que pour le passé. Les droits de l'homme de 1789 sont, en dépit de leur incohérence, devenus les droits des Français du XIXe siècle ; et, quelque démenti que semblent leur donner les modernes théories scientifiques, il y a bien à parier qu'ils resteront les droits des Français du XXe siècle. On pourrait même dire qu'ils sont en train de devenir les droits de tous les " civilisés " des deux mondes. Qu'ils s'acclimatent ou non en dehors de leur patrie d'origine (et, à bien parler, leur patrie est l'Europe autant que la France), ils ont, en France, cessé d'être purement spéculatifs ; ils sont devenus, à bien des égards, un droit positif ; un droit national, on pourrait même dire un droit traditionnel et héréditaire. Ils sont, pour nous, ce que les Anglais appellent un *birthright,* un droit de naissance, que nous possédons par héritage, que nos ancêtres ont conquis, que nos pères nous ont transmis. Ils nous ont, depuis cent ans, été reconnus par des chartes authentiques ; républiques ou monarchies, tous nos gouvernements, les ont sanctionnés en principe ; ils n'ont osé les violer qu'en s'en couvrant ; s'ils les ont plus d'une fois tournés, ils n'ont jamais osé les attaquer de face. Cela est si vrai que nul ne saurait dire des Français du XIXe siècle, comme de nos aïeux du siècle précédent, que les Français sont un peuple sans droits ; et ces droits des Français, leurs défenseurs peuvent, pour les maintenir, s'appuyer sur le passé, sur l'histoire. Nous pouvons en discuter les limites ; ils n'en sont pas moins acquis. Les plus essentiels, la liberté religieuse, la liberté civile, l'égalité devant la loi, le libre accès aux emplois publics, le libre vote de l'impôt ne sont

1 Voir par exemple *le Centenaire de 1789* de M. Goumy et *les Principes de 1789* de M. Ferneuil.

Avant-propos

plus contestés de personne. Ce ne sont là ni des abstractions ni des utopies. Cela est entré dans nos mœurs, aussi bien que dans nos codes. Et tout cela, pour le peuple, est le bienfait de la Révolution ; tout cela, pour les masses, découle des principes de 1789, et, sur ce point, l'histoire est contrainte de respecter la croyance populaire.

Il y a, nous le savons, autre chose dans les droits de l'homme de 1789 ; il y a des formules vagues, indéfinies, telles que la souveraineté du peuple, qui prêtent à des revendications chimériques et appellent de nouvelles révolutions. En dehors des droits positifs, aujourd'hui reconnus aux individus ou à la nation, il reste un ferment abstrait qui continue à travailler les peuples.

C'est là le mal, et c'est là le danger. Il a été reconnu, dès longtemps, par les spectateurs, parfois même par les acteurs de la Révolution. C'est pour cela qu'en 1789 plusieurs des Constituants répugnaient à la déclaration des droits de l'homme. " La déclaration des droits de 1789, a écrit Mme de Staël [1], renfermait ce qu'il y avait de meilleur dans celles d'Angleterre et d'Amérique ; mais peut-être aurait-il mieux valu s'en tenir à ce qui, d'une part, n'est pas contestable, et, de l'autre, ne saurait être susceptible d'aucune interprétation dangereuse. *Les distinctions sociales,* on n'en saurait douter, *ne peuvent avoir d'autre but que l'utilité de tous ; les pouvoirs politiques émanent tous de l'intérêt du peuple ; les hommes naissent et demeurent libres et égaux devant la loi ;* mais il y a bien de l'espace pour des sophismes dans un champ aussi vaste. " Les principes de 1789 n'ont peut-être jamais été jugés avec autant de justice, parce que, en de pareilles causes, la justice et la vérité sont dans la mesure. Nous avons beau recommencer, à chaque génération, le procès de la Révolution, appeler comme témoins, pour nous aider à la juger, l'histoire, la philosophie, les sciences naturelles, l'expérience politique, nous sommes, tout comme nos pères, contraints, vis-à-vis d'elle, à des distinctions. Ne pouvant répudier le legs de 1789, il nous faut chercher à séparer ce qu'il y a de réalisable et ce qu'il y a de chimérique dans ce lourd héritage.

C'est là, pour longtemps, la tâche de la France et de la société moderne. Elle ne peut se constituer en dehors de la Révolution ;

1 *Considérations sur la Révolution française,* partie II, chap. III.

Anatole Leroy-Beaulieu

et elle ne peut trouver de constitution stable qu'en mettant une limite aux revendications illimitées de la Révolution. À cet égard, le XIX° siècle près de sa fin n'est guère plus avancé qu'il ne l'était à ses débuts. À une centaine d'années de distance, la France et la société moderne se retrouvent en face du même problème qu'au sortir de la Révolution. La solution en semble même plus difficile aujourd'hui que toutes les données en sont mieux connues, et que, derrière les questions politiques, ont surgi les questions sociales.

Y a-t-il une solution ? Pour y atteindre, nous sentons que tontes les combinaisons politiques et économiques sont insuffisantes ; il y faut autre chose : la restauration dans les âmes de l'idée morale, le rétablissement de la notion du devoir à côté de la notion du droit.

### Le banquet du centenaire de 1789

Le 10 juin 1790, Anacharsis Clootz conduisait à la Constituante une ambassade du genre humain où figuraient, derrière le baron allemand, des Polonais, des Espagnols, des hollandais, des Grecs, des Persans, des Arabes, des Turcs en turban, un Chinois à longue queue, un Chaldéen costumé en astrologue. la plupart loués à 12 francs par tête pour représenter les peuples esclaves des tyrans. À cette solennelle députation de l'humanité, les constituants présidés par Sieyès, votaient les honneurs de la séance. Pour eux, ce qui nous semble une mascarade était une pompe symbolique de la mission de la Révolution appelée à renouveler le monde. Tous alors, constitutionnels ou jacobins, croyaient bien travailler pour l'humanité. On leur eût annoncé que la France célébrerait le centenaire de 1789 par une Exposition à laquelle l'univers serait convié, aucun ne s'en fût étonné. Ils auraient vu en imagination le Turc et le Chaldéen d'Anacharsis Clootz, régénérés par les grands principes, se joindre aux peuples de l'Europe pour fêter l'avènement de la Liberté et de la Raison. Une chose seulement les eût surpris, c'eût été d'apprendre que la plupart des gouvernements devaient refuser de s'associer à la célébration du Centenaire. Ils eussent eu peine à le croire ils n'imaginaient point que, pour transformer le monde, la Révolution pût avoir besoin d'un siècle. " Comment, eût dit Condorcet ou Buzot, dans cent ans, la Révolution n'aura pas encore conquis l'Europe ". Ils n'auraient trouvé qu'une façon d'expliquer cette choquante anomalie l'asservissement des peuples par les despotes, ou encore, la jalousie des autres pays pour la grandeur de la France rendue trop puissante et florissante par la Révolution. Qu'eussent-ils dit, s'ils avaient pu prévoir que, en France même, les bienfaits de la Révolution seraient encore un sujet de dispute, et que les Français passeraient les douze mois du Centenaire à se demander sous quel gouvernement ils finiraient l'année ?

Les étrangers ont beau en avoir ressenti le contre-coup, la Révolution ne saurait leur inspirer les mêmes passions qu'aux Français. Ils en semblent de meilleurs juges, étant plus impartiaux ou plus désintéressés. Cela n'est pas toujours vrai. Chaque peuple est enclin à juger la Révolution d'après son tempérament, ses préférences politiques ou ses intérêts nationaux. Grands et petits sont d'accord pour en diminuer l'importance au moins en ce qui touche chacun d'eux. L'espèce de rédemption politique que nous lui attribuons volontiers, l'étranger se plaît à la lui contester. Chacun, en fait d'histoire, tire la couverture à lui. Anglais, Allemands, Italiens, presque tous, s'ils parlent de la Révolution, en parlent moins en disciples qu'en maîtres ; les plus novices aiment à nous faire la leçon. Sur les milliers de visiteurs des deux mondes en route pour contempler la tour Eiffel, la maigre Babel de fer, bien peu viendront en pèlerins vénérer les lieux saints de la Révolution Nous allons avoir, à Paris, bien des congrès savants, avec les banquets qui terminent les congrès de savants. J'imagine un de ces banquets où sont attablés des représentatifs des principaux peuples, des principales races, des principales religions. C'est, au Grand-Hôtel ou au Continental, le congrès pour la propriété littéraire, ou pour l'unification de l'heure. Il y a des délégués anglais, allemands, autrichiens italiens, américains du nord et du sud ; il y a même des délégués turcs, indous, chinois. On est au dessert ; on a porté les toasts d'usage ; les ministres ou les personnages officiels sont partis. On s'est mis à causer de la Révolution, tout en achevant de prendre le café et en allumant un cigare. La conversation s'échauffe peu à peu ; les convives s'excitent Les uns les autres. Les plus enclins à pérorer élèvent la voix ; aux discours compassés et fleuris de tout

Anatole Leroy-Beaulieu

à l'heure en succèdent de plus libres, de plus variés. On renchérit sur son voisin ; on se passe au besoin quelque paradoxe.

## 1. - Discours de l'Américain

" En nous conviant au Centenaire de 1789, dit d'un ton bourru un professeur américain, la France semble nous inviter à célébrer l'avènement de la liberté comme si, pour se manifester aux peuples modernes, la liberté avait attendu la chute de la Bastille. Les Français se trompent. La liberté est plus ancienne ; ils ne l'ont pas inventée. Il y avait des hommes en possession de tous les droits, avant qu'une assemblée française eût découvert les droits de l'homme. Le peuple qui a fait au monde la double révélation de la liberté et de l'égalité, c'est le peuple américain ; il les possédait toutes deux avant que 1789 se fût avisé de les proclamer. Les songes des philosophes français n'avaient pas encore été formulés dans les livres que, pour tout ce qui n'était pas pure chimère, ils étaient réalisés chez nous. Ce qui, dans les salons de Paris, n'était que lointaine utopie avait pris corps et vie dans les villages de la Nouvelle-Angleterre. Liberté ou égalité, pour tout ce qui fait la gloire de la Révolution, nous sommes les aînés ; s'il y avait un brevet d'invention, il nous appartiendrait. Lorsque la Révolution française, prétendant inaugurer une ère nouvelle, faisait dater la liberté du 14 juillet 1789, elle oubliait que la France et l'Europe ne sont pas le monde.

" Des deux révolutions, la nôtre est la plus ancienne, et non seulement elle est antérieure, mais, sans elle, il n'y eût peut-être pas eu de révolution française. Qui ne sait l'influence de la guerre d'Amérique sur la France de Louis XVI ? Elle a été, pour la noblesse et la bourgeoisie françaises, une initiation à la liberté et à la démocratie. Les officiers et les soldats de Rochambeau ont rapporté des idées nouvelles qu'ils ont propagées chez eux. Quand Louis XVI et Vergennes faisaient passer, par Beaumarchais, des armes aux *insurgents,* ou qu'ils accueillaient Franklin à Versailles, le roi et son ministre ne se doutaient pas qu'en exposant le royaume à la contagion de la liberté, ils préparaient la chute de la royauté. Quand les Lafayette, les Noailles, les Biron, les Ségur, les Lameth s'embarquaient pour le nouveau monde, ils ne prévoyaient point

Le banquet du centenaire de 1789

qu'avec le dédain des privilèges ils en rapporteraient la ruine de la noblesse, Quel était le personnage le plus choyé de la cour et de la ville quelque douze ans avant 1789 ? Franklin : philosophes et belles dames étaient aux pieds du bonhomme. Pour ce monde alliée, le vieux républicain était un dieu. Sa popularité persistait jusqu'en pleine Terreur : on substituait les bustes de Franklin et de Washington aux images des saints. D'où est venu à Lafayette un ascendant hors de proportion avec ses talents ? De l'amitié de Washington : son auréole était faite d'un reflet de la gloire de son ami. Lafayette était l'Américain par excellence, et l'Amérique faisait autorité. C'est à l'instigation de Jefferson. alors notre ministre à Versailles, que le tiers état s'est érigé en assemblée nationale. C'est à notre imitation, sur la proposition de Lafayette, qu'ont été rédigées les tables de la loi nouvelle, la déclaration des droits de l'homme. Ces droits de l'homme étaient-ils plus dogmatiques, plus philosophiques que notre déclaration des droits, ils n'en valaient que moins ; ils n'en étaient que moins pratiques, moins politiques. Ils posaient des principes vagues, sans sanction. Notre Congrès de 1776 n'avait pas voulu d'un pareil fatras métaphysique, oeuvre d'idéologues ou de lettrée plutôt que de législateurs. Le malheur est qu'en nous imitant les Français prétendaient nous dépasser.

" Ils étaient les élèves, et ils se plaisaient à faire les maîtres. Ils croyaient que, pour avoir un bon gouvernement, il suffisait de bien raisonner. Ils se flattaient de métamorphoser, avec leurs décrets, des esclaves et des courtisans en citoyens, et une vieille monarchie un jeune république. Leur illusion nous apparut dès le début. Jefferson, le plus radical de nos constituants, engageait Lafayette et ses amis à ne pas trop demander à la fois, à entrer en arrangement avec le roi, à assurer la liberté de la presse. la liberté religieuse, le jugement par jury, *l'habeas corpus,* avec une législature nationale, jusqu'à ce que le peuple fût capable de plus grands progrès. Cela sembla insuffisant aux impatients de 1789, et, en 1889, tout cela n'est pas encore assuré. Lisez les lettres du successeur de Jefferson en France, Gouverneur Morris : " Ils veulent écrivait-il en juillet 1789, quelques jours avant la prise de la Bastille, ils veulent une constitution américaine avec un roi au lieu de président , sans réfléchir qu'ils n'ont pas de citoyens américains pour porter cette

Anatole Leroy-Beaulieu

constitution ".En pilotes expérimentés, nous avertissions les Français qu'ils allaient sur des écueils ; mais ils négligeaient nos avis. Cette constitution, qu'ils prenaient pour le chef-d'œuvre de la raison, nous avions vu dès le premier jour, qu'elle était inexécutable. À l'opposé des fondateurs de notre grande république, les français de 1789 n'avaient aucun sentiment des vices et des dangers du gouvernement populaire. Tandis que notre constitution avait pris contre la démocratie, toutes les précautions possibles dans un pays démocratique, les législateurs français ne croyaient pouvoir montrer trop de confiance dans la bonté et dans la raison du peuple. La Révolution nous imitait là où limitation était dangereuse, et elle dédaignait nos exemples là où la France en eût pu profiter. Elle nous empruntait le principe de la séparation des pouvoirs. sans savoir l'appliquer ; elle décidait que les ministres seraient pris en dehors de l'assemblée, et ne savait, rien imaginer d'analogue à notre cour suprême, gardienne de la constitution contre les usurpations de la législature. En transportant le siège du gouvernement à Paris. en concentrant tous les pouvoirs dans la capitale, elle mettait la liberté naissante à la merci de la populace. L'abolition des provinces, la réprobation de tout fédéralisme politique, social, religieux, la guerre à l'esprit de localité, de corporation, d'Église, de famille, a peut-être été la faute capitale de la Révolution, celle qui a rendu les autres presque irrémédiables. La république, pour ne pas dire la liberté, n'eût pu vivre qu'avec le fédéralisme. Placer face à face l'individu et l'État, l'individu pourvu théoriquement de tous les droits, et l'État pratiquement omnipotent, c'était condamner la France à osciller de l'anarchie au despotisme. Comment s'étonner si, en Amérique, on me pose la question : *Was not french Revolution a failure ?* Gouverneur Morris écrivait à Washington, dès 1790 : Pour cette fois, la Révolution est manquée. il avait raison. — Cent ans après, est-on sûr qu'elle ait réussi ?

" Comme on s'explique le succès différent des révolutions de France et d'Amérique ! Nous avions tant de causes de supériorité qu'il serait injuste d'en trop triompher. En Amérique, la liberté et l'égalité avaient grandi avec le peuple ; pour les établir, nous n'avions rien à renverser. Toutes deux étaient des plantes naturelles, spontanées, non des fleurs exotiques acclimatées à grands frais. La

Le banquet du centenaire de 1789

démocratie sortait de tout notre passé. En quittant le vieux monde, nos pères y avaient laissé la monarchie, l'aristocratie, l'Église établie, les privilèges, les distinctions de classes. Les Washington, les Adams, les Madison, les Hamilton, ont fait une république, parce qu'ils ne pouvaient faire autre chose les matériaux leur eussent manqué. La souveraineté du peuple n'était pas, chez nous, un dogme abstrait, révélé par les philosophes ; elle existait en acte, avant d'être inscrite dans les lois. Pour que les Français de 1789 eussent pu rivaliser avec les Américains, il leur eût fallu quitter le vieux sol gaulois et poser, eux aussi, la mer. Une société nouvelle veut une terre neuve, vierge des décombres du passé. il faudra des générations pour que la démocratie se sente à l'aise en Europe ; il lui faut s'installer dans les ruines d'une maison qui n'a pas été bâtie pour elle, et faire mur mitoyen avec les grandes monarchies continentales. Pour que la démocratie moderne pût se développer dans toute sa force, il fallait l'Amérique, un sol libre des débris des vieux âges, un territoire immense sans voisins, où les armées fusent inutiles, où les races pussent se fondre. On conçoit mal une jeune démocratie au milieu de grands États militaires. Le *cedant arma togæ* est d'une application difficile dans un pays en armes. La Révolution a eu le tort de l'oublier ; elle n'a renversé les Bourbons que pour tomber sous la botte d'un soldat ; puisse la France de la troisième république ne pas recommencer la même expérience ! "

## 2. - Discours de l'Anglais

Après l'Américain , vint un Anglais, un baronnet membre du parlement, libéral unioniste, d'une vieille famille whig. "Messieurs, commença-t-il, l'Exposition universelle de 1889 semble nous avoir réunis pour célébrer le centenaire de la Révolution française ; mais doit-on célébrer les révolutions ? En fêter les anniversaires, n'est-ce pas prouver qu'on n'en est pas sorti ? L'an dernier, c'était le deuxième centenaire de 1688, la plus légitime les révolutions qu'ait enregistrées l'histoire ; nous n'avons même pas illuminé. À voir l'enthousiasme de certains Français pour 1789 ou 1792, on dirait des écoliers récemment émancipés et encore mal assurés de leur liberté. Ils semblent tout fiers d'avoir osé faire des révolutions et renverser des trônes. Il n'y a pas de quoi. L'Angleterre, elle aussi, et

Anatole Leroy-Beaulieu

avant la France, a mis des souverains en jugement et décapité des rois. En cela, la Révolution française n'a même pas été originale elle n'a fait que nous copier ; mais c'est là une primauté dont l'Angleterre ne s'enorgueillit point. Y a-t-il eu des déchirures dans notre histoire, an lieu de les élargir, nous nous ingénions à les recoudre : voilà pourquoi nous sommes un peuple libre.

Les Français attribuent à la Révolution française une influence capitale sur les destinées du monde. Pour l'Angleterre et les pays de langue anglaise, ils se trompent. Si, à la fin du dernier siècle, l'une des deux nations a eu de l'ascendant sur l'autre, c'est bien plutôt l'Angleterre sur la France. Je ne nie point le contre-coup de la Révolution d'Amérique sur la Révolution française ; mais d'où les Américains avaient-ils apporté le germe de leurs libertés ? De l'Angleterre. En nous combattant, nos cousins d'Amérique s'appuyaient sur nos principes, sur nos lois, sur notre esprit. Leur déclaration des droits n'est que le rappel des libertés anglaises. C'est le génie britannique qui a fait les États-Unis ; les différences, entre l'oncle Sam et nous viennent du sol. La liberté est anglo-saxonne de naissance ; et il avait raison, ce lord Massareene qui, débarquant à Douvres, en 1789, baisait à genoux la terre britannique, comme la terre de la liberté.

" Les Français disent que leur révolution n'a fait qu'appliquer les idées de leurs philosophes. Je le veux bien, mais à quelle source avaient puisé leurs philosophes ? Le XVIII° siècle français est issu du XVII° siècle anglais. Par là s'explique le contraste entre la littérature de Louis XV et celle de Louis XIV. Liberté politique, liberté religieuse, nous avons tout enseigné à la France, et, par la France, à l'Europe. Toutes les théories du XVIII° siècle, scepticisme, déisme, sensualisme, matérialisme, athéisme, droits de l'homme, théorie du retour à la nature, tout vient de chez nous, de Bolingbroke, de Toland, de Tindal, Collins, Mandeville, Woolston et autres justement noyés dans l'oubli. C'est à notre feu que vos philosophes ont allumé la torche qui devait incendier la France et l'Europe. De Voltaire à Diderot et aux encyclopédistes, ils n'ont guère fait qu'amplifier et habiller des idées anglaises. Les sophismes de nos *free-thinkers,* ils les ont pris à la lettre, en prêchant l'application, alors que, chez nous, la mode en était passée déjà, la sagesse pratique de l'Anglais en ayant vite senti le vice et le péril. Où est le point de départ de la philosophie du XVIII° siècle ? Dans Locke et, en remontant plus haut, dans Hobbes et dans Bacon. Le grand courtier d'idées du continent, Voltaire, s'en était fourni chez nous, témoin ses *Lettres sur les Anglais*. On ne saurait compter les écrivains français, grands ou petits, qui ont alors passé la Manche. Après Voltaire, c'est Montesquieu, qui, dans notre constitution, admirait la libre république cachée sous la monarchie ; c'est Rousseau, Buffon, Raynal, Maupertuis, Helvétius, Morellet, Favier ; c'est, parmi les hommes de la Révolution, Mirabeau, Brisson, Lafayette, Lanjuinais, Marat, Roland et sa femme.

Les Français qui ne pouvaient nous étudier chez nous étudiaient notre langue et notre littérature.

L'anglais, réputé barbare sous Louis XIV, était classique sous Louis XV. Comme Voltaire et Montesquieu, Buffon, Diderot, d'Alembert, d'Holbach, de Brosse, Volney, Lalande, Barthélemy, Mirabeau, Cabanis, Mme Roland, lisaient nos philosophes ou nos poètes dans l'original. On traduisait de l'anglais tout ce qu'en laissait passer la censure. Richardson était aussi populaire ici qu'à Londres. De fait, à la veille de la Révolution, l'anglomanie était générale. Paris imitait nos clubs, nos courses, nos modes.

" L'engouement pour ce qui venait d'outre-Manche s'étendait à la politique. Le médiocre livre de Delolme sur notre constitution est encore dans toutes les bibliothèques du temps. Mme de Staël, dans ses *Considérations,* a reconnu l'influence de l'Angleterre sur 1789. On pourrait dire que la Révolution a jailli du choc de l'esprit français avec l'esprit anglais. Le désir de devenir, comme les Anglais, un peuple libre avait pénétré jusque dans le peuple. Les vainqueurs de la Bastille rencontrant, le 14 juillet, un Anglais, le docteur Rigby, l'embrassaient comme un frère, en lui disant :

" Nous sommes maintenant libres comme vous. " Hélas ! ce n'est pas, ainsi qu'ils l'imaginaient, en démolissant de vieilles tours et en portant des têtes au bout d'une pique qu'un peuple devient libre

Anatole Leroy-Beaulieu

Les nôtres ne s'y sont pas trompés longtemps. Pitt annonçait, dès la fin de 1789. que la France ne ferait que traverser la liberté. Burke prédisait, dès 1790, que la Révolution finirait par le pouvoir le plus despotique qui ait jamais paru sur la terre.

Pourquoi n'a-t-elle pas mieux réussi ? Parce qu'elle a péché par présomption ; parce que, au lieu de se contenter de nous imiter, ainsi que l'eussent voulu Malouet, Mounier, Mirabeau lui-même, la Révolution a prétendu faire mieux que nous. Pour nous rattraper la France de 1789 eût eu besoin d'un siècle d'efforts, et elle a voulu nous dépasser d'un bond. À son orgueil notre constitution semblait insuffisante. Il fallait à son inexpérience quelque chose de parfait et de symétrique, une constitution aux lignes régulières comme les avenues du parc de Versailles. Elle ignorait qu'une constitution systématique, toute logique et soi-disant rationnelle, invite la raison raisonnante à la remettre sans cesse en question et de fait, combien la France a-t-elle eu de constitutions depuis cent ans ? Elle en est encore, en 1889, à demander une constituante. L'œuvre de la Révolution est une toile de Pénélope. Chaque génération défait ce qu'a fait la précédente. Notre exemple montrait que l'histoire, la coutume et la tradition sont, pour une constitution libre, une base autrement solide que l'esprit de système et les maximes abstraites. Je sais que, si les Français de 1789 n'ont pas essayé de construire sur le fondement de la coutume, c'est qu'il leur était difficile de trouver dans le sol national des assises pour une constitution libre. S'ils invoquaient les droits de l'homme, c'est qu'ils ne pouvaient guère invoquer les droits des Français, leurs rois ayant rasé toutes leurs libertés. Cela est vrai mais, au lieu de s'en attrister, les Français de 1789 s'en réjouissaient. ils étaient fiers de ce qui faisait leur infériorité. Ils s'enorgueillissaient de bâtir sur le nuage des abstractions. Loin de chercher, dans les débris de leur ancienne constitution, ce qui pouvait être employé dans la nouvelle, ils ont tout démoli avec enthousiasme, noblesse, Église, parlements, provinces, royauté. Ils ont fait table rase du passé, se persuadant que, moins profondes en seraient les fondations, et plus haut s'élèverait leur nouvel édifice.

Le malheur est que, en 1789, l'école anglaise, l'école de la. monarchie tempérée, a été supplantée par les idéologues. Si en arrière que fût politiquement la France, par rapport à nous, il y avait, entre les deux pays, assez de points de ressemblance pour que le plus arriéré pût imiter l'autre. La France avait, dans sa noblesse et son clergé, les éléments d'une chambre haute ; le comité de constitution, s'appuyant sur notre exemple, proposait d'en créer une : la crainte de l'aristocratie l'emporta. De même pour les ministres on refusa de suivre Mirabeau qui recommandait notre méthode, Mirabeau qui, dès les premiers jours, avait fait venir le règlement de notre chambre des communes. La France avait, pour la diriger, comme un phare de l'autre côté de la Manche ; elle préféra s'aventurer à l'aveugle dans les ténèbres. La faute suprême, celle qui rendit toutes les autres presque irréparables, fut le désarmement, puis le renversement de la royauté. La France eût conservé sa vieille base nationale qu'elle eût pu tout reconstruire autour. Voyez l'Angleterre le trône abattu, nous l'avons vite relevé. Il fallait faire comme nous. Tant que vos révolutions ont présenté une sorte de parallélisme avec les nôtres, nous n'en avons pas désespéré. La double chute des Bourbons, sous Louis XVI et sous Charles X, semblait reproduire celle de nos Stuarts. Qu'avait, après ses mécomptes, fait la France, par deux fois, en 1814 et 1830 ? Elle avait fait ce qu'elle n'avait su faire en 1789, elle nous avait imités, presque copiés, avec sa Charte. Elle était dans le droit chemin on pouvait croire que Louis-Philippe, nouveau Guillaume III, allait clore la Révolution. Il n'en a rien été 1848 et 1870 ont montré l'incapacité de la France à rien édifier. Royauté, empire, république, ont tour à tour échoué, et il n'est rien d'autre à essayer. La Révolution est devenue chez elle une maladie constitutionnelle à accès périodiques. En ce moment même, par quoi le Boulangisme s'apprête-t-il à célébrer le centenaire de 1789 ? Par un nouveau changement.

Et maintenant, cette révolution qui devait renouveler le monde, qu'a-t-elle apporté à l'Europe ? Des maximes abstraites, c'est-à-dire des acides corrosifs, des gaz explosibles, des agents de destruction. Où sont les pierres, où sont les matériaux de construction découverts par elle ? Je vois bien l'équerre et le cordeau ; mais il faut autre chose pour bâtir. Où est son plan de réédification ? Elle en a eu successivement plusieurs, en modifiant tour à tour le style

Anatole Leroy-Beaulieu

et l'ordonnance, démolissant ce qu'elle-même avait échafaudé, recommençant indéfiniment le dessin du monument idéal promis à l'humanité. Comparez cette stérilité de la Révolution française à la fécondité des institutions britanniques, lentement élaborées par les âges et douées de la plasticité des êtres vivants. Monarchies ou républiques, tous les États civilisés nous ont emprunté les grands linéaments de leur constitution. En tout gouvernement représentatif, vous retrouvez le type britannique : *A single head of theState,* roi ou président, avec deux chambres. Ce qui a fait le tour du monde, c'est notre constitution, plus ou moins modifiée selon les usages ou les besoins nationaux. Dans tous les États qui prétendent au *self-government,* les institutions politiques ou judiciaires sont d'origine anglaise. Le tort de nombre de nos imitateurs a été de se croire de taille à porter les libertés britanniques. De là, chez plusieurs, le discrédit du parlementarisme, du gouvernement de cabinet et de parti, machine perfectionnée aux rouages trop délicats pour les peuples sans éducation politique. — Je bois au *self-government* anglo-saxon, et à son acclimatation sur le continent. "

### 3. – Discours de l'Allemand

Après l'Anglais, vint un Allemand I *privat-docent* à l'université de Kœnigsberg. Il parlait pesamment, pédamment ; il semblait s'efforcer de ne pas blesser les Français et appuyait gauchement sur les vérités désagréables, en souriant, de l'air d'un homme qui se sait gré de ne pas insister. " Nous autres, Allemands, dit-il, nous n'avons pas fait de révolution et nous nous en félicitons. Ce n'est pas que nous n'en avons l'énergie, ou que nous soyons en arrière de nos voisins. Nos paysans ont, dès le XVI° siècle, ébauché une révolution où Janssen a retrouvé toutes les passions, sinon toutes les idées, de votre Révolution française. Lisez Janssen il est traduit. Nos *Bauern* ont été écrasés, par bonheur pour l'Allemagne. Les révolutions coûtent plus qu'elles ne rapportent, le plus sûr est de profiter de celles d'autrui. Ainsi avons-nous fait de la Révolution française. S'il est un peuple en droit d'en célébrer le centenaire, c'est l'Allemagne. La Révolution a hâté notre développement national et réveillé le patriotisme allemand. En renversant le vieil empire germanique, elle a aplani l'emplacement du nouveau. En abattant les cloisons intérieures de l'Allemagne, elle a préparé l'unité allemande. Oserai-je le dire ici ? en rompant les traditions de la France, en la condamnant à de perpétuels bouleversements, en enlevant à la politique française tout esprit de suite, la Révolution a fait passer l'hégémonie du continent de Versailles à Potsdam. Aussi, soit dit sans ironie, tout bon Allemand peut boire à la Révolution française. Si on ne la fête pas officiellement à Berlin, c'est par décence et pour ne pas froisser les Français, car la Révolution n'a été dure qu'aux faibles, aux margraves, aux villes d'empire, aux princes-évêques ou abbés ; les forts n'ont eu qu'à s'en louer.

" Nous lui devons beaucoup politiquement, lui devons-nous autant intellectuellement ? Nous a-t-elle apporté, comme on se l'imagine ici, des idées nouvelles ? Non pas. Si la Révolution a eu tant d'écho chez nous, c'est que les principes qu'elle proclamait étaient déjà professés par nos savants et nos penseurs. C'est pour cela que, en aucun pays, 1789 n'a été salué avec plus d'enthousiasme.

Ce que Klopstock, Wieland, Voss, Bürger, Schiller, ce que Kant, Fichte, Goethe même acclamaient dans la Révolution, c'était la réalisation de leur propre pensée que 1789 semblait faire passer de l'idée en acte ; et ils applaudissaient à la France en vers et en prose, avec la chaleur d'âme et le noble cosmopolitisme qui distinguaient notre génie national, avec la largeur de l'esprit allemand, le plus ample, le plus humain que la terre ait porté. Ces idées de liberté universelle, de fraternité humaine, de tolérance, de progrès. de rénovation sociale, d'affranchissement des peuples que la Révolution inscrivait sur ses drapeaux et que l'Allemagne, foulée par ses armées, devait retourner contre elle, ce ne sont pas les émissaires des jacobins ou les pieds des soldats français qui nous en ont apporté la graine. Elles sortaient spontanément du sol allemand. Quelque germe en est-il tombé du dehors, il est venu de Rousseau, le Genevois, de Rousseau, nature éminemment germanique par le sérieux, par la sincérité, par le *gemüth,* par le sentiment moral et le sentiment de la nature. En cherchant bien parmi les ancêtres de Rousseau, on découvrirait assurément, sous ce nom welche, du sang allemand. En 1789, notre littérature nationale était en pleine floraison, et ce qui en faisait la sève et le

Anatole Leroy-Beaulieu

suc, c'étaient ces rêves humanitaires dans ce qu'ils avaient de plus haut. Les idées qui ont fait la Révolution, dont elle s'attribuait le monopole, où en trouver une expression plus passionnée que dans les *Brigands* ou le *Don Carlos* de Schiller, deux pièces antérieures à 1789, tout comme *l'Egmont* de Goethe ou le *Nathan le Sage* de Lessing ?

En vérité, ce n'est ni en France ni en français, c'est dans notre robuste langue allemande que les plus généreuses notions du XVIII° siècle ont reçu leur forme idéale : la poésie allemande les a coulées en sonores strophes de bronze d'une pureté, d'une ampleur, d'une solidité inaccessibles à la maigre élégance de votre jolie langue française.

" Poètes ou philosophes, nos Allemands avaient devancé la Révolution. Ainsi que l'a dit Perthes : tout ce qui a été trouvé ailleurs a été pensé en Allemagne. Nos publicistes ou nos juristes avaient, avant vos lettrés, donné la théorie des prétendus principes de la Révolution, et cela avec une méthode, un appareil scientifique inconnu des Français d'alors. Les droits de l'homme, y compris le droit à l'insurrection, le droit fondé sur la Nature et la Raison, se retrouvent chez Wolf ou chez Pufendorf, longtemps avant 1789. Cela, il est vrai, est resté chez nous dans la sphère spéculative. C'est, à vos yeux, une infériorité ; aux nôtres, c'est une supériorité. À l'inverse de vos beaux esprits du XVIII° siècle, philosophes de salon plus écrivains que penseurs, nous n'avons jamais cru que l'idée abstraite dût passer tout entière, et tout d'un coup, dans la vie réelle. Nous ne sommes pas dupes de nos théories. Nous savons distinguer le spéculatif du concret, le rationnel du réel ; séparer la pensée et l'action, la science et la vie. Le vice de la Révolution, c'est qu'elle a confondu tout cela. Nous n'avons garde de faire comme elle. Nous ne prenons pas les traités de philosophie pour des codes de législation ; nous avons tontes les hardiesses dans un champ, toutes les prudences dans l'autre ; nous savons tempérer la raison pure par la raison pratique, mettre le droit naturel d'accord avec la coutume, allier l'esprit de réforme à l'esprit de tradition ; et c'est pour cela que le génie allemand, habile à concilier les antinomies, est à la fois philosophique et politique.

Le banquet du centenaire de 1789

" Philosophique et politique, rien ne l'a été moins que la Révolution française. La prétention de régénérer le monde à l'aide de quelques maximes spéculatives était enfantine. Ce n'est pas avec des abstractions qu'on rebâtit les États. Constituants de 1789 ou conventionnels de 1793 ont considéré l'État et la société comme de purs mécanismes, composés d'un petit nombre de pièces, qu'on peut monter et démonter à volonté. La complexité des choses échappait aux Français du XVIII° siècle ; c'est comme un sens qui leur manquait. Il en est de même du sens historique, inhérent à la pensée allemande. La Révolution a méconnu l'histoire ; elle en est proprement la négation. Elle a eu l'ingénuité de croire qu'on peut supprimer le passé, comme si un peuple n'était pas le produit des siècles. Elle a eu l'infatuation de vouloir tout dater d'elle-même, du 14 juillet 1789 ou du 21 septembre 1792, avec son ridicule calendrier. Elle a détruit tout à l'aveugle royauté, noblesse. Église, provinces, traditions, sans comprendre ce qu'elle démolissait. Par là, elle répugnait à l'esprit allemand, trop philosophique, trop compréhensif pour n'être pas respectueux du passé et soucieux de la coutume.

" Aussi, les Allemands sont-ils vite revenus de leur enthousiasme pour la Révolution. Après la première heure d'engouement, ils ont été heureux de se retrouver à l'ombre de leurs vieilles dynasties. Ils ont découvert qu'en ébranlant tout, en remettant le pouvoir aux mains de l'ignorance ou de la violence, la Révolution risquait de ralentir, au lieu de l'accélérer, le progrès de l'Europe. Elle lui faisait quitter la grande voie historique, la route royale, pour lui faire prendre un sentier abrupt et glissant, que les plus agiles n'ont pu escalader que tout meurtris et incapables d'aller plus loin. Qui oserait affirmer que, en dehors même des vingt-cinq ans de guerre qu'elle a déchaînés sur le monde, la Révolution n'a pas été une catastrophe pour l'Europe ? Rappelez-vous la seconde moitié du XVIII° siècle. Partout des princes ou des ministres réformateurs : Frédéric II, Catherine II, Joseph II, Charles III en Espagne, Gustave III en Suède, Pombal en Portugal, d'Aranda. Campomanès, Florida Blanca en Espagne, Tanucci à Naples, Turgot, Malesherbes, Necker en France même. La Révolution a prétendu remettre à la Raison le gouvernement des choses humaines, mais jamais la Raison

Anatole Leroy-Beaulieu

n'avait été aussi près de régner sur le monde. Presque partout, elle était sur le trône ou sur les marches du trône, et qui ne sait que, pour en établir le règne, un prince instruit vaut mieux qu'une multitude ignorante ? En 1789, la sécularisation de l'État était presque partout commencée, le servage aboli ou atténué, les codes réformés et adoucis, la tolérance et la liberté civile en progrès. Ce que la Révolution n'a accompli qu'à coups de bouleversements, les princes l'eussent opéré sans secousse. Voyez le margrave Charles-Frédéric de Bade, qui pour supprimer les corporations n'a pas attendu Turgot. Voyez Frédéric II : un tiers de siècle avant la Révolution, il a introduit dans ses états la tolérance, la liberté de penser, des encyclopédistes aux jésuites. Dans son code qui n'a été publié qu'après sa mort, se retrouvent les droits de l'homme ; le roi philosophe proclame que le souverain n'est que le serviteur de la société. L'Europe, à l'instar de la Prusse, allait se transformer par la main des princes. En substituant les révolutions d'en bas aux réformes d'en haut, en effrayant les gouvernements, en décourageant leur initiative, la Constituante et la Convention ont probablement retardé l'Europe d'un demi-siècle. Quelle différence dans les destinées du continent, si l'exemple des réformes, et non des révolutions, fût parti de la France ! s'il y eût eu, chez l'honnête Louis XVI, du Henri IV ou du Frédéric II ; s'il eût laissé faire Turgot, ou si la nation lui eût seulement laissé le loisir de faire la Révolution. Imaginez Louis XVI accomplissant les réformes, ayant pour ministres un Talleyrand et un Mirabeau, pour général un Bonaparte, que de choses changées en Europe et quel rêve pour un Français ! Dieu ne l'a pas permis ; c'est peut-être que la France eût été trop grande.

" La meilleure Révolution, c'est un grand roi ou un grand ministre. Une Constituante d'un millier de têtes ne vaut pas un Frédéric ou un Stein. On en avait conscience chez nous ; on en avait même le sentiment en France. Les philosophes, les économistes, Turgot le premier, ne demandaient qu'un maître éclairé qui décrétât les réformes. La liberté ne tenait dans leurs idées qu'une place secondaire, ceux qui en avaient le goût l'avaient pris des Anglais ou des Américains ; c'était, pour la plupart, moins un but qu'un moyen. La liberté politique n'était guère, à leurs yeux, qu'une garantie de la liberté civile. Constituants ou conventionnels eussent rencontré un prince qui leur eût octroyé l'égalité civile, la liberté religieuse, des réformes administratives et judiciaires, que, au lieu de devenir des tribuns et des proconsuls, les plus farouches montagnards fussent restés d'humbles sujets du roi, de même que les survivants ont été de dociles préfets de Napoléon. On reproche aux Sieyès et aux Cambacérès d'avoir été infidèles à leurs principes en endossant l'uniforme de sénateurs de l'Empire : erreur, ils ne faisaient que revenir à leurs premières maximes. S'ils ont fait la Révolution, c'est faute d'un prince selon leur cœur ; c'est presque malgré eux, à regret, qu'ils ont fait par le peuple ce qu'ils eussent voulu faire par le roi. Leur rêve eût été d'avoir un Frédéric. Songez quelle était, en France, la popularité du vainqueur de Rosbach. Écrivains et politiques étaient ses panégyristes. Dans la haine vouée à Marie-Antoinette, l'Autrichienne, il y avait de l'amour pour la Prusse. Favier et son disciple Dumouriez faisaient reposer tout leur système politique sur l'alliance de Berlin. Mirabeau allait sur place étudier la monarchie prussienne. Sieyès, qui n'admirait rien que ses constitutions, était un admirateur de la Prusse. L'élue des Français eût voulu faire de la France une grande Prusse. Leur ambition eût été de nous imiter ; ils n'auraient pu mieux faire ; mais les Frédéric sont rares. Il n'en naît pas sur commande, et le Français est impatient ; le vieux fond gaulois a reparu sous le mince épiderme germanique. La Révolution a été, en grande partie, une explosion de tempérament. Chez un peuple teutonique, elle n'eût pas abouti aux mêmes excès.

" Il y a eu, dans les temps modernes, trois révolutions qui ont réussi : celle des Pays-Bas au XVI° siècle, celle d'Angleterre au XVII°, celle d'Amérique au XVIII°. Toutes trois ont été effectuées par des peuples de sang germanique et des peuples protestants , c'est-à-dire ayant adopté la forme germanique du christianisme. Là est le secret de leur succès. Chez l'Américain, chez l'Anglais, chez le Hollandais. se retrouve, avec le vieux fond saxon, l'aptitude à la liberté déjà pressentie par Tacite. Peut-être un jour découvrira-t-on que, chez les peuples modernes, la capacité de liberté et de développement politique est en proportion du sang germanique qu'ils ont reçu des barbares. Aux trois révolutions teutoniques,

Anatole Leroy-Beaulieu

la Bible de Luther et de Knox fournissait une base morale qui a manqué à la Révolution de 1789 ; elles y trouvaient à la fois un éperon et un frein. Le calvinisme l'eût emporté en France, que la Révolution eût pu tourner tout autrement. En dépit de son bon ménage avec l'absolutisme, en Prusse et ailleurs, la Réforme, par le seul fait qu'elle en appelait au libre examen, portait en germe toutes les libertés. En invitant la raison individuelle à interpréter les Écritures, elle affranchissait l'individu du joug de la tradition et proclamait implicitement la souveraineté de la Raison. Luther, l'ami des princes, a été le premier apôtre de la Révolution. Il a été le semeur, et Gutenberg lui a procuré un semoir qui a répandu la semence aux quatre vents. Luther et Gutenberg, voilà les deux grands émancipateurs du monde moderne. L'un a fourni le levier moral, l'autre l'engin matériel. Les caractères mobiles ont plus fait pour l'affranchissement de l'humanité que toutes les motions de 1789 . Sans l'imprimerie, sans la presse, il n'y eût même pas eu de révolution.

" Entre la Réforme et la Révolution française les analogies sont nombreuses ; toutes deux ont accumulé les ruines, provoqué des guerres, servi de cause ou de prétexte à des déplacements de souveraineté et de propriété. Elles ont, l'une en Allemagne, l'autre en France, coupé la conscience nationale en deux ; mais, tandis que l'une a été toute destructive, toute négative, l'autre, à travers ses révoltes, a laissé debout un principe moral sur lequel les grands peuples des deux mondes ont reconstruit l'État et la société. La Réforme a été supérieure, parce que, tout en procédant, elle aussi, d'idées abstraites et tout en s'insurgeant contre la tradition, elle n'a pas rompu d'un coup avec tout le passé, mais a fait, au contraire, appel au passé dans ce qu'il avait de meilleur. Elle a été supérieure, parce que, tout en renversant brutalement ce qui lui barrait la route, elle n'a pas tout démoli systématiquement et s'est gardée de faire table rase. Sa supériorité, en un mot, vient de ce qui vous semble, à vous, Français, son infériorité, de ce qu'elle a été bornée. Par là, elle a, en partie, échappé aux maux inséparables des révolutions elle n'a pas tout stérilisé en prétendant tout régénérer.

" Quant à la Révolution française, qu'en est-il sorti, et quel en sera le dernier terme ? Après un siècle, elle n'a pas encore su s'incarner en institutions vivantes ; elle en est toujours à chercher, à tâtons, sa forme définitive. Sera-ce la république parlementaire ou démocratique ? Mais est-il certain que la république soit une forme de gouvernement supérieure ? N'est-ce pas plutôt une forme de gouvernement arriérée, enfantine, ne convenant qu'aux sociétés en bas âge ? Quand la république et la démocratie seraient la forme ultime de la Révolution, êtes-vous sûrs que leur triomphe soit définitif ? que le gouvernement populaire, qui n'a pu suffire aux sociétés antiques , doive longtemps satisfaire les sociétés modernes ? Tout ce que je vois m'en fait douter. La démocratie est une reine capricieuse ; Christine de Suède n'était pas plus fantasque ; il se pourrait que de lassitude elle abdiquât spontanément — cela s'est vu déjà, — et que la civilisation en revînt aux grandes monarchies administratives. Nous en perfectionnons le type en Allemagne. C'est peut-être encore la meilleure manière de faire régner la Raison ; mais est-ce à la Raison, à la Raison abstraite, maîtresse de quintessence et artisan de discorde, que doit appartenir le gouvernement des sociétés ? Ce qu'on appelle le règne de la Raison n'est trop souvent que le règne de l'idéologie ; l'utopie ou la rhétorique gouverne en son nom. C'est, en politique plus encore qu'en philosophie, une souveraine *pro forma* dont le pouvoir est usurpé par les sophistes. Ce qu'il faut à l'humanité, parvenue à l'âge adulte, ce n'est point, comme le voulait 1789, le règne de la Raison, mais celui de la Science ; et le règne de la Science, ce n'est pas la France qui l'inaugurera. Si un peuple y semble prédestiné, c'est l'Allemagne ; Renan l'a dit ; non que nous rêvions le gouvernement des académies ou des universités. Le règne de la Science, n'est-ce pas ce que la Presse a essayé, sous Frédéric II, comme au temps de Hardenberg et de Humboldt ? N'est-ce pas ce que tentent aujourd'hui, avec Bismarck et les *Kathedersocialisten,* le nouvel empire et le nouvel empereur, au profit des masses ouvrières et du quatrième état ? Car, à l'insu de nombre de Français, il s'ébauche paisiblement, dans l'Allemagne unifiée, une révolution sociale autrement importante, pour l'avenir de l'humanité, que l'émancipation du tiers état effectuée en France. Si, *Dii omen avertant !* la science et le génie y devaient échouer, l'Allemagne risquerait fort d'avoir son 1793, et alors, gare

Anatole Leroy-Beaulieu

à l'Europe ! Elle pourrait voir ce qu'est une révolution conduite méthodiquement, avec la solidité et la persévérance germaniques. Heine vous en a avertis, quoiqu'il ne fût qu'un petit juif à demi francisé devant une révolution allemande, la Révolution française ne serait qu'un jeu de pygmées !

### 4. – Discours de l'Italien

Après l'Allemand, vint un Italien, le commandeur R..., député au Parlement, avocat en renom, jurisconsulte d'autorité ; sa parole était chaude, colorée, non sans quelque emphase méridionale. " Depuis 1789, les Italiens ont, eux aussi, parcouru bien du chemin, et ils reconnaissent volontiers que la Révolution française leur a aplani la route. La principale conséquence de la Révolution, ce qui en fait un événement européen, c'est le *risorgimento* et la reconstitution des nationalités modernes. Ce sera là surtout son titre dans l'histoire. La Révolution a été la trompette qui a sonné le réveil des nationalités. Est-ce à dire qu'elle nous ait vraiment ressuscités, que sans elle l'Italie fût restée à jamais au sépulcre ? Nullement. Pour être au tombeau depuis des siècles, l'Italie n'était pas morte ; elle respirait encore sous la lourde et double pierre de la domination étrangère et de l'absolutisme clérical. La Révolution française n'a pas créé le sentiment national italien ; elle a facilité la réalisation de l'idéal national, idéal qui, bien qu'obscurci, lui était antérieur. M. Crispi l'a dit : c'est en nous que nous avons trouvé le germe de notre régénération. Qui a donné à l'Italie la conscience d'elle-même ? Ce n'est ni la Révolution qui nous découpait en minces *repubblichette*, ainsi que les tranches d'un gâteau de Savoie ; ni l'Empire qui semblait ne voir dans l'Italie qu'une riche étoffe à tailler des manteaux royaux. L'idée de l'indépendance, l'idée de l'unité, sont aussi anciennes, chez elle, que la servitude et le morcellement. Dante et Pétrarque en ont été les prophètes. Machiavel, à la fin d'*il Principe,* semble prédire Garibaldi et décrire l'entrée de Victor-Emmanuel dans les villes qui s'ouvrent au nom de l'Italie. Nous sommes la plus ancienne nationalité de l'Europe. Il y avait une Italie, alors qu'il y avait à peine une France. Elle existait dans la tête de nos penseurs et dans le cœur de ses poètes, avant que les Français eussent nettement conçu la patrie française. Et la tradition ne s'en est jamais perdue. Effacée au XVII° siècle, elle reparaissait au XVIII°. À Florence, à Naples, à Milan, nos philosophes, nos économistes, dédaigneux des spéculations de cabinet, travaillaient à refaire une Italie en refaisant un peuple italien. Déjà on rêvait, autour de la maison de Savoie, de confédération italienne ; déjà Giannone avait attaqué la monarchie pontificale. Longtemps avant 1789, Verri, dans son *Café,* dissertait sur l'unification nationale, et Alfieri exaltait en mâles vers romains le patriotisme italien. Si notre peuple accueillait avec enthousiasme la Révolution française, c'est qu'il en attendait l'affranchissement de la patrie. Nous ne lui demandions que d'appliquer chez nous ses propres principes. De nos déceptions vint la réaction anti-française : le *Misogallo* d'Alfieri, le *Jacopo Ortis* de Foscolo.

" Alors même qu'elles paraissent le contre-coup de celles de France, nos révolutions sont fort différentes. L'esprit. comme le but, est tout autre. Que dit Mazzini ? *Dio e popolo* ; à l'inverse de vos révolutionnaires, il place le devoir avant le droit. Au lieu de rompre avec le passé, nous cherchons à nous rattacher au passé, là même où il semble nous manquer. N'ayant pas de monarchie nationale, nous nous en créons une. Si nous sommes contraints de couper le fil de l'histoire, nous nous ingénions à le renouer. Nous avons de trop grands ancêtres pour les oublier volontiers. Nous sommes toujours plus Latins que Celtes. Nous nous défions des théories ; nous nous en servons sans en être dupes. Nous n'avons que faire des modèles de l'étranger : nous trouvons tout dans nos traditions de l'antiquité ou du moyen âge. République, démocratie gouvernement de la bourgeoisie ou de la plèbe, du *popolo grasso,* ou du *popolo minuto,* nous avons tout essayé, des siècles avant la France. Les expériences qu'elle fait, depuis cent ans, passant d'un gouvernement à un autre, nous les avons faites quand nous étions enfants, et nous n'avons pas envie de recommencer les écoles de notre jeunesse.

" Que nous a apporté la Révolution française ? Est-ce l'idée de la souveraineté du peuple ? Mais c'est là, chez nous, une vieillerie, une antiquité. On n'a pas besoin de fouilles bien profondes pour la retrouver dans les ruines du Forum, ou sous les tours de nos

Anatole Leroy-Beaulieu

commune de Toscane. Nous l'avons vue à l'œuvre, en grand et en petit, dans la république romaine et dans nos républiques municipales, et, chaque fois, à Florence comme à Rome, nous l'avons vue aboutir à la tyrannie, au principat. La souveraineté du peuple est une notion toute latine. Elle est l'âme du droit romain, la base du pouvoir impérial. Le Digeste le dit expressément : Tous les droits et la puissance du peuple romain ont été transférés au dépositaire de l'autorité impériale. Et cette délégation s'est faite, au temps d'Auguste, par une série de lois et de sénatus-consultes, selon les formes usitées. Ainsi, en France, la Révolution française aboutit à l'Empire français. Après avoir transporté la souveraineté du roi au peuple, la Révolution l'a déléguée à un général, *l'imperator*. *L'imperium* passant du peuple à un homme, on a l'imperator. La Révolution de 1789 n'a été qu'un commentaire de la loi établie par Vico, et la République de 1889 semble vouloir en donner une démonstration nouvelle.

" Qu'on y regarde bien, on verra que la Révolution française nous a fait plus d'emprunts que nous ne lui en avons fait. D'où vient l'idée de l'unité, si importante et si fatale par l'abus qu'en firent les jacobins ? De Rome, la grande maîtresse d'unité.

D'où, la notion de l'État et de l'omnipotence de la collectivité ? — De Rome encore. — D'où, la raison d'État et l'érection du salut public en *suprema lex*. Toujours de Rome, et cette doctrine romaine, c'est l'Italie qui l'a remise en honneur à la Renaissance ; c'est Machiavel qui en donne la théorie. Il y a plus, ce qui fait, semble-t-il, le titre propre de la Révolution française, l'égalité civile, cela aussi vient de Rome. On a dit que la Révolution se résumait dans le code civil ; or, de quoi s'est inspiré le code civil ? — Du droit romain, de ce droit, ennemi des privilèges, qui avait établi l'égalité civile de la femme et de l'homme, du plébéien et du patricien, du provincial et du Romain. " Ils n'avaient pas attendu Rousseau et la Constituante, les jurisconsultes de l'époque des Antonins pour poser l'axiome : *omnes homines natura œquales*. La Révolution a voulu inaugurer le règne de la Raison ; mais le droit romain n'a-t-il pas été appelé la raison écrite ? La Révolution a prétendu substituer le droit de la nature à la tradition et à la coutume, mais le droit romain n'est-il pas l'expression la plus haute du droit naturel ? Aussi est-ce justice que votre code civil, code latin d'inspiration, ait reçu le nom italique de Napoléon. Papinien et Ulpien en étaient les ancêtres et les maîtres des Tronchet et des Portalis, et ce n'est point par hasard que les légistes ont été les principaux artisans de la Révolution, que tout ce qu'elle a fait, ou défait, l'a été par leurs mains. Les légistes de la Constituante, de la Convention, du Conseil d'État étaient les héritiers de ceux de Philippe le Bel. Ils avaient le même idéal ; ils avaient également bu à l'antique fontaine. Remontez le cours des âges, suivez le ruisseau jusqu'à sa source, vous arriverez à l'université de Bologne.

" La Révolution française se fait gloire d'avoir aboli la féodalité ; mais, quand elle a été renversée par la Révolution, la féodalité tombait de vétusté. Il y avait des siècles qu'elle était sapée par nos légistes. Le droit romain a été le bélier avec lequel la féodalité et les institutions du moyen âge ont été battues en brèche. C'est lui qui a démantelé les châteaux forts et abaissé les ponts-levis. La Révolution n'a abattu que des mines. Les murailles de la Bastille ne tenaient plus debout ; pour les jeter bas, il n'y avait pas besoin d'un tremblement de terre : la main d'un enfant y eût suffi. En les démolissant, il eût fallu au moins n'ensevelir personne sous leurs décombres. Les maux de la Révolution vinrent, en partie, de la disproportion entre l'œuvre et l'effort, entre la faiblesse de l'ancien régime et les forces soulevées pour le renverser. La Révolution, lancée dans un furieux élan contre une société en ruines, dépassa le but et alla rouler dans le sang.

" Démolir était facile ; reconstruire, moins aisé. Quand la France a refait sa maison, sur quoi a-t-elle bâti ? Sur la tradition latine, avec des matériaux antiques, suivant un plan romain, et encore par des mains italiques. La vieille Rome a été la carrière où Napoléon a pris les pierres de la France nouvelle, à peu près comme les neveux des papes édifiaient leurs palais avec le travertin du Colisée.

Guerrazzi en a fait la remarque, la Révolution française n'a eu que deux grands hommes un pour l'ouvrir, un pour la fermer, et tous deux, Riquetti de Mirabeau, comme Napoléon Buonaparte, portaient un nom italien. Ce pourrait être un symbole la tradition romaine avait préparé la Révolution, la tradition romaine devait la clore.

" La Révolution française se vante d'avoir sécularisé la société et introduit la raison dans le gouvernement des peuples. Est-ce bien la Révolution, ou n'est-ce pas plutôt la Renaissance qui a marqué l'avènement de la Raison dans l'histoire ? Pour qui suit la filiation des idées, aucun doute. À la Renaissance remonte l'affranchissement de l'esprit humain, dans l'art, dans la politique, dans la science. La Réforme, qui prétend s'en faire honneur, n'est elle-même qu'une fille maussade de la Renaissance ; c'est le contre-coup de l'humanisme, une application de la critique et de l'esprit d'analyse aux livres sacrés. C'est la Renaissance qui a été l'émancipatrice de l'esprit moderne, en ruinant la philosophie scolastique, en même temps qu'elle ébranlait le système féodal. Nos paisibles humanistes ont été les pionniers de la Révolution, aussi bien que de la liberté de penser. Nos philosophes, les Bruno, les Campanella, ont revendiqué les droits de la Raison et de la Nature, avant les Français ou les Anglais. Nos savants, Galilée et son école, n'ont pas attendu votre XVIII° siècle pour révolutionner le système du monde, détruire la conception géocentrique de l'univers et ramener l'homme à une saine notion de sa place dans la nature. La Révolution était tout entière en germe dans la Renaissance. L'Italie eût été libre du joug des barbares que de ce mouvement intellectuel, scientifique, philosophique, autrement large que celui du XVIIIe siècle, il serait sorti une transformation politique, sociale, religieuse, autrement féconde que celle de 1789. La révolution eût été accomplie deux siècles plus tôt, par une nation plus maîtresse d'elle-même, plus mesurée, plus pondérée, plus artiste, partant plus apte à concilier les contraires. Le malheur de l'Europe est que la Révolution, virtuellement contenue dans la Renaissance, a été effectuée à coups de proscriptions et de guillotine, par un peuple sans expérience, impatient, emporté, immodéré, plus généreux que sage, plus passionné que réfléchi, ayant plus d'enthousiasme que de jugement, plus de fougue que de ténacité, facilement dupe des abstractions et des formules. Les triomphes et les mécomptes de la Révolution, ses élans comme ses chutes, sont venus, pour une

Le banquet du centenaire de 1789

bonne part, de la *furia francese*. On a dit que la Révolution avait produit tous ses mauvais effets en France, tous ses bons effets au dehors. C'en est une des raisons. En France, la Révolution a été comme un torrent dans des roches friables, ravinant et déracinant tout sur son passage ; on n'a pas encore su en régulariser le lit. Au dehors, en s'éloignant de sa source, en rencontrant des terrains plus consistants, elle a perdu de son impétuosité il a été plus facile de l'endiguer. Je bois à la canalisation de la Révolution.

### 5. – Discours du Grec

Après l'Italien vint un Grec, secrétaire du Sylloge de Constantinople, correspondant de *l'Ephimeris* et autres feuilles helléniques. " La Grèce aussi a sa dette envers la Révolution française et envers la France. La Révolution a hâté notre résurrection nationale, et la France a secondé nos palikares de ses poètes et de ses soldats. Mais, en faisant acte de philhellénisme, la France moderne n'a guère fait que nous rendre ce qu'elle avait reçu de nos ancêtres, car la Révolution française doit assurément plus à la Grèce que notre glorieuse révolution hellénique ne doit à la France. Pour remonter à l'inspiration première de la Révolution, il faut sauter par-dessus vingt-cinq siècles. La Renaissance revendique l'initiative de l'affranchissement de l'esprit moderne mais d'où vient la Renaissance ? Des Grecs. N'est-ce pas nos savants échappés de Byzance, avec leurs glossaires et leurs manuscrits, qui ont ranimé l'Occident et renouvelé ses écoles ? Le flambeau de la Renaissance s'est allumé à notre torche qui s'éteignait. Les véritables libérateurs de la pensée européenne, bien plus les vrais maîtres de la Révolution, ce sont nos poètes, nos philosophes, nos historiens découverts par les humanistes, car ce n'est pas seulement d'une manière indirecte, à travers la Renaissance, que le génie grec a agi sur la Révolution, c'est, non moins, d'une manière immédiate, par les souvenirs et les exemples de la Grèce antique.

" La source de votre Révolution est dans le lit desséché de l'Ilussus. C'est à nos républiques que ces Galates du XVIII° siècle ont tout pris : maximes, procédés, droits du peuple, haine des tyrans, liberté, égalité. L'ombre de nos héros planait sur les assaillants de

Anatole Leroy-Beaulieu

la Bastille et des Tuileries. Tyrtée a soufflé Rouget de Lisle. C'est Léonidas et Thémistocle qui ont recruté les volontaires de 1792 et pointé les canons de Valmy. C'est Harmodios et Aristogiton, de compagnie avec Brutus, qui ont décapité Louis XVI et jugé Marie-Antoinette. — À quoi bon une monarchie ? se disaient les jeunes patriotes : les républiques de l'antiquité se passaient bien de rois. — La Révolution, à ses heures les plus tragiques, semble n'être qu'une copie, j'oserais dire un pastiche de l'ancienne Grèce. Les hommes de la Convention ne s'en cachaient pas ; ils se proclamaient nos élèves, ils s'étaient donné comme modèles Athènes et Sparte. Quel est le législateur qui demandait, à la Bibliothèque, les *Lois de Minos* ? La grande différence entre les Girondins et les Jacobins, c'est que les uns voulaient une république à l'athénienne, les autres une république à la spartiate avec le brouet noir. Entrez au club ou à la Convention, on se croirait à l'Agora ou au Pnyx. Les orateurs n'ont à la bouche que Lycurgue, Solon, Miltiade, Aristide, Epaminondas, Thrasybule, Démosthène, Phocion, Philopœmen. Notre histoire est la clé de leurs discours. À les entendre, on dirait d'échappés de collèges, tout trais émoulus de leurs classes, qui veulent ressusciter Sparte ou Athènes. Ils s'y essayent, avec une naïveté juvénile, coupant les têtes récalcitrantes. Ils sont fiers de coiffer le bonnet phrygien. Ils se drapent en Grecs ; pour se grandir, ils chaussent le cothurne ; ils appliquent sur leurs visage le masque scénique ; ils enflent leurs voix. La Révolution ressemble à une tragédie classique jouée par des éphèbes qui s'identifient avec leurs personnages, jusqu'à tuer et à mourir pour de bon. Jacobins ou Girondins ont quelque chose de théâtral ; ils sont en scène ; ils semblent souvent moins des hommes vivants, des Français de Paris ou de Bordeaux, que des figurants, des acteurs déclamant une pièce, écrite en d'autres temps pour un autre pays. Ils semblent n'être pas eux-mêmes ; c'est que ce sont des imitateurs. De là leur infériorité vis-à-vis des grands hommes des révolutions d'Angleterre ou d'Amérique ; ils jouent leur rôle de leur mieux ; mais c'est un rôle, et l'on n'est qu'à demi surpris lorsque, le rideau tombé, on voit ces fiers républicains reparaître en courtisans de l'empire.

" Un maître l'a dit : la Révolution a été le produit de l'esprit classique. Il n'y a pas à s'étonner si elle a voulu en revenir aux mœurs antiques, substituer le tutoiement aux formes de la politesse moderne, ramener les modes et la toilette des femmes à la simplicité grecque, remplacer les paniers de Marie-Antoinette par la tunique fendue de Mme Tallien, restaurer, sous le couvert de la déesse Raison, notre culte et nos fêtes païennes. Architecture, peinture sculpture, ameublement, poésie même, tout n'était-il pas à l'antique ? N'était-ce pas le temps où André Chénier ressuscitait les ïambes d'Archiloque , après avoir soupiré des élégies ioniennes ? où David remettait partout en honneur ce qu'il croyait le style grec ? Le *Jeune Anacharsis* avait, dès 1789, donné aux Parisiens une Grèce en biscuit de Sèvres ; et Mme Roland n'a-t-elle pas écrit que, en pensant à Athènes, elle se dépitait d'être Française ? Et chez Mme Roland et les plus nobles intelligences, cette grécomanie n'était pas toute de surface. Un grec Plutarque, a été le grand directeur des âmes. Leurs plus hauts sentiments les hommes de la Révolution les ont puisés chez Plutarque il a été leur bréviaire, leur Bible. Mme Roland, jeune fille, l'emportait à la messe en guise de *Semaine sainte* ; et. enfermée à l'Abbaye, c'était avec lui qu'elle se préparait à l'échafaud. Ce que les Français d'alors ont su le mieux faire : mourir, ils l'avaient appris de Plutarque. Ils mouraient en anciens, les uns en stoïciens, les autres en épicuriens, quelques-uns en cyniques presque tous en disciples de nos philosophes. Qu'était leur vertu, cette vertu dont le nom revenait sans cesse dans leurs discours ? C'était la vertu antique, la vertu du citoyen qui s'allie sans trop de peine aux vices privés, la mâle *arêtê* chantée par Aristote, ou, selon la définition de Montesquieu, l'amour de la patrie ramené à l'amour de l'égalité. De même, qu'était pour eux la liberté, si ce n'est la liberté antique, qui se confond avec la souveraineté du peuple, liberté collective, qui consiste à n'avoir d'autre maître que le peuple et qui, en fait, peut s'allier à la pire servitude ?

" Par son idéal politique, par son système d'éducation, voire par ses remaniements de propriété et ses luttes de classes, la Révolution a été une imitation de l'antiquité. Elle a voulu refondre l'homme moderne dans le moule classique. C'est ce que faisait Saint-Just dans ses *Institutions ;* ce que rêvait déjà Rousseau dans son *Contrat social*. Réédifier la société en ne consultant que la raison, à l'instar de nos

Anatole Leroy-Beaulieu

législateurs historiques ou légendaires, telle a été la prétention et l'erreur de la Révolution. À nos anciens législateurs ou philosophes, il était loisible de construire des républiques aux institutions symétriques, d'une ordonnance régulière comme un temple dorique. Cela était singulièrement plus facile à l'antiquité, dans des cités nouvelles aux étroites murailles, sans passé ni tradition. Encore nos législateurs n'osaient-ils toucher à tout et croyaient-ils prudent de mettre leurs lois sous la protection des oracles. Quelle différence entre la cité grecque et le royaume de France ! Comment faire entrer l'un dans la forme brisée de l'autre ? L'entreprise était chimérique. Pour qu'elle réussit, il eût fallu effacer vingt siècles, supprimer la croix du Christ, recréer le Français à neuf, simplifier l'homme moderne, c'est-à-dire l'écourter, le mutiler dans ses idées, dans ses mœurs, dans sa conscience, dans tout ce que lui avaient ajouté cent générations. Les jacobins l'ont tenté, ils ont échoué ; en vain ont-ils coupé la France en morceaux, lui appliquant le procédé conseillé par Médée aux filles de son ennemi pour rajeunir leur père. Les Français eussent mieux connu la Grèce. qu'ils eussent renoncé à faire de la France une cité antique. Ils auraient appris de Thucydide et de Xénophon à se défier de l'humeur de Démos. Que ne savaient-ils un peu de grec et n'avaient-ils pratiqué un peu nos auteurs ! Aristote et Polybe leur eussent enseigné que le meilleur gouvernement est un gouvernement mixte. Nous l'avions découvert il y a deux mille ans ; mais l'expérience des anciens est perdue pour les modernes. L'histoire de l'Europe est en raccourci dans celle de la Grèce antique : puissent la France et l'Occident ne pas finir comme l'Hellade ! "

### 6. – Discours du prêtre hispano-américain

Au Grec succéda un ecclésiastique hispano-américain, délégué de la république de l'Équateur, professeur d'histoire et d'éloquence sacrée au séminaire de Quito. Il parlait avec solennité, par sentences, en homme accoutumé à enseigner au nom de la Vérité infaillible. " Dans toutes les choses humaines, dit-il, il y a, depuis la Chute, le bien et le mal. Le mal, dans la Révolution, vient du paganisme, ancien ou moderne, des Grecs, des Romains, de la Renaissance ; le bien vient de l'Évangile. La vraie Révolution a été inaugurée, il y a dix-huit siècles, sur les collines de Galilée. Les idées de justice et de liberté sont la semence du Christ ; mais Satan a passé, il a semé l'ivraie au milieu du froment, et l'ivraie a étouffé le bon grain. On accuse l'Église d'être l'ennemie de la Révolution ; c'est que la Révolution a méconnu l'Église et son Christ. Nous n'étions pas les ennemis de la Révolution à l'aurore de 1789 ; les cahiers du clergé réclamaient toutes les réformes légitimes : l'abolition des privilèges, la liberté et l'égalité civiles. Les curés, c'est-à-dire la portion la plus évangélique du clergé, se joignaient au Tiers pour constituer l'Assemblée nationale. Il. sentaient, ces curés dont la Terreur allait faire des martyrs, que les nouveaux principes découlaient du christianisme. L'Évangile est le vrai code des droits de l'homme. L'idée même du droit est une idée chrétienne. L'esprit du Christ, fermentant au milieu du monde, y a fait lever des notions qui n'étaient pas du monde. Liberté, égalité, fraternité, cette sublime et spécieuse devise semble dérobée à nos saints livres. Toutes ces nouveautés se trouvent dans nos antiques paraboles. La Révolution, en s'en emparant, n'a fait que les déformer sous les influences païennes. L'Évangile a proclamé la liberté des enfants de Dieu. " Vous n'êtes pas des fils de servitude ", a dit saint Paul. — " Que l'égalité s'établisse ", écrivait le même apôtre aux Corinthien,. — " Vous êtes des frère, tous membres du même corps ", a dit le Sauveur. L'idée d'une réforme sociale embrassant tous les hommes, les appelant tous à s'asseoir autour de la même table, est une idée évangélique. En ce sens, la Révolution n'est qu'un effort pour appliquer aux sociétés les maximes de l'Évangile. L'Évangile est le manuel de la saine démocratie. " Soyez bons chrétiens, et vous serez bons démocrates ", disait le futur pape Pie VII, alors évêque d'Imola, à ses ouailles des Romagnes. Des jacobins ont osé imprimer que Jésus était un sans-culotte. Leur blasphème cachait une vérité : Jésus, le fils du charpentier, est venu relever les humbles, les petits, les opprimés. Quand Robespierre déclarait à la Convention que la morale prêchée par le Christ était analogue aux principes de la Révolution, quand il vantait " la doctrine sublime de vertu et d'égalité enseignée par le fils de Marie ", Robespierre rendait hommage à la vérité. On l'a dit, la Révolution n'est que de l'Évangile aigri.

Anatole Leroy-Beaulieu

L'Église, par sa constitution même, offrait au monde le modèle d'une cité idéale, d'une société parfaite, fondée uniquement sur la raison et la justice, où les plus hautes dignités sont accessibles aux plus petits, sans distinction de fortune, de caste, de nation ; universelle et sainte république où le principe électif s'est perpétué, où les chefs ne sont que des serviteurs, où les conciles présentent le type achevé des assemblées délibérantes. Et ce que l'Église pratiquait pour son propre gouvernement, ses docteurs l'avaient souvent conseillé pour le gouvernement des sociétés humaines. Quand elle enseigne que toute puissance vient de Dieu *Non est potestas nisi a Deo,* l'Église entend que l'homme, en tant qu'homme, n'a pas le droit de commander à l'homme. S'ils montrent en Dieu la source de la souveraineté, ses théologiens ont maintes fois professé que le peuple en était le canal. Souveraineté du peuple, contrat, ou, comme ils disent, pacte social, démocratie, droit de déposer les souverains, on retrouverait, chez nos scolastiques, tous les soi-disant principes de 1789, moins les sophismes qui en ont fait des erreurs. Saint Thomas ne craint pas d'affirmer que tous doivent avoir quelque part au gouvernement, *ut omnes aliquam partem habeant in principatu.* Il va jusqu'à admettre le droit d'insurrection contre le tyran infidèle au pacte qui le lie à son peuple. Nos jésuites espagnols, Suarez en tête, établissent que la puissance civile réside dans la communauté ; que, pour qu'elle soit légitimement transmise à un homme, il faut le consentement de la communauté. Beaucoup de ces idées regardées comme nouvelles étaient, au moyen âge, des lieux communs ; ainsi, en Espagne, en Italie, en Hongrie, en Allemagne , en France même. Voyez, en Espagne, les provinces les plus catholiques et les moins révolutionnaires, la Navarre, le pays basque, ce sont les plus attachées à leurs libertés et à leurs *fueros.* Dans l'Europe chrétienne, la liberté était ancienne ; c'est le despotisme qui était récent. L'idée que le pouvoir procède du peuple était presque une banalité aux XIV° et XV° siècles.

En la reprenant, les états généraux de 1789 ne faisaient que continuer la tradition de leurs prédécesseurs.

" La Révolution n'est qu'un plagiat, ou, mieux, une parodie de l'Évangile. C'est une contrefaçon diabolique des maximes chrétiennes. C'est Satan déguisé en ange de lumière pour séduire les peuples. En ce sens la Révolution est proprement démoniaque, satanique. Lucifer s'est emparé des Conseils évangéliques, et il les a faussés par l'esprit de révolte. Il a sophistiqué les plus sublimes leçons du Christ, et des vérités il a fait des mensonges. Il a changé le pain en pierre. Liberté égalité, fraternité, tout a été vicié par la concupiscence de la chair et l'orgueil de la vie. De la sainte liberté des enfants de Dieu, acceptant librement l'autorité de la loi, la Révolution a fait une rébellion contre Dieu, contre la loi morale et l'ordre éternel. De la noble égalité des âmes devant leur Créateur et Rédempteur, égalité, idéale, n'excluant pas les hiérarchies nécessaires, elle a fait une égalité matérielle, grossière niveleuse, aussi contraire à l'ordre naturel qu'au dessein providentiel. De la suave fraternité chrétienne, elle a fait une menteuse étiquette qui ne recouvre qu'égoïsme et cupidité. On juge l'arbre à ses fruits. En repoussant Dieu et son Christ, la Révolution a livré le monde à la compétition des appétits. Au lieu d'agneaux, elle a fait des loups qui s'entre-dévorent. Elle a fomenté les luttes de classes et déchaîné sur les société, uniquement occupées des biens matériels, une guerre sociale sans trêve ni merci. *Eritis sicut Dei,* disait le serpent. Vous serez pareils à des dieux, a répété la Révolution. Vous n'aurez rien au-dessus de vous ; vous serez, à vous-mêmes, votre propre loi. L'homme tombé, impuissant à se relever, est, par lui-même, incapable du bien ; et la Révolution, niant la chute originelle, enseigne que l'homme est naturellement bon ; elle l'émancipe de tout frein spirituel, au moment où elle le libère de tout joug temporel. Elle lui parle de ses droits, jamais de ses devoirs. Elle annonce le règne de la Raison, et elle repousse le Verbe, le *Logos* éternel, sans lequel l'humaine raison n'est que ténèbres. À la cité de Dieu, céleste idéal planant au-dessus des sociétés chrétiennes, elle prétend substituer la cité humaine, bâtie uniquement sur la raison et la science : pernicieuse utopie d'esprits aveuglés qui ne voient pas que sans Dieu la terre devient un enfer.

" Ainsi envisagée dans ses erreurs et ses faux dogmes, la Révolution est une hérésie. C'est une hérésie formelle, fondée, comme les autres , sur des vérités incomplètes ou corrompues. C'est la vieille hérésie millénaire, rajeunie par les philosophes, mais non moins

Anatole Leroy-Beaulieu

enfantine. Ce qu'elle poursuit, sous le nom de Justice et de Progrès, c'est le millenium attendu aux premiers siècles du christianisme, et qu'elle se flatte d'établir sur la terre, non plus avec le secours de Dieu et de ses anges, mais par les seules forces de l'homme. Elle prétend rouvrir à l'humanité le paradis fermé. Elle veut la faire entrer dans la terre promise, sans la colonne de feu qui conduisait les hébreux. Les hommes ne sauraient se passer de dieux ; la Révolution leur a donné des idoles, devant lesquelles fume leur encens : l'Humanité, la Science le Progrès, l'État. La Révolution est devenue une foi, une religion ayant ses prophètes, ses saints et ses apothéoses, ses prodiges, ses légendes, ses rites, sa liturgie. Elle a son *Credo*, et le peuple incrédule croit en elle. Elle a beau l'avoir cent fois déçu, il s'obstine à attendre d'elle le renouvellement de la face de la terre, car ce que demande le peuple, ce n'est pas des droits abstraits ou des facultés politiques, c'est le bonheur, c'est la vie, c'est la félicité de l'Éden vaguement entrevu et vainement promis.

Hélas ! son rêve de justice et de fraternité universelle, la. France le poursuit, depuis 1789, dans des voies qui l'en écartent toujours. Veut-elle réaliser le règne de Dieu sur la terre *Adveniat regnum tuum,* la démocratie n'y parviendra, autant que le permet l'humaine débililé, qu'avec le Christ et son Église. La Révolution a prétendu avoir les fruits du christianisme sans l'arbre qui les porte. Il n'y a de vraie liberté que sous le sceptre de Dieu. La rénovation de l'humanité doit commencer par la rénovation de l'homme. Les révolutions, la science, la politique, sont impuissantes à transformer les sociétés ; ce qu'il faut d'abord changer, c'est le vieil homme, le vieil Adam, et ce miracle ne peut se faire que par la charité, par l'humilité, par l'abnégation, par la croix. " La vérité vous donnera la liberté ", a dit le Christ. Pour avoir une république idéale, les peuples n'auraient qu'à pratiquer l'Évangile. Pour faire de cette misérable terre une demeure céleste, il n'y aurait guère, en vérité, qu'à appliquer le Sermon sur la montagne. Qui veut refaire une autre société, une autre économie politique, doit commencer par mater les instincts égoïstes. Si la nouvelle reine du monde, la démocratie, veut tenir ses promesses aux peuples, il faut que, à son tour, elle se fasse baptiser et sacrer par l'Église ; autrement l'éternel *Nisi Dominus* s'appesantira sur elle : ayant bâti sa maison

*Le banquet du centenaire de 1789*

sur le sable, elle la verra emporter par la pluie et le vent. Si le vieux continent, imbu de l'antique paganisme, n'entend pas ces vérités, le Seigneur lui retirera son flambeau. Il en sera de l'Europe comme de l'Asie. La direction de l'humanité, passera à d'autres ; pendant que les vieilles nations s'enfonceront dans la décadence, des peuples nouveaux fonderont, dans les savanes ou les sierras de l'Amérique, la vraie république chrétienne.

### 7. – Discours de l'israélite

" *Amen !* fit en riant le délégué des États-Unis. — " Vivent le Paraguay et les jésuites ! " répétaient l'Allemand et l'Italien. " Je demande la parole ! " s'écria au milieu du bruit un petit homme au nez busqué. On ne savait trop à quelle nation il appartenait, ni à quel titre il assistait au banquet. " Je suis juif, commença-t-il, et, quand tous les peuples maudiraient la Révolution française, nous juifs, nous lui dirions : Hosanna ! C'est elle qui nous a tirés de la servitude, elle qui nous a rendu une patrie. Aussi, tant qu'Israël durera, le nom de la France sera béni. Du vermisseau de Jacob, foulé aux pieds par les nations, elle a refait un homme.

" Et en affranchissant le juif, la Constituante qui a proclamé les droits de l'homme, a fait une oeuvre juste, car la Révolution n'a été qu'une application de l'idéal que nous avons apporté au monde. Tout 1789 était en germe dans l'hébraïsme. L'idée du droit et de la justice sociale est une idée israélite. L'avènement de la justice sur la Terre a été le rêve de notre peuple. Pour retrouver la source première des droits de l'homme, il faut remonter par delà la Réforme et la Renaissance, par delà l'antiquité et l'Évangile, jusqu'à la Bible, à la *Thora* et aux prophètes. Nos *nabis*, les Isaïe et les Jérémie, ont été les premiers révolutionnaires. Ils ont annoncé que les collines seraient nivelées et les vallées comblées. Toutes les révolutions modernes ont été un écho des voix qui retentissaient en Éphraïm. Nous étions encore confinés au *ghetto*, on voyait encore, sur nos épaules, la place de la rouelle jaune, que la chrétienté puisait dans nos Écritures les principes vivifiants de ses révolutions. De notre Bible a procédé la Réforme ; d'elle se sont inspirés les gueux des Pays-Bas, les puritains d'Angleterre et d'Amérique, s'appropriant

Anatole Leroy-Beaulieu

jusqu'à la langue et aux façons de parler de nos juges et de nos prophètes. C'est dans la Bible que Jurieu et les pasteurs protestants ont découvert le Principe de la souveraineté du peuple, et c'est aux pasteurs genevois que Rousseau l'a emprunté. À la Bible revient le succès des révolutions de ces Anglo-Saxons, qui se vantent d'avoir été vos maîtres. Leur supériorité est-elle autre chose qu'une orgueilleuse prétention, ils la doivent à un commerce plus intime avec Israël. Les huguenots eussent triomphé en France, et la Bible avec eux, que la Révolution française eût pu éclater un siècle plus tôt et avoir une issue tout autre.

" 1789 a eu beau ne pas procéder directement de l'hébraïsme, les principes de la Révolution ne nous en appartenaient pas moins. Il nous était aisé de les reconnaître : c'est notre main qui les avait lancés dans le monde. Liberté, égalité, fraternité des hommes et des peuples, la *Thora* leur a donné la seule base solide l'unité de l'espèce humaine. En enseignant que tous les hommes descendent du mérite Adam, de la même Ève, la Bible les proclamait tous libres, égaux et frères. Et, comme les principes de la Révolution, ses espérances sont à nous cette unité, cette fraternité humaine, nos prophètes l'ont montrée dans l'avenir, non moins que dans le passé. Ils en ont fait l'idéal d'Israël. La Révolution n'a été, à son insu, que l'exécuteur testamentaire d'Isaïe. Rénovation sociale, égalité des droits, relèvement des humbles suppression des Privilèges et des barrières de classes, fraternité des races, tout ce qu'a tenté ou rêvé la Révolution a été annoncé, il y a quelque vingt-cinq siècles, par nos voyants. Ils ont prédit une humanité nouvelle, une Sion agrandie où toutes les nations trouveraient place et se reposeraient à l'ombre de la Justice. La reconstruction de Jérusalem et du Temple, le règne du fils de David décrit en leurs radieuses paraboles, c'est ce que, à son insu, a prétendu effectuer la Révolution ; c'est, sous une forme mystique, la régénération et la pacification des sociétés humaines, le règne de la raison, le développement de la richesse et du bien-être, les miracles de l'industrie et de la science qui doivent renouveler la face de la planète. Ce que nos pères nommaient le Messie, vous l'appelez le Progrès. La foi au progrès est une idée juive le progrès de l'humanité est notre religion. C'est, pour le juif, un devoir d'aider à la réalisation des espérances du messianisme,

*Le banquet du centenaire de 1789*

partant à l'achèvement de la Révolution qui a inauguré dans le monde l'ère messianique. La cause de la Révolution est la cause de Jacob. Nos rabbins, nos médecins, nos docteurs du moyen âge travaillaient déjà sourdement pour elle, dans leurs sordides écoles. Liberté et égalité, sans distinction de caste, de race, de religion, c'est le triomphe des mieux doués, c'est la domination de l'esprit succédant à la tyrannie de la force. Il n'en faut pas davantage à Israël. Sur les débris des féodalités bardées de fer et des noblesses chamarrées de rubans, s'élèvera l'aristocratie naturelle, la véritable aristocratie des meilleurs, aristocratie de l'intelligence à qui revient de droit l'empire du monde. Ainsi s'accompliront les prophéties et les promesses de Jahvé à son peuple. — Je bois à l'avènement du Messie et à la Révolution émancipatrice de Jacob. "

## 8. – Discours du noir de Haïti

Ce discours fut accueilli par un grand tumulte ; les quolibets entrecoupaient les protestations. Un député antisémite d'Autriche interpellait violemment l'Israélite, sans pouvoir obtenir le silence. Par-dessus les cris perçait la voix stridente d'un jeune noir de Port-au-Prince, docteur en droit et en médecine des facultés de Paris. " Et nous aussi, vociférait le docteur noir, en frappant la table du poing, nous, maudits en la personne de Chanaan et exilés de la fraternité humaine, nous, dont on osait fonder la servitude sur la Bible, nous avons été affranchis par la Révolution française. Ce que le Christianisme n'avait pu faire en dix-huit siècles, la Révolution l'a fait en cent ans. Elle a été la rédemptrice de l'homme noir, votre frère puîné, un cadet qui peut-être, un jour, devancera ses aînés. L'abolition de l'esclavage est le grand titre de la Révolution. Sa gloire est d'avoir proclamé l'égale liberté des races. Non contente d'abolir les distinctions de classes, elle a supprimé les distinctions de couleurs. Grâce à elle, toute une race a été émancipée, et les anciens esclaves de Saint-Domingue, disciples inconscients de Rousseau, mènent librement, sous les bananiers de Haïti, la vie de la nature. Gloire à la Révolution : Vive la France ! Vivent les philosophes ! "

Anatole Leroy-Beaulieu

## 9. – Discours de l'antisémite autrichien

" Que le nègre et le juif acclament la Révolution, ils y ont tout gagné, interrompit l'antisémite autrichien ; mais, pour nous, chrétiens de race blanche, de souche indo-germanique, c'est autre chose. Ce dont le noir ou le sémite lui font un mérite est ce qui me la rend suspecte. L'égalité des races et des nationalités a été l'erreur de la Révolution. Des Allemands ou des Anglais ne l'auraient pas commise. Accorder à tous les peuples des droits égaux, c'est mettre en péril les races ou les peuples supérieurs, compromettre l'unité et le progrès de la civilisation. Demandez ce qu'ils en pensent aux blancs de la Caroline ou de la Louisiane. Voyez même chez nous en Autriche la *deutsche Cultur* risque de sombrer sous le flot du slavisme, et la civilisation chrétienne, d'être submergée par le judaïsme. Il nous faut apprendre les grossiers jargons de barbares tribus. Encore, le Tchèque, le Slovène, et toute la séquelle slave, nous sont-ils parents, par la race ou la religion. Mais le sémite ! La Révolution n'a-t-elle été faite que pour établir le règne d'Israël ? Elle a émancipé le noir et préparé l'esclavage du blanc. Sous prétexte de liberté et d'égalité, elle risque de sacrifier les races les plus nobles à la plus cupide, le chrétien au juif, l'aryen au sémite. "

## 10. – Discours de l'Hindou

Est-ce bien là l'erreur de la Révolution ? répondit en anglais un *gentleman* hindou, *fellow* d'Oxford et délégué de l'université de Calcutta. La Révolution a-t-elle vraiment proclamé l'égalité des races ? Si elle l'a fait, nous ne voyons pas que les Français et les autres Européens appliquent fort ce principe dans leurs possessions d'Asie ou d'Afrique. L'erreur de la Révolution, autant que j'en puis parler, est peut-être moins d'avoir méconnu les inégalités, que les différences, des peuples et des races. L'inégalité peut se contester ; les différences, non. Ainsi, nous, Asiatiques, nous ne nous sentons pas inférieurs à vous, Européens, mais autres que vous. Tout à l'heure, en entendant un Latin, un Grec, un chrétien, un juif réclamer, chacun leur part, de la Révolution française, je me demandais ce qu'il y avait de fondé dans ces revendications, car, en pratiquant les Européens, je me suis aperçu que les mêmes maximes, les mêmes formules ont des significations diverses, selon les pays et les époques. Nous aussi, hindous, nous pourrions nous glorifier d'avoir devancé 1789 ! Comment, direz-vous, l'Inde, la patrie des castes ? Oui ; vous oubliez que des montagnes du Népaul est sortie, il y a vingt-cinq siècles, une doctrine qui renversait toutes les barrières de castes. Le bouddhisme prêchait, lui aussi, l'égalité, la fraternité, la tolérance, et prétendait apporter aux hommes la liberté. Du Gange au Jourdain, comme du Jourdain à la Seine, nous pourrions imaginer de secrètes infiltrations à travers les siècles. Certains de vos savants ne l'ont-ils pas supposé, pour des dogmes ou des rites ? Mais non, si loin que soufflent les vents de la mer, et si légères que semblent les graines d'idées, je ne prétends rien de pareil. Je sais que, dans l'Inde, dans la mystique fleur de lotus des brahmanes, sur les lèvres pâles des disciples de Siddharta, les mots d'égalité, de fraternité, de liberté ont un autre sens ou un autre sentiment, que dans votre brumeuse Europe. Si jamais nous les interprétons comme vous, ce sera par imitation ; vous nous l'enseignerez peut-être, sauf à vous repentir de vos leçons ; mais nous en sommes encore loin. Votre égalité nous semble une fiction. Votre fraternité nous parait bornée, étroite ; elle se limite aux hommes, elle n'atteint pas nos humbles frères, les animaux des champs et les oiseaux du ciel. Votre liberté, orgueilleuse et turbulente est dupe de ce monde décevant. d'apparences trompeuses ; elle consiste dans le développement et l'exercice de la personnalité ; tandis que, pour nos sages, la vraie liberté est dans la délivrance du mal de l'être et dans l'anéantissement de la personnalité. Votre Révolution se vante, parait-il, d'être conforme à la raison et à la nature ; mais notre raison ne raisonne pas toujours comme la vôtre, et la nature humaine a moins d'unité que ne l'imaginaient les salons de Paris.

## 11. – Discours du naturaliste Suisse

" Cet Hindou a raison, dit un Suisse, professeur d'histoire naturelle à l'université de Genève. Une révolution est le produit d'un sol, d'un pays, d'une race ; elle est la résultante d'une civilisation, d'un état social, d'une conception de l'homme et de l'humanité. Par cela même, on comprend mal une révolution universelle et définitive, bonne pour tous les pays et pour tous les temps. Le contre-coup

Anatole Leroy-Beaulieu

de la Révolution française vient de l'unité de l'ancienne Europe, de la similitude de mœurs et d'institutions dans ce que nos pères appelaient la chrétienté. Alors même, chaque peuple a entendu la Révolution, chacun l'a appliquée à sa manière. Notre Suisse en fournirait un exemple, aussi bien que l'Allemagne et l'Italie. Quoi de plus voisin de la France que la Suisse et Genève ? Et cependant, quand l'Helvétie a imité Paris et voulu devenir une petite France unitaire et centralisée, elle n'a guère mieux réussi que lorsque la France a tenté de devenir une grande Genève. Car, si petits que nous soyons, la France du XVIII° siècle a pris de nous plus d'une leçon elle nous a fait l'honneur de s'appliquer des formules qui venaient de chez nous.

Nous n'avions pas attendu 1789 pour découvrir la liberté. Toute la Révolution est, quatre siècles d'avance, dans la légende de Guillaume Tell.

On eût trouvé, dans nos cantons, toutes les sortes de républiques. Quinet l'a remarqué Genève a fourni à la France l'homme qui a ouvert la Révolution, Necker, et l'homme qui lui a prêté ses théories, Rousseau. Jean-Jacques, qui s'intitulait citoyen de Genève, s'était inspiré de Genève. Le tort de la France a été de prendre pour elle le *Contrat social,* écrit pour une cité libre à l'étroite enceinte. Je pourrais rappeler (M. Sorel l'a dit avant moi) que Genève a fait, dès 1782, la répétition de la pièce que Paris allait jouer sur un plus grand théâtre. Dans cette révolution genevoise figuraient déjà quelques-uns des acteurs, ou des souffleurs, de la révolution française, Dumont, Reybaz, Clavière, Marat, qui s'essayait au rôle de démagogue. Nous pourrions même réclamer Mirabeau ; qui faisait, dit-on, composer ses discours par Dumont ou Reybaz. Mais trêve aux revendications de l'amour-propre national le moi est haïssable. Nous revient-il, à nous, intimes, quelque part dans la Révolution, nous le devons moins à notre génie, à nos traditions de cité libre, ou à l'héritage de Calvin, qu'à l'esprit du XVIII° siècle, dont Genève était un des foyers. Car une révolution n'est pas seulement le produit d'une race, mais aussi d'une époque ; elle tient non moins au moment qu'au lieu.

Le banquet du centenaire de 1789

" La Révolution française est sortie des idées du XVIII° siècle or, les idées du XVIII° siècle ne sont plus celles du XIX°. Elles seront sans doute encore moins celles du XX° siècle. C'est là un point essentiel. Les théories scientifiques et philosophiques professées en 1889 sont tout autres que celles à la mode en 1789. Science et philosophie ont changé l'autorité des principes de la Révolution n'en serait-elle pas ébranlée ? À tout le moins, ces principes ont vieilli ; ils appartiennent au passé ; ils suffisent plus à notre temps ; ils ne sont plus en complète harmonie avec la pensée contemporaine ; ceux qui s'y tiennent aveuglément sont arriérés. Soyons francs non seulement nos idées scientifiques, nos théories historiques, philosophiques, politiques, religieuses, diffèrent de celles de 1789, mais, à plus d'un égard, elles leur sont opposées.

" Entre la Révolution et la science, ou, si vous le préférez, entre les idées de 1789 et celles de 1889, l'opposition porte sur le fond et sur la forme. Une première remarque : les hommes de la Révolution voulaient reconstruire la société à neuf, sur un plan rationnel, et ils ignoraient la science sociale et les sciences qui lui servent de base : biologie, anthropologie, physiologie. Comment eussent-ils réussi ? ils ne connaissaient point les éléments de la science qu'ils prétendaient appliquer. Que dis-je ? ils suivaient une méthode contraire à ses principes, la méthode déductive, syllogistique. Constituants ou conventionnels, ils partaient d'axiomes théoriques. Leurs lois, leurs déclarations, leurs constitutions sont une sorte de géométrie politique. Quoi de plus opposé à l'esprit de notre temps et au véritable esprit scientifique ! De même, la Révolution est essentiellement dogmatique, et rien ne nous répugne comme le dogmatisme. La Révolution a foi dans l'absolu ; elle croit qu'il y a une vérité politique, des dogmes politiques, indépendants des époques, des pays, des races. Quoi de plus étranger encore à nos idées, et de moins conforme aux vues de la science moderne ? Nous ne croyons qu'au relatif, au contingent, en politique plus qu'en toutes choses. À cet égard, les hommes de la Révolution sont plus loin de nous qu'ils ne l'étaient des Contemporains de Louis XIV, ou de ceux de Saint-Louis. Sieyès et Saint-Just, imbus, à leur insu, de la vieille logique scolastique, sont la postérité des docteurs en Sorbonne dont ils ont démoli la vieille maison. De même encore, et

Anatole Leroy-Beaulieu

par suite, la Révolution est idéaliste et optimiste. Pour transfigurer la France et l'humanité elle croit qu'il suffit de quelques bonnes lois : les moins confiants s'imaginent qu'ils n'ont qu'à couper quelques milliers de têtes. Or, ni l'idéalisme, ni l'optimisme ne sont les conseillers des générations actuelles les révolutions les en ont désabusées.

" Mais sortons des généralités : quelle est l'idée maîtresse de la science contemporaine ? L'idée d'évolution ; et, par définition, évolution est en opposition avec révolution. La contradiction est dans les termes. Cela est si manifeste que c'en est presque une banalité. Nous croyons que dans la nature, et dans l'histoire des sociétés, comme dans celle du globe, tout se fait graduellement, par développement successif, par une sorte de végétation intérieure ; qu'en toutes choses, le présent procède du passé, comme la branche sort du bourgeon. Or, cela est la négation du point de départ et des prétentions de la Révolution. Quand la transformation des espèces ne serait qu'une hypothèse indémontrable, la théorie de l'évolution n'en dominerait pas moins les sciences politiques. Qu'en résulte-t-il ? Que la Révolution, qui se vantait de ramener l'homme aux lois de la nature, a été une violation des lois naturelles ; ou mieux, comme la nature ne laisse pas violer ses lois, la Révolution a été une insurrection contre les lois éternelles de la nature. Quoi de plus contraire à la raison ? Les Titans de la fable étaient plus sages en voulant escalader l'Olympe. Ces lois naturelles, dont ne peuvent s'affranchir les sociétés humaines, l'Anglais, l'Américain, l'Allemand, nous autres Suisses, nous ne les connaissons pas mieux que les Français ; mais nous leur avons obéi d'instinct, par modestie, nous résignant aux lenteurs des changements graduels, tandis que le Français de 1789 prétendait procéder par bonds, sauter, à pieds joints, d'un état social à un autre, appliquant à la société et à l'histoire la théorie des révolutions brusques, que Cuvier appliquait a la formation du globe. 1789 et 1793 croyaient au renouvellement du monde et de l'humanité par les déluges et les cataclysmes. Que dis-je ? ils croyaient, en politique, à des créations *ex nihilo* à une sorte de *fiat* du législateur. Tandis que, pour nous, les États et les sociétés, soumis à l'universelle loi du changement, sont, comme toutes choses, *in fieri* et non *in esse*, la

Le banquet du centenaire de 1789

Révolution poursuivait la chimère d'un État idéal, dont elle n'avait qu'à décréter la réalisation.

" L'idée d'évolution est-elle la seule qui nous sépare des hommes de 1789 ? Nullement ; à cette discordance s'en rattache une autre non moins grave. S'il est une vérité unanimement admise aujourd'hui, c'est qu'une nation, une société, est un être vivant, un organisme. Il y a là, pour nous, plus qu'une métaphore ; or, cette conception est l'opposé des idées de la Révolution. Pour elle, la société n'est qu'une machine. Elle étend à l'État, aux peuples, à l'homme même, la théorie mécanique que Descartes imposait à l'univers. De là son dédain de la tradition, de la coutume, de tout le passé ; elle a perdu la notion de la continuité inhérente à la vie. De là sa confiance dans les moteurs artificiels, dans les rouages législatifs, sa foi à la vertu de la loi écrite et à l'efficacité des formes constitutionnelles. Voilà pourquoi, durant la Révolution et depuis la Révolution, toutes les luttes de partis en France portent sur la constitution, comme si, pour avoir un bon gouvernement, il suffisait d'avoir une bonne machine politique. Alors que, pour nous, une société est un corps vivant, ayant ses organes propres, tenant au sol et à l'histoire par des racines profondes et des fibres multiples, pour la Révolution, un peuple n'était qu'une poussière de molécules humaines, ou une argile informe, que le législateur devait pétrir et modeler, lui donnant telle figure qu'il lui plaisait. Quoi de plus enfantin : c'est l'erreur la plus funeste dont un peuple puisse tomber victime. Le miracle est que la France y ait survécu. Comment sa force vitale n'en aurait-elle pas été diminuée ? Représentez-vous-la, cette France découpée, disséquée toute vivante par des chirurgiens novices, qui l'amputent sans scrupule de ses organes essentiels, lui enlevant le cœur et le cerveau pour leur substituer des ressorts de leur façon, la traitant comme un cobaye de laboratoire, ou mieux, s'ingéniant à remplacer chez elle les fonctions de la vie par des opérations mécaniques, la respiration ou la circulation naturelles par une circulation et une respiration artificielles. Comment, après cela, s'étonner de la débilité des institutions françaises ? Au lieu d'être formées d'éléments organiques, de cellules vivantes, élaborées par la nature, ce sont des pièces inertes, fabriquées par la loi et dépourvues de vie propre.

Anatole Leroy-Beaulieu

Est-ce tout ? Est-ce uniquement l'esprit de la Révolution, sa méthode, ses procédés, sa conception de la société et de l'État qui ne sont plus d'accord avec nos théories scientifiques ? Non, hélas ! c'est aussi, dans une certaine mesure, les principes de 1789, noble héritage dont la France est justement fière. Au lieu de découler directement de la nature, ces principes vont, en réalité, contre le courant des lois de la nature. Sur quoi repose, aujourd'hui, l'idée d'évolution ? Sur le *struggle for life,* sur la concurrence vitale. Qui ne voit quel trouble jette dans les idées de la Révolution cette lutte pour la vie, imposée aux hommes et aux peuples, comme aux inconscients du règne animal ou végétal. Liberté égalité, fraternité, les grands principes en sont tous affectés. S'ils n'en sont pas ruinés, ils ne peuvent plus être qu'un idéal humain, poursuivi à l'encontre de la nature aveugle, et non une application rationnelle des lois naturelles.

" Si la doctrine de l'évolution a fortifié la foi au progrès, elle en a renversé les données. Le chemin qu'elle lui a marqué est au rebours de celui pris par la Révolution. Non seulement le progrès ne peut se faire par sauts mais, dans l'humanité, comme dans tout le monde organique, le progrès ne s'accomplit que par sélection, c'est-à-dire par une élite ; s'il n'exige pas l'élimination des faibles, il veut le triomphe des mieux doués. Rien de plus contraire à la science que le nivellement démocratique et l'égalité absolue ; la nature est aristocratique ; elle attend tout des meilleurs. Pendant que la Révolution s'insurgeait contre le principe d'hérédité, la science donnait à l'hérédité une place prédominante dans la nature ; elle en faisait le facteur le plus important du monde organique, l'instrument de transformation et de perfectionnement des êtres vivants. Matérielle ou intellectuelle, toute supériorité a son principe dans la naissance, dans la transmission ou l'accumulation des qualités et des aptitudes. Le darwinisme a fourni des arguments aux partisans de la hiérarchie, de la subordination des organes sociaux et des classes. Pour le transformiste, la spécialisation héréditaire des fonctions serait peut-être le système le plus conforme à la nature. En tout cas, s'il est une vérité démontrée c'est que les races, les intelligences, les capacités ne sont pas égales, partant, qu'on ne saurait considérer les hommes comme des atomes pareils ;

Le banquet du centenaire de 1789

que si la loi ne doit pas créer d'inégalités artificielles, elle doit tenir compte des inégalités naturelles. Et, remarquez-le bien, la loi d'hérédité, à laquelle aucun être vivant ne saurait se dérober, n'atteint guère moins la notion de liberté, telle que la concevait la Révolution, que la notion d'égalité. Que devient l'idée de Rousseau, que l'homme naît bon, que le peuple est bon par la nature ? La science a restauré, à sa manière le dogme de la chute originelle. L'atavisme a pris la place du serpent de l'Éden. Nos aïeux revivent en fions, et qu'est-ce que les aïeux de l'homme pour le disciple de Hæckel ? C'est l'esclave, le barbare, le sauvage ; c'est la bête et la brute. Après cela, étonnez-vous des mécomptes de la Révolution En libérant l'homme du frein de la coutume, elle débridait l'animal qui sommeille dans l'homme ; elle lâchait le loup ou le chacal enchaîné au fond des peuples civilisés. Elle croyait émanciper la raison, et elle aboutissait au débordement des instincts.

" Est-ce la peine de pousser plus loin cette analyse ? Il me répugnerait de montrer que l'idée fondamentale de la Révolution, ce qui en a fait la force et la noblesse, ce qu'elle appelait les droits de l'homme, l'idée du droit elle-même, est peu compatible avec une science qui incline au déterminisme universel et tend à regarder l'homme comme un automate conscient. Mais je m'arrête ; j'en ai dit assez pour faire voir que, entre la Révolution et la science moderne, il y a un secret antagonisme. Une des choses les plus menaçantes pour notre civilisation, c'est, précisément, cette sorte d'antinomie entre nos conceptions scientifiques et les notions politiques, héritées de la Révolution. Comme les vieilles religions qu'elle a prétendu remplacer, la Révolution est entrée en conflit avec la Science. Après s'être imposée au nom du progrès, la Révolution, ou, si vous aimez mieux, la tradition révolutionnaire, est devenue, à son tour, le grand obstacle au progrès, à l'évolution régulière des sociétés civilisées. Elle se vante d'avoir anéanti tous les préjugés, et elle en a enfanté un nouveau, le préjugé révolutionnaire, le plus pernicieux de tous parce qu'étant révolutionnaire, il a moins l'air d'un préjugé. Avec sa notion écourtée de la société et de la nature humaine, la Révolution menace l'humanité occidentale d'une brusque rétrogression. Elle est le passé, elle représente une conception du passé essentiellement défectueuse et bornée, et elle

Anatole Leroy-Beaulieu

prétend garder les clefs de l'avenir. La Révolution nous a affranchis de l'ancien régime ; qui nous affranchira de la Révolution ? Je bois à notre émancipation de l'esprit révolutionnaire.

## 12. – Discours du Français

Après tant d'étrangers, il fallait bien qu'un Français parlât. Il en était resté quelques-uns dans la salle. Un d'eux se leva, timidement, un bourgeois à cheveux gris, à lunettes d'or, un provincial, ni député ni fonctionnaire, un simple bibliothécaire de chef-lieu d'arrondissement, secrétaire d'une obscure société savante. "Messieurs, dit-il, en vous entendant, je me demandais ce qui restait à la France de la Révolution française. Ses fautes peut-être ? mais, si tout le reste est à d'autres, ses erreurs ne peuvent être entièrement à elle. N'importe, j'admets, avec vous, que la Révolution de 1789 a été encore plus européenne que française. Elle a été, si vous le voulez, le terme logique de notre civilisation occidentale classique, chrétienne. Du Liban aux Alleghanys, chacun y a collaboré. Ce n'est point une rivière qui a jailli d'une source unique ; c'est un confluent : on y distingue les eaux, encore mal mêlées, de fleuves descendus des quatre coins de l'horizon. La Révolution vient du plus loin de l'histoire. Elle procède de tout le passé de notre race ou de notre monde. Comment s'étonner de la diffusion de ses principes ? État, religion, culture classique, tradition, elle sortait de tout ce qu'elle allait renverser. Elle était en réalité, moins un point de départ qu'un aboutissement, moins un recommencement de l'histoire, comme elle s'en glorifiait, que la conclusion d'une période de l'histoire. A-t-elle ouvert une ère nouvelle, c'est qu'elle a clos une époque. Tout cela, je vous le concède.

" La Révolution en est-elle amoindrie ? Non, me semble-t-il. Pour n'être pas, ainsi que l'enseigne un magister de village, une sorte de prodige, d'apparition miraculeuse dans l'histoire, la Révolution ne perd rien de son importance. Pour être moins exclusivement française, elle n'en est que plus manifestement universelle : 1789 est bien une date européenne. En diminuant l'originalité de la Révolution, vous en faites ressortir la nature cosmopolite. De même, plus vous lui découvrez d'antécédents historiques, plus elle prend un caractère de fatalité. Comment la considérer comme un accident local, alors qu'on la voit poindre au fond des siècles ? Tout le passé de notre race blanche convergeait vers une révolution de nature abstraite, rationnelle, par là même cosmopolite. Les différents éléments de notre civilisation devaient, en se combinant, produire un mélange détonant, dont l'explosion subite devait faire sauter l'Europe. Mais pourquoi ce mélange s'est-il formé en France ? Personne ne l'a dit.

" À cela plusieurs raisons la situation de la France au centre de la vieille Europe, et comme sur son méridien intellectuel ; l'achèvement de l'œuvre de la monarchie française, la plus ancienne du continent ; le caractère de notre civilisation, éminemment classique ; la politesse de notre société et la douceur de nos mœurs, qui nous donnaient confiance en la bonté et en la raison humaines ; et plus encore, l'élan de notre nation, le tempérament du peuple, le génie de sa langue et de sa littérature, de tout temps adonnée aux simplifications et aux généralisations, jusqu'à l'esprit de sa philosophie imprégnée, depuis Descartes, de l'idée de progrès et de la toute-puissance de la Raison.

" On réclamait, tout à l'heure, pour les libres penseurs anglais la priorité des idées du XVIII° siècle ; on oubliait que, si Bolingbroke, Tindal et Toland ont précédé Voltaire et Diderot, ils ont été devancés par Fontenelle et par Bayle. La France du XVIII° siècle était un magasin d'idées ; si toutes celles qu'elle exposait à l'étalage ne provenaient pas de sa fabrique, c'est elle qui leur attirait les chalands. Elle y apportait une passion qui faisait de sa littérature comme une propagande religieuse. Elle avait l'enthousiasme de l'humanité, la foi dans la raison. Elle croyait que le monde pouvait être régénéré, et elle en eut l'ambition. Imprévoyance, présomption, chimère ! tout ce qu'on voudra ; il y eut, en 1789, une heure unique dans l'histoire, quelque chose de sublime dans la témérité même de ses aspirations, tenant à la fois de l'impétueuse générosité de la jeunesse qui se fie hardiment à la vie, de la première ferveur d'une religion qui commence, de l'émerveillement orgueilleux du savant qui croit découvrir des vérités nouvelles. Certes, nous avons erré, nos ambitions ont visé trop loin et trop haut, nous avons eu trop

Anatole Leroy-Beaulieu

de confiance dans notre élan ; nous en avons été punis ; mais nous n'avons pas à en rougir. 1789 a été bien français ; la Révolution a eu les qualités, non moins que les défauts de la race.

Ces principes nouveaux pour lesquels s'enflammaient nobles et bourgeois, la langue française les avait réduits en formules qui ont fait le tour de l'univers. D'où qu'elles vinssent, les idées de tolérance, de liberté, d'égalité n'ont remué le monde que lorsqu'elles ont été mises en français. Le français a été le véhicule de la Révolution. L'universalité de notre langue, vrai filtre à clarifier les idées, a merveilleusement aidé à la diffusion de nos principes.

" Ce qu'avaient commencé nos écrivains, nos armées l'ont continué. Sans Voltaire et sans Napoléon, il y aurait encore des serfs en Silésie. Mais les guerres de la Révolution ont moins fait pour la propagation des principes de 1789 que ces principes mêmes. Ils étaient envahissants de leur nature. Il y avait, en eux, une vertu, un charme, comme en ces paroles magiques auxquelles rien ne résiste :

70

les murs des villes devaient tomber devant eux. Ils étaient de plus grands conquérants que Napoléon : la France n'a été vaincue que lorsqu'ils se sont retournés contre elle. Étant abstraits, ils étaient universels ; ils trouvaient accès dans chaque tête raisonnante. De là, surtout, le retentissement de la Révolution à travers le temps et l'espace. Aucune vibration historique n'a porté plus loin ; les ondulations en atteindront jusqu'aux extrémités du monde. Pour n'en pas être touché, il faut, à tout le moins, une autre humanité, d'autres races, des cerveaux faits autrement que les nôtres. Transmis à des mondes extra-terrestres, à des planètes où habiteraient des êtres d'une structure mentale analogue à celle de l'homme, les principes de 1789 y feraient des révolutions. En ce sens, la Révolution française est la révolution par excellence ; elle contient virtuellement toutes les autres ; on n'en saurait imaginer dont elle ne porte le germe. En ce sens aussi, elle est supérieure à la Renaissance et à la Réforme ; elle les dépasse, elle rayonne au delà. Tandis que, par leur point de départ, la Renaissance et la Réforme n'avaient de prise que sur les peuples de civilisation classique et de religion chrétienne, la Révolution, n'en appelant qu'à la Raison, peut atteindre tous les hommes qui se mêlent de raisonner.

" Comme ils sont universels, ses principes semblent immortels. N'est-il pas ridicule de leur accorder l'immortalité dont ils se vantent ? Peu importe bons ou malfaisants, je ne vois pas comment les tuer. Je ne me les représente pas biffés de l'histoire. Je me figure que, pour conduire les hommes, il faudra les prendre comme enseigne, sinon comme programme. Quelque mal qu'en puisse penser un philosophe, ils resteront inscrits sur le frontispice changeant de nos constitutions politiques. Que la science en conteste la valeur, que la philosophie en montre les lacunes ou les contradictions, la Révolution est comme la religion les démonstrations scientifiques ne l'entament point. Il perd son temps, le savant qui lui oppose les lois de la nature ; car, s'ils ne semblent pas toujours d'accord avec les lois de la nature, les principes de la Révolution sont conformes aux instincts naturels de l'homme, et c'est ce qui fait leur force. Ils se fondent sur ce qu'il y a de meilleur et de pire dans l'homme ; ils ont pour eux ses générosités et ses convoitises. N'allez pas dire au peuple qu'ils sont contraires aux lois de la nature, le peuple ne vous croirait pas les lois que vous leur opposez sont des lois compliquées, obscures, aperçues par les savants dans le demi-jour de leur cabinet, difficiles à saisir ou malaisées à vérifier pour l'ignorant, tandis que la liberté et l'égalité sont des notions simples, qui répondent à des instincts vivaces, si bien qu'aujourd'hui, tout comme en 1789, elles semblent aux foules des vérités évidentes d'elles-mêmes.

Ainsi s'explique comment, en dépit des avertissements de la science ou de l'expérience, les principes de la Révolution pénètrent de plus en plus les sociétés modernes. Lois et constitutions, dans presque tous les États, se modifient dans le même sens. Partout on fait appel à la raison ; on éprouve le besoin de donner aux institutions et à l'État des formes rationnelles et systématiques. Le rationalisme politique, qui est l'âme de la Révolution, s'insinue jusque chez ses adversaires. Là où l'on ne rompt pas avec la tradition, on demande la raison de justifier la tradition. Si enfantine que semble la prétention

Anatole Leroy-Beaulieu

de faire sortir un gouvernement parfait et purement rationnel d'une humanité imparfaite et déraisonnable, ce rêve hante plus que jamais les cervelles. Notre France, débilitée par la Révolution, ses voisins l'ont tous plus ou moins imitée, avec cet avantage que, venant après elle, ils peuvent se garder des plus manifestes de ses folies. Partout on supprime ou on abaisse le cens électoral ; on appelle à la vie politique un plus grand nombre d'incapables. Partout on prétend établir la fraternité par la loi. Voyez le pays le plus justement fier de ses libertés, celui qui avait bâti sa grandeur sur le solide béton de la coutume : l'Angleterre est en train de remanier toutes ses institutions. L'imposante façade de sa constitution à triple étage est encore debout, mais ce n'est plus qu'une façade ; derrière tout est changé ; les bases mêmes du gothique édifice sont ébranlées. Le pouvoir est passé au nombre ; les privilèges des groupes, des corporations, des localités disparaissent. C'est que les principes de 1789 ont traversé la Manche ; ils ont fait ce qu'avait en vain tenté Napoléon. Comme les Normands du Bâtard, nos idées sont en train de conquérir l'Angleterre. Le rêve inconscient des radicaux anglais est de faire de l'aristocratique Albion une sorte de France insulaire, avec suppression du droit d'aînesse, suffrage universel, paysans propriétaires et institutions symétriques. Ils nous copient, à leur insu, parce qu'ils obéissent aux mêmes principes. Sous cette impulsion nouvelle, la vieille Angleterre est reconstruite pièce à pièce, au risque d'en détruire les supports séculaires et de faire crouler le lourd édifice de la puissance britannique.

" La grande différence entre la France et l'Angleterre, c'est que la révolution que l'une a effectuée d'un coup, l'autre l'accomplit petit à petit. Ce que la première a fait en un an, la seconde ne l'a pas encore fait en un siècle. Là est le principal avantage de l'Angleterre. Et ce qui est vrai des Anglais l'est des Allemands. Anglais ou Allemands, leur marche est plus lente ; mais le terme est le même. La faiblesse de la France est d'être partie la première ; il y a parfois péril à être en avant. Mais, si elle a plus de révolutions derrière elle, la France en a peut-être moins devant elle. Sa constitution sociale est la plus solide de l'Europe. C'est le pays où il y a le moins d'inégalités naturelles ou artificielles, où la propriété et l'aisance sont le plus répandues, où les préjugés de classes ont le moins d'empire, où le

Le banquet du centenaire de 1789

socialisme a encore le moins de prise. Nos révolutions ne sont, depuis la chute de l'ancien régime, que des révolutions de surface elles n'affectent le pays qu'en tant qu'elles détraquent la machine gouvernementale. C'est que, si l'œuvre politique de 1789 a échoué, son oeuvre sociale a réussi.

" La France, en 1789, a réalisé son vieux rêve : l'absolue égalité des citoyens devant la loi, devant la justice, devant l'impôt. Chaque Français est maître de son intelligence, de ses bras, de sa propriété, de son travail, de sa conscience. C'en serait assez pour ne point crier à l'avortement de la Révolution. Ouvrez les cahiers de 1789 : que réclamait la nation ? Ce que demandait le Tiers aux états généraux, sous les Valois, ce que l'ancienne France avait poursuivi durant vingt générations : l'égalité civile, la liberté individuelle, le libre vote et la proportionnalité des impôts, l'égale répartition des charges, l'admissibilité de tous à toutes les fonctions publiques, la liberté de conscience, l'unité de loi et de juridiction. Or, tout cela est inscrit dans nos codes et entré dans nos mœurs. On demande où sont les conquêtes de 1789 : ces conquêtes, les voilà, et, pour les conquérir, il n'a pas fallu, à la France, moins de quatre ou cinq siècles d'efforts ; car, en dépit des apparences, jamais révolution ne fut moins improvisée. Et, aujourd'hui qu'ils sont en possession de ce qu'ont si longtemps convoité leurs aïeux, libre aux petits fils d'anciens roturiers, taillables à merci, de faire fi de 1789.

" En réalité, les biens que 1789 nous a légués sont ceux auxquels nos pères tenaient le plus. Pour eux, on l'a dit, non sans raison, la liberté politique était surtout la garantie des libertés civiles. Cette liberté politique, qu'ils ont proclamée en droit, ils n'ont pu la fonder en fait. Ils ont su constituer une société ; ils n'ont pas réussi à constituer un gouvernement. Faut-il s'en étonner ? Les peuples, dans leurs révolutions, font rarement coup double, et le Français visait avant tout l'égalité. Est-ce à dire que la société, issue de la Révolution, soit incapable de liberté ? À Dieu ne plaise ! La vérité c'est que l'œuvre de 1789 est inachevée. Sur la société nouvelle, il reste à fonder un gouvernement. De là les crises périodiques, les révolutions successives de la France moderne. Mais, si malaisée et si mal conduite que semble l'entreprise, rien ne contraint à en

Anatole Leroy-Beaulieu

désespérer. La liberté est dans l'héritage de 1789, et cet héritage ne peut se scinder ; la France n'est pas maîtresse d'en accepter une moitié pour en répudier l'autre. Elle renoncerait, de lassitude, à entrer en possession de la liberté politique, que la renonciation ne serait pas valable. Les principes de 1789 ne lui laissent pas le choix ; ils ne lui permettront jamais de se reposer longtemps sur l'amollissant oreiller du despotisme.

" Il y a dans ces principes, dans ces droits de l'homme qui excitaient la verve de Burke et de J. de Maistre comme un ferment qui travaillera toujours les peuples modernes : l'idée du droit. Cette notion du droit, la Révolution. française l'a fait entrer dans la conscience populaire, et si téméraires, si ambigus que vous semblent les droits de l'homme, quelque iniquité et quelque insanité qu'en aient tirées l'esprit de système ou les sophismes des courtisans du peuple, c'est là la gloire de la Révolution, Elle a mis le fondement de la liberté humaine dans la conscience de l'homme ; par là, elle lui a donné une base indestructible. En ce sens, la Révolution, qui a tout détruit, a posé une pierre sur laquelle construiront les siècles. Je sais que, pour une certaine science, cette notion du droit n'est qu'une illusion psychologique ou une superstition métaphysique ; mais malheur aux peuples qui laisseront le matérialisme ou le déterminisme leur arracher cette illusion, et leur enlever la foi dans le droit ! Quelques griefs contre la Révolution qu'ait la puissance française, ce qui pourrait encore arriver de pire à la France. ce serait de renier 1789. Une France sans idéal serait, pour tous les despotismes, une proie mordant à l'hameçon du bien-être. Le jour où l'homme moderne ne rêvera plus le règne du Droit marquera l'avènement incontesté du règne de la Force, érigée en souveraine légitime des sociétés humaines. Déjà, dans les masses, la Révolution n'est que trop infidèle à son premier principe. La démocratie, trahissant l'idée du droit, va réclamant le pouvoir, parce que, étant le nombre, elle est la force. La restauration de l'empire de la force au profit des convoitises ignorantes, tel serait le dernier terme de la Révolution. Ce n'est pas ainsi que l'entendait 1789. Où est le péril pour le siècle qui vient ? Il est bien moins dans les vagues formules et les abstractions de 1789 que dans la perversion de la Révolution, abjurant sa foi en la

Le banquet du centenaire de 1789

liberté et substituant cyniquement les appétits au droit. Son crime, c'est son apostasie.

" De même pour les rapports de peuple à peuple. D'où vient l'apparente stérilité de la Révolution, dans les relations internationales ? De ce que l'Europe, rejetant les maximes de 1789, continue à courber le Droit devant la Force. De la Révolution est sorti le principe de nationalité ; mais ce principe nouveau, qui, en reconnaissant à chaque nation le droit de disposer d'elle-même, devait inaugurer pour le monde une ère de paix, a été faussé par les ambitions nationales ; d'un principe de liberté, on a fait un agent d'oppression. Le consentement des peuples a été jugé inutile aux annexions des conquérants, et, comme par le passé, l'indépendance des nations n'a d'autre garant que le canon. De toutes les déceptions des cent dernières années, c'est peut-être la plus cruelle. Nous croyions toucher au règne de la fraternité universelle, et l'Europe n'est qu'un camp toujours sur le qui-vive. Quel spectacle différent, si l'Évangile de 1789 était devenu la foi du monde ? Ce ne serait pas alors, par une Exposition, plus ou moins universelle, que nous aurions célébré le centenaire de la Révolution ; c'eût été par une fédération des peuples à jamais réconciliés dans la liberté. À quand cette fédération, autrement grandiose que celle du Champ de Mars, en 1790 ? Hélas ! jamais ce rêve n'a paru plus chimérique. Que faudrait-il, pourtant, pour changer cette utopie en réalité ? La conversion des peuples et des gouvernements à l'esprit de 1789.

" Et maintenant, une dernière réflexion : nous célébrons le centenaire de 1789 ; mais cent ans, est-ce un reculement suffisant pour juger une Révolution pareille ? Est-ce assez d'un siècle pour qu'elle ait épuisé toutes ses conséquences, au dedans et au dehors ? On nous a vanté la Réforme où en était la Réforme cent ans après la diète de Worms ? En Angleterre, comme en Allemagne, elle semblait n'avoir servi qu'à l'enrichissement des seigneurs et à l'absolutisme des princes. On était au début de la guerre de Trente ans le protestantisme encore enfant était menacé dans son berceau. Les pasteurs en fuite devant Tilly ou Wallenstein auraient pu dire, eux aussi, que la Réforme avait fait faillite. Avant de proclamer la banqueroute de la Révolution, il serait peut-être sage de lui faire

Anatole Leroy-Beaulieu

crédit d'un siècle. Je bois au deuxième centenaire de 1789. Dans cent ans, la Révolution aura peut-être trouvé son moule, l'État moderne, sa forme, et la France, " un cadre national fixe ".

## 13. – Discours du Chinois

Il était près de minuit, chacun allait se retirer ; on se levait déjà de table, lorsque presque tout le monde se rassit pour écouter un Chinois, en casaque de soie bleue à manches vertes. Sur sa jaune face glabre, il eût été difficile de mettre un âge. C'était un ancien élève de notre École des sciences politiques, qui parlait fort bien le français. " Messieurs, dit-il, en détachant les mots et les syllabes, en homme habitué à une langue monosyllabique, vous savez qu'en Chine nous ne sommes pas des copistes de l'étranger. Nous laissons cela à nos voisins japonais, qui vous empruntent vos institutions, comme vos chapeaux et vos redingotes.

La Révolution n'aura achevé son tour du monde que le jour où nous aurons coupé notre queue, et ce jour est loin. La Chine n'a que faire des principes de 1789 ; nous avons mieux, depuis longtemps. Tout ce qu'il y avait de pratique dans les rêves de la Révolution française, nous le possédions avant que la France existât. Notre empire de 500 millions d'âmes est une démocratie paisible, disciplinée, travailleuse, stable, qui, depuis des milliers d'années, a su conquérir et conserver les biens que vos petits États européens poursuivent vainement, depuis cent ans. Vous tous, peuples d'Occident, vous n'êtes, près de nous, que des jeunes gens. Nous étions une nation policée que vous étiez encore des tribus sauvages. Faut-il parler en toute franchise ? Vous nous semblez des enfants turbulents, capricieux, batailleurs, qui avez toujours besoin de changement. Il y a de l'insouciante gaminerie de l'enfance dans vos jeux politiques et vos renversements de gouvernement. Vos révolutions sont une fièvre de jeunesse. En Chine, au contraire, nous sommes à l'âge adulte, nous sommes mûrs, nous avons renoncé aux jeux coûteux, comme aux songes et aux chimères. Tout ce que la nature humaine comporte de sagesse dans le gouvernement, nous l'avons réalisé, et nous nous y tenons.

La Chine est le seul pays constitué sur des bases rationnelles à la fois et traditionnelles ; les deux, pour nous, ne font qu'un. Le règne de la Raison que la Révolution prétendait inaugurer, il est établi chez nous, depuis les Ming. Il a été consolidé par les rites et. affermi par la coutume, qui n'est que l'acquiescement à la raison des ancêtres. Vous semblez regarder vos aïeux comme des barbares ignorants ; peut-être ne leur faites-vous pas tort. Les nôtres étaient des sages ; tout notre soin est de suivre leurs leçons. Grâce à eux, la raison et la philosophie ont été nos législateurs : notre religion même n'est qu'une philosophie. Khoung-Fou-Tseu, que vous appelez Confucius, en savait plus long que toutes vos académies. Vous dites que nous sommes stationnaires ; c'est que notre croissance est achevée, nous sommes arrivés au terme de l'évolution sociale. Notre immobilité est notre sauvegarde ; toute innovation est un désordre dans un pays où il y a harmonie entre les institutions et les besoins, je ne dis pas les aspirations ; un Chinois n'a pas d'aspirations. Cela est bon pour les Occidentaux, et c'est ce qui fait vos révolutions.

" Votre mal est d'aimer le changement ; vous semblez croire que changer, c'est être mieux. Ce qui vous perdra, c'est l'idée du progrès ; en chinois, heureusement, il n'y a pas de mot pour cela. Un peuple qui a besoin de changement est un peuple qui n'est pas sain. L'instabilité est, à la fois, la conséquence et la cause du mal social. Rien de semblable chez nous. Aussi voyez notre longévité.

Qui, en Occident, oserait y prétendre ? La première chose cependant, pour les peuples, comme pour l'individu, n'est-ce pas de durer ? C'est à quoi les démocraties semblent peu s'entendre. Comment y avons-nous si merveilleusement réussi ? En donnant à l'égalité, une base rationnelle. Chez nous ni castes, ni classes pas d'autre aristocratie que celle du mérite. Ce qui, paraît-il, vous passionne, c'est la possession du pouvoir, des places, des emplois ; c'est pour cela, m'a-t-on dit, qu'on fait les révolutions ; le reste, les principes, les maximes, n'est qu'une enseigne. En Chine, tous les emplois sont au concours, chacun peut devenir mandarin. Nos pères n'ont pas remis le gouvernement à l'élection, c'est-à-dire au nombre, à l'ignorance, à la brigue mais à l'étude, à la science.

Anatole Leroy-Beaulieu

Encore un rêve de vos philosophes que la Chine a réalisé. Nos examens et nos concours assurent le pouvoir aux plus dignes, et, satisfaisant toutes les ambitions légitimes, ils nous garantissent la paix sociale. En nous conformant à l'expérience de nos aïeux, nous faisons vivre en paix, sur un sol restreint, 500 millions d'hommes. Lequel de vos États occidentaux, avec ou sans les principes de 1789 en ferait autant ? Croyez-moi : la vieille Chine a du bon ; imitez-la. La Révolution ne sera close, et les Peuples tranquilles, que le jour où le monde sera une vaste Chine. "

### 14. – Discours du Russe

À la boutade du Céleste répondirent des applaudissements de belle humeur, mêlés au bruit des adieux. On se retirait en se donnant rendez-vous au prochain congrès. Il ne restait plus dans la salle que quelques retardataires, groupés, debout, autour d'un jeune Russe, qui, jusque-là, avait gardé le silence, comme s'il eût craint de se compromettre : " Ces Chinois, disait le Russe, en allumant sa dernière *papyros,* trouvent que vous êtes des enfants ; à nous autres, Slaves, vous semblez des vieillards. Le rôle de l'Occident, latin ou germanique, est fini. La Révolution française est de l'histoire ancienne. Il faudra au XX° siècle autre chose que l'héritage du XVIII°. Nous pouvons le dire, franchement, à nos amis de France nous ne devons rien, nous Russes, à 1789 ; nous n'en attendons rien. En réalité, depuis Pierre le Grand et l'introduction en Russie des arts mécaniques, nous n'avons rien à prendre à l'Europe. La Révolution française ne nous fournirait que des vieilleries ; et comme le disait Aksakof, nous n'avons que faire de la friperie démodée de l'Occident. 1789 n'a donné au monde que des formules et des maximes, c'est-à-dire des mots et des déceptions. La Révolution politique, religieuse, sociale, qu'attend l'humanité, ne viendra pas de l'Occident. L'Occident, quoi qu'en pensent les Célestes, est trop vieux, et ce n'est pas aux vieux de faire les révolutions. Je ne dis pas, comme nos slavophiles, que l'Occident est pourri ; mais il est usé, cassé ; il n'a plus la force génératrice, il est impuissant ; ses révolutions stériles en sont la preuve. Il y a de la sénilité dans le solennel radotage de ses parlements. À l'humanité, il faut du neuf, et c'est aux jeunes à lui en donner.

Le banquet du centenaire de 1789

" La Révolution française a été la révolution de l'Occident ; elle n'est que la préface de la grande révolution. Celtes, Anglo-Saxons, Teutons, Hellènes, Latins, Sémites ont dit au monde tout ce qu'ils avaient à dire. Le dernier mot, la parole suprême sera prononcée par le Slave, par l'épais et grossier moujik, dédaigné des civilisés. Et ce que sera cette parole, personne n'en sait rien ! La Russie est grosse de l'avenir, elle sent qu'elle porte les destinées de l'humanité, mais elle ignore ce qui s'agite en elle. Ce qu'elle sait, c'est que les révolutions de l'Europe ont été de surface, qu'elles n'ont touché que les formes, l'extérieur des choses. L'ancienne société détruite, on a rebâti la nouvelle, suivant un plan analogue, avec les vieux matériaux, presque sur les mêmes fondations. Mariage, famille, propriété, héritage, lois et morale, on a respecté les bases séculaires des vieilles sociétés. Cela, en vérité, ne valait guère la peine d'inventer la guillotine et de dater de l'ère de la liberté.

" La Révolution française n'a été qu'une translation de propriétés ; à quoi a-t-elle abouti ? À une aristocratie d'argent plus dure que l'autre, à une féodalité financière sans charges et sans entrailles. Sa triple devise n'a été, pour le peuple, qu'un leurre excitant ses besoins et ses appétits, sans rien pour les satisfaire. Sa liberté et son égalité ne sont que des abstractions : les hommes égaux en droit n'en ressentent que plus durement les inégalités de fait. Dans toute cette Europe renouvelée par la Révolution, les peuples attendent une rénovation nouvelle ; et cette rénovation, cette rédemption de l'humanité souffrante, ne peut sortir des principes individualistes de la Révolution française. Aux aspirations des masses, elle ne peut donner une apparence de satisfaction qu'en reniant 1789. Depuis un siècle, elle tourne inutilement sur elle-même. Son principe est épuisé. Ce n'est ni la Raison, ni les abstractions métaphysiques qui établiront le règne de la Justice, c'est la foi, le sentiment, l'instinct, l'amour. Des noires *izbas* de nos paysans illettrés sortira une révolution, autrement large et humaine que toutes les révolutions de vos assemblées de bourgeois. Au fond de notre peuple, dans notre *mir* de paysans, dans notre *artel* d'artisans, nous avons le germe vivant qui doit renouveler le monde. La liberté, l'égalité, la fraternité, le moujik, hier encore serf, et le cosaque de la steppe les entendent mieux que votre Chambre des députés ou votre *House*

Anatole Leroy-Beaulieu

*of Commons*. Ce sont eux qui. avec ou sans le tsar, feront passer l'Évangile dans la vie des nations, et feront de la terre, rassemblée autour de l'homme slave, une maison habitée en commun par des frères. —Messieurs, à la Révolution prochaine ! " Et levant son verre au-dessus de sa tête, le Russe le lança à terre et le brisa en morceaux.

### La Révolution de M. Taine [1]

### I

*Un philosophe historien. — Comment, chez M. Taine, le philosophe domine l'historien. — Comment sa philosophie est en opposition avec l'esprit de la Révolution. — La théorie des milieux et les principes le la Révolution. — Erreur capitale de la Révolution : l'homme abstrait. — Comment l'homme abstrait du XVIII° siècle est en opposition avec l'homme réel.*

Il y a deux sortes et comme deux races d'historiens ceux qui écrivent pour raconter ou expliquer les faits, ceux qui ne font de l'histoire que pour démontrer une thèse, et qui, dans l'étude du passé, ont toujours en vue les luttes du présent. M. Taine n'est pas de ces derniers, il s'en défend, et l'on peut l'en croire sur parole. L'histoire, pour lui, n'est qu'une science d'observation, et il la traite comme telle, sans passion ni arrière-pensée. Il peut se rendre ce rare témoignage d'être exempt de toute prévention politique, nationale, religieuse, de tout préjugé de tempérament, d'éducation, ou de classe ; aucun historien n'a jamais été dans de meilleures conditions d'impartialité, et, pour employer le mot de l'école, d'objectivité. Et pourtant, nous n'oserions dire que *les Origines de la France contemporaine* soient une oeuvre absolument objective, entièrement dégagée de toute idée préconçue, de tout subjectivisme. Ce vaste et puissant ouvrage, à la fois si riche de détails et si abondant en larges aperçus, ne saurait être regardé comme un simple miroir où les hommes et les événements se réfléchissent, ainsi que dans une glace polie. Où donc est la raison de cette apparente contradiction entre l'historien et son oeuvre ? Elle est, croyons-nous, dans sa philosophie. Si, en politique, M.

1 *Les Origines de la France contemporaine,* par M. H. Taine : *l'Ancien Régime* 1 vol., *la Révolution,* 3 vol.

Taine n'est inféodé à aucun parti, ne relève d'aucune école, il n'en est pas de même en philosophie. De ce côté, il a des idées fort précises, fort impérieuses, et, chez lui, comme chez tout grand esprit dont les idées se tiennent, le philosophe fait d'habitude la loi à l'historien.

L'auteur du livre de l'*Intelligence* est avant tout un philosophe, non point, comme on se le représente parfois dans le monde, un sceptique n'ayant qu'une critique dissolvante, mais un dogmatique à système coordonné. Si on ne peut le traiter de doctrinaire, ou ne saurait nier qu'il ait une doctrine, et cette doctrine pénètre toutes ses études, laisse son empreinte sur tous ses livres. Aucun écrivain de notre temps n'a abordé des sujets plus divers, et ses oeuvres, d'une variété si touffue, qui s'épanouissent avec une sève si vigoureuse dans tous les domaines de la pensée, philosophie, histoire, critique littéraire ou artistique, ont une frappante unité, une homogénéité de conception et de pensée, qu'elles doivent, avant tout, à la doctrine inflexible dont elles relèvent.

M. Taine a, sur le monde et sur la vie, sa philosophie et ses formules, qu'il applique, avec la même énergie de conviction, à toutes les branches des connaissances humaines, à l'art. et à la littérature comme à la métaphysique, à la religion, à la science, — aux faits de l'ordre politique et social comme aux faits de l'ordre moral ou intellectuel, — à l'histoire des peuples comme à la biographie des individus. À ses yeux, une des marques de la vérité de sa théorie, c'est, précisément cette faculté de se prêter aux adaptations les plus diverses. Avec elle, il ne s'est jamais trouvé à court, et n'a jamais rencontré d'impasse. Aussi traite-t-il l'histoire de la Révolution française comme l'histoire de la littérature anglaise, comme la philosophie de l'art en Grèce, en Italie, en Flandre. C'est toujours le même instrument les mêmes procédés d'investigation, appliqués avec la même superbe logique, avec la même précision d'analyse et la même rigueur de déduction, aux études et aux sujets les plus divers, au mécanisme de l'intelligence et aux émotions de l'âme, aux toiles du peintre, aux rêves du poète, aux révolutions des États.

Or, cette doctrine, au creuset de laquelle le hardi penseur a

Anatole Leroy-Beaulieu

entrepris de faire passer les origines de notre société moderne, se trouve, presque *a priori,* en opposition avec l'esprit, avec les espérances et les prétentions de la Révolution française. Ainsi s'explique l'antipathie de M. Taine pour la Révolution, dès ses premiers et plus beaux jours ; les sévérités de l'historien n'ont rien d'imprévu pour qui connaît le philosophe.

Quelle est, en effet, la doctrine fondamentale de M. Taine, la norme scientifique qui lui sert de guide, et comme de fil d'Ariane, à travers l'obscur labyrinthe des connaissances humaines ? C'est, pour la résumer d'un mot, qui revient fréquemment sous sa plume, la théorie des milieux, c'est-à-dire un système d'après lequel les idées, de même que les être vivants, — les gouvernements et les formes politiques, aussi bien que les arts, les littératures, les philosophies, sont le produit du lieu et du temps, du sol et du climat, le fruit changeant d'une race, d'une époque, d'un état social ou religieux

Ce principe bien simple est en apparence inoffensif, et cependant nous n'avons pas besoin d'en suivre très loin les conséquences pour apercevoir par quels côtés il est en contradiction avec les idées génératrices de la Révolution, avec les sentiments, les théories, les maximes dont s'est inspiré 1789. La Révolution française — et c'est ce qui la distingue entre toutes, ce qui en fait la Révolution tout court, sans épithète nationale, sans désignation de temps ou de lieu, — la Révolution française, considérée dans son principe, est, avant tout, la revendication des droits de l'homme, des droits du peuple et du citoyen, en dehors de toute considération de pays, d'époque ou de race, sans égard, en un mot, aux influences de milieu qui, pour notre philosophe, règnent partout en souveraines. De ce désaccord dans le point de départ découlent, entre M. Taine et la Révolution, des divergences de toute sorte, qui les placent presque aux deux pôles de la pensée humaine.

Entre la Révolution et son nouvel historien, il y a antipathie de principes. Entre eux, c'est un différend plus profond qu'un différend politique, c'est une manière opposée d'entendre l'homme et la marche des sociétés, et, comme ils sont tous deux également confiants dans leur doctrine et également logiques, leur opposition éclate plus bruyamment.

Au risque de paraître confiner au paradoxe, j'oserai dire que, par son système et ses habitudes d'esprit, notre philosophe rationaliste se trouve, vis-à-vis de la Révolution, dans une position analogue à celle de certaine école religieuse, de Bonald ou de Joseph de Maistre, par exemple. Entre elle et lui, c'est une incompatibilité de croyances, de foi. On sait comment la Révolution était jugée par Joseph de Maistre, un de ces puissants esprits systématiques, lui aussi, qui font tout rentrer dans le moule d'un principe. La trouvant en contradiction avec toutes ses notions et ses axiomes sur le gouvernement des sociétés, il la déclarait satanique, et ne voyait en elle qu'une sorte d'incarnation de l'esprit du mal. Ce que M. Taine semble y voir, ce n'est pas le génie du mal, mais le génie de l'erreur, de l'erreur érigée en système et en doctrine, s'efforçant, *per fas et nefas*, de se formuler en acte, de se traduire en société vivante, en état organisé. À ses yeux, comme aux yeux de l'auteur des *Soirées de Saint-Pétersbourg*, la Révolution repose sur un faux dogme à travers la variété et la confusion de ses sectes qui se proscrivent les unes les autres, c'est une fausse religion, dont il importe à la science et à l'humanité de démasquer le mensonge, de détruire les puériles et dangereuses superstitions.

Ce qui émeut M. Taine, ce qui l'arme contre elle, ce sont moins les inconséquences ou les crimes de la Révolution, que ses maximes, confessées et révérées de la plupart de ses victimes, que ces " immortels principes de 1789 ", inscrits au fronton de toutes nos constitutions et d'où, en dépit de notre ignorante admiration, ne pouvaient sortir que ruine et désordre. Pour lui, Robespierre et Danton, Vergniaud et Brissot, Sieyès et Mirabeau sont tous, également, les apôtres et les dupes d'une erreur d'autant plus pernicieuse qu'elle est plus séduisante aux sens et à la raison infatuée d'elle-même. Pour lui, les maux et les déceptions de la Révolution ne viennent point des vices ou des crimes de ses chefs, mais de leur éducation intellectuelle, de leur philosophie consciente ou inconsciente, car toute la Révolution est sortie d'une théorie, et toute son histoire n'est que l'effort violent de cette théorie pour passer des vides régions de l'abstraction dans le monde changeant

Anatole Leroy-Beaulieu

des faits.

Pour M. Taine, comme pour les philosophes du XVIII° siècle, il n'y a guère d'autre philosophie que la psychologie ; mais la psychologie du XVIII° siècle est radicalement fausse ; et c'est parce que sa psychologie était erronée que la Révolution devait aboutir à un abîme. Au lieu de considérer l'homme comme un être réel et vivant, en liaison étroite avec le sol et tout ce qui l'entoure, en constante dépendance du milieu physique et moral où il vit ; au lieu, par exemple, de considérer les Français de son temps dans la variété de leurs états et de leurs conditions, le XVIII° siècle s'est forgé un homme abstrait, sans réalité et sans vie, un homme idéal et chimérique, l'homme universel et naturel, que les philosophes se flattaient de découvrir partout et à toutes les époques et qui, en fait, n'a jamais existé en aucun temps. C'est cette ombre vaine, cette abstraction creuse, pure entité, éclose sous la baguette métaphysique dont la Révolution a proclamé les droits ; c'est pour ce " fantôme philosophique, ce simulacre sans substance ", que constituants et conventionnels ont légiféré, c'est en son nom que les jacobins ont régné, c'est au bonheur de cet être de raison qu'ils ont sacrifié sans scrupule des milliers d'êtres vivants.

Comment s'est formé cet homme de convention, insensible idole à laquelle des fanatiques aveugles immolent avec conviction vingt-cinq millions de Français ? On l'a formé par simplification, par diminutions et mutilations successives, en retranchant expressément toutes les différences qui séparent un homme d'un autre, un Français d'un Papou, un Anglais moderne d'un Breton contemporain de César. " On a obtenu ainsi un résidu prodigieusement mince, un extrait infiniment écourté de la nature humaine, c'est-à-dire, suivant la définition du temps, un être qui a le désir du bonheur et la faculté de raisonner [1]. " Voilà l'homme de la Révolution, et le peuple est taillé sur le même patron. On le suppose composé de millions d'êtres absolument semblables entre eux, tous égaux, sans passé, sans parents, sans tradition, sans habitudes, comme autant d'unités arithmétiques, toutes équivalentes.

Cet homme, ce peuple imaginaire, on le croit raisonnable et même

1 *La Révolution*, t. 1, p. 183, 184. Cf. t. II. p. 383, et *l'Ancien Régime*, liv. III, chap. II.

bon par essence. Le mal, dans la société comme dans l'individu, provient de l'éducation, de la tradition, des institutions qu'il faut renverser pour rétablir l'homme dans sa bonté et son intelligence naturelles. Tel est, depuis Rousseau, le dogme fondamental. L'homme est, par définition, un être sensible et raisonnable. L'homme du peuple, en particulier, est naturellement affectueux, touché par les bienfaits et disposé à les reconnaître. Aussi, dès la veille de 1789, " le gouvernement parle-t-il au peuple comme à un berger de Gesner ". La Révolution a éclaté en pleine églogue.

Il est triste, quand on s'endort dans une bergerie, de trouver, à son réveil, les moutons changés loups. C'est ce qui devait fatalement arriver à la Révolution. Pourquoi ? Parce que, contrairement à l'optimisme des philosophes, l'homme n'est ni bon ni raisonnable par nature. À cet égard, M. Taine s'exprime avec, autant de netteté et de décision qu'un théologien, rempli du souvenir de la chute originelle. Un mystique, convaincu de l'incurable faiblesse de la raison humaine et de l'humaine vertu, ne serait pas plus catégorique : les motifs de la sentence seraient autres, le jugement ne serait pas plus sévère. " Ce que dans l'homme nous appelons la raison n'est point un don inné, primitif et persistant, mais une acquisition tardive et un composé fragile. Il suffit des moindres notions physiologiques pour savoir qu'elle est un état d'équilibre instable, lequel dépend de l'état, non moins instable, du cerveau des nerfs, du sang et de l'estomac. " Et là-dessus, le philosophe se plaît à nous décrire, en naturaliste, le mécanisme compliqué des ressorts nerveux mis en mouvement par la plus simple opération mentale. Il suppute les milliards de cellules et de fibres du cerveau, il nous représente les millions de rouages qui, pareils à ceux d'une horloge, tirent et poussent à l'aveugle, chacun pour soi, chacun entraîné par sa propre force, chacun maintenu dans son office par des compensations et des contrepoids. " Si l'aiguille marque l'heure à peu près juste, conclue-t-il, c'est par l'effet d'une rencontre qui est une merveille, pour ne pas dire un miracle, et l'hallucination, le délire, la monomanie qui habitent à notre porte, sont toujours sur le point d'entrer en nous. *À proprement parler, l'homme est fou, comme le corps est malade, par nature.* La santé de notre esprit, comme la santé de nos organes, n'est qu'une réussite fréquente et

Anatole Leroy-Beaulieu

un bel accident [1]. "

Quel prédicateur catholique ou calviniste, quel théologien ou quel théosophie, de Pascal à Joseph de Maistre ou à Lamennais, a autant appuyé que ce rationaliste sur l'infirmité radicale de la raison humaine ? Je ne veux pas insister sur les conséquences pratiques de pareilles vues, prises à la lettre ; elles pourraient conduire à *la Politique tirée de l'Écriture sainte* de Bossuet, ou plutôt, au *Léviathan* de Hobbes, que le sanglant spectacle de la Révolution d'Angleterre avait amené à une pareille défiance de l'homme et du peuple. Ce que nous voulons rappeler, c'est combien M. Taine, sur ce point capital, est éloigné des idées du XVIII° siècle, dont, à tout prendre, il est le fils et le continuateur ; c'est comment, en politique, sa psychologie pessimiste le place, *a priori*, aux antipodes de la Révolution et de l'optimisme du XVIII° siècle.

Toute la doctrine de la Révolution peut se résumer dans l'apothéose de la Raison, de cette vague et impersonnelle Raison humaine, à laquelle 1793 devait finir par dresser des autels et rendre un culte public. Cette bizarre religion révolutionnaire, en apparence enfantine et ridicule, n'était, au fond, que le symbole logique et le légitime emblème des croyances de la Révolution et du XVIII° siècle. Personne n'a moins de goût que M Taine pour le culte de Chaumette. À ses yeux, la Raison, ainsi déifiée, n'est qu'une trompeuse idole que la science et la. philosophie doivent renverser de son piédestal. Hélas ! dans cette révolte contre la superstition d'un siècle incrédule, qui oserait nier que notre philosophe ait souvent raison contre la Raison ?

S'il est faux que l'homme soit raisonnable par essence, il l'est non

---

1 *L'Ancien Régime*, p. 312. Cette conscience de la débilité de la raison n'est pas nouvelle chez M. Taine. Déjà, parlant de Hamlet dans *l'Histoire de la littérature anglaise* (liv. II, chap. IV), il opposait, à la conception classique française de l'homme, la conception naturaliste de Shakespeare : " Si Racine ou Corneille avaient fait une psychologie, ils auraient dit avec Descartes : " L'homme est une âme incorporelle servie par des organes, douée de raison et de volonté, dont l'action harmonieuse et idéale se développe par des discours et des répliques, dans un monde construit par la logique, en dehors du temps et du lieu ". Si Shakespeare avait fait une psychologie, il aurait dit avec Esquirol : " L'homme est une machine nerveuse, gouvernée par un tempérament, disposée aux hallucinations, emportée par des passions sans frein, et déraisonnable par essence. "

moins que l'homme soit bon par nature, et cela pour des motifs analogues. Le maître de l'homme selon M. Taine, ce n'est pas la Raison qui dans la conduite de l'individu et de l'humanité, ne joue qu'un petit rôle. Les maîtres de l'homme sont, avant tout, le tempérament physique, les besoins corporels, l'instinct animal, puis les préjugés, l'imagination, la passion, l'intérêt personnel. Ici encore, hélas ! quel homme moderne ne sent que M. Taine est. singulièrement plus près de la vérité que Rousseau ?

Pour démontrer que l'homme n'est ni doux, ni vertueux par nature notre philosophe fait, de nouveau, selon son habitude, appel à l'histoire naturelle et aux modernes théories scientifiques, qu'il retourne contre les apologistes de la nature humaine. " S'il n'est pas sûr, nous dit-il, que l'homme soit, par le sang, un cousin éloigné du singe, du moins il est certain que, par sa structure, il est un animal très voisin du singe, muni de canines, carnivore et carnassier, jadis cannibale par suite chasseur et belliqueux. De là, en lui, un fond persistant de brutalité de férocité, d'instincts violents et destructeurs auxquels s'ajoutent, s'il est Français, la gaieté, le rire et le plus étrange besoin de gambader, de polissonner au milieu des dégâts qu'il fait.

Avec une telle psychologie, on peut prévoir ce qui adviendra, le jour où la main imprudente des théoriciens de la Révolution aura débarrassé l'animal humain des chaînes morales et matérielles, des entraves religieuses et politiques qui le liaient et le contenaient depuis des siècles. Que voit-on apparaître alors ? Sera-ce le règne de la Raison et de la Vertu, prédit par les philosophes ? Non assurément : si l'homme revient à l'état de nature, c'est à l'état de nature tel que le conçoit Hobbes, et non Rousseau ; on verra le débordement du tempérament, le déchaînement de l'instinct, la souveraineté des passions et des convoitises. Ce qui surnagera dans l'homme nouveau, dans cet homme soi-disant libre, ce ne sera pas la raison, mais l'animal et la bête sauvage, juste l'inverse de ce qu'attendaient les naïfs libérateurs de l'humanité [1]. Conformément à cette théorie, il n'y a pas à s'étonner que M. Taine aboutisse logi-

---

1 " Plusieurs millions de sauvages sont ainsi lancés par quelques milliers de parleurs, et la politique de café a pour interprète et ministre l'attroupement de la rue. " (*L'Ancien Régime*, p. 521).

Anatole Leroy-Beaulieu

quement à voir surtout dans la Révolution " un triomphe de la brutalité sur l'intelligence, un mardi gras meurtrier et politique, une formidable descente de la Courtille ". [1]

Cette vue, en effet, domine toute l'histoire de M. Taine. Ce qu'il représente de préférence, c'est, dès la convocation des états généraux, l'émeute et les jacqueries, ce sont les emportements de l'instinct animal, c'est la brusque éruption des appétits du corps et des âpres convoitises de l'esprit, c'est la fureur et la cruauté, l'orgueil et la présomption, tout le chœur sombre et bruyant des passions humaines. Cette peinture, il la fait avec une vigueur, un relief, un éclat incomparables ; car, chez lui, il y a deux hommes qui se complètent mutuellement et travaillent l'un pour l'autre. Derrière le philosophe, il y a toujours l'artiste, un artiste dont l'œil a une netteté singulière, percevant toutes les formes et les contours, un peintre de race à la brosse large et rude, violente et fougueuse, à la palette chaude et multicolore, qui, dans toute notre littérature, dans toute l'Europe contemporaine peut-être, n'a pas son égal pour rendre la vie, le mouvement, la lutte, la force ; un Rubens, en un mot, mais un Rubens plus travaillé, plus tourmenté, qui excelle, lui aussi, à peindre les chocs, les mêlées, les batailles, les ivresses, les bacchanales de satyres ou les kermesses populaires. Et, comme le peintre d'Anvers, le nouvel historien de la Révolution se complaît à ces scènes tumultueuses où son art triomphe, sauf à revenir, à ses heures, aux splendeurs éblouissantes du luxe, aux riches costumes des fêtes de cour et aux chatoyantes étoffes.

Chez M. Taine, du reste, la théorie est, sur ce point, d'accord avec le penchant, et le savant avec l'artiste. Cet historien a une méthode, qu'il a enseignée aux autres, avant de la pratiquer lui-même. Selon lui, l'histoire s'est trop longtemps enfermée dans les abstractions ; ce qu'elle doit se proposer avant tout, c'est de faire voir l'homme, l'homme vivant, l'homme en chair et en os, dans ses besoins, dans ses goûts, dans ses habitudes dans ses sentiments.

---

1 *La Révolution,* t. I, p. 138. Il est curieux de voir à quel point M. Taine se rencontre ici avec Carlyle, le mystique puritain anglais. Ce dernier avait déjà dit, dans sa *French Revolution,* t. I : " Ce qui restera, ce seront les cinq sens inassouvis avec le sixième sens insatiable (la vanité) ; ce qui restera, ce sera toute la nature démoniaque de l'homme ". Carlyle appelle aussi la Révolution, *the victory of disimprisoned anarchy.*

À ses yeux, les historiens se sont trop uniquement occupés de la politique, de la religion, de la diplomatie, des institutions, des lois ; tout cela, pour lui, ne nous en apprend guère plus que les batailles, les sièges et les campagnes dont sont remplies tant de prétendues histoires ; encore ces batailles démodées représentent-elles peut-être davantage la vie. L'important, c'est l'individu. " Une langue, une législation, un catéchisme, a-t-il dit, voilà plus de vingt-cinq ans, dans un véritable manifeste d'historien naturaliste, n'est jamais qu'une chose abstraite ; la chose complète, c'est l'homme corporel et visible qui mange, qui marche, qui se bat, qui travaille ; laissez là la théorie des constitutions et de leur mécanisme, des religions et de leurs systèmes, tâchez de voir les hommes dans leurs ateliers, dans leurs bureaux, dans leurs champs, etc. [1]. " Telle est la théorie de l'historien : l'auteur s'y conforme. Comment s'étonner, après cela, du peu de place que tiennent, dans son grand ouvrage, les délibérations et les lois des assemblées, comment être surpris d'y trouver à peine le nom de Mirabeau !

Ce n'est pas ici une histoire politique, à la manière d'un Thiers ou d'un Guizot. Il est vrai que, à croire sa préface, M. Taine n'aurait entrepris ses *Origines de la France contemporaine* que pour se faire à lui-même une opinion politique mais, si c'était là son intention primitive, il l'a, heureusement pour nous, souvent oubliée en chemin. Son tempérament et sa théorie étaient d'accord pour l'en faire dévier. Une fois fait historien, la politique devait, de nouveau, lui apparaître comme un accessoire dans la vie du passé. Il ne pouvait être infidèle à sa propre doctrine. " Faire de l'histoire, nous dit-il, quel que part encore, c'est faire de la psychologie ", et, pour lui, comme pour la plupart de ses contemporains, la psychologie est inséparable de la physiologie. Aussi est-ce là ce qu'il fait partout — physiologie du XVIII° siècle, physiologie de la Révolution, physiologie des jacobins, physiologie de Napoléon ; — c'est là peut-être le côté le plus neuf et le plus frappant de son grand ouvrage. Aucun historien n'a ainsi démêlé les idées et disséqué les doctrines ; aucun critique n'a ainsi analysé, en leurs divers éléments, les hommes, les caractères, les âmes, et démonté pièce à pièce les personnages de l'histoire. Il fait, pour ainsi dire, l'autopsie de la Révolution, car, en vrai fils du XIX° siècle, il est anatomiste comme

1 *Histoire de la littérature anglaise.* Introduction.

Anatole Leroy-Beaulieu

il est peintre il scrute les organes les plus cachés, il en démontre les lésions, il met à nu les viscères, et il trouve le cerveau détraqué et le cœur pourri.

Aux yeux de l'historien naturaliste, la Révolution finit par devenir une sorte de maladie organique attaquant à la fois le corps et l'esprit. Il se la figure comme une affection nerveuse, provoquée par l'alcoolisme. Pour résumer ses impressions, il termine le premier volume de *la Révolution* par une page que, sauf la dignité du style, on dirait empruntée à *l'Assommoir* de Zola , nous représentant le peuple, comme le Coupeau du romancier, " enivré de la mauvaise eau-de-vie du *Contrat social* et de vingt autres boissons frelatées et brûlantes ", en proie au *delirium tremens* et capable de toutes les folies et de tous les crimes. Certes, une pareille image semblerait plutôt convenir à la sanglante et stérile Commune de 1871. Il n'est pas besoin d'en appeler à Mirabeau et à Lafayette pour démontrer que ce n'est pas là toute la Révolution — M. Taine, tout le premier, le reconnaît en plus d'une page ; — mais, dans la France de 1793 , peut-on nier que, durant des semaines et des mois, la Révolution n'en fût tombée là ? En dehors même des monstrueuses brutalités des bêtes féroces de la Convention ou de la Commune, les nerfs, l'irritabilité nerveuse, exacerbée par la passion ou par la peur, a manifestement joué un grand rôle dans la Révolution, eu une grande part à ses folies et à ses crimes. Un des mérites de M. Taine est de nous en avoir donné la sensation.

À tout prendre, à travers ses exagérations apparentes, M. Taine a fait oeuvre de savant et de politique. Il n'est pas mauvais que l'historien ou le moraliste nous découvre, de temps en temps, l'animal, la brute toujours vivante au fond de l'homme civilisé ; qu'il nous fasse voir le sauvage ou le cannibale que nos vieilles sociétés raffinées portent toujours dans leur sein et qui, aux époques d'anarchie, se rue en aveugle contre tout ce qui fait le prix de notre civilisation. N'auraient-elles d'autre avantage que de nous empêcher de nous endormir dans l'optimisme idyllique et les rêves d'églogue du XVIII° siècle, de telles peintures auraient leur utilité. Chaque génération, en effet, n'est que trop disposée à croire impossible le retour des forfaits et des extravagances dont ses pères ont été témoins. Qui de nous n'entendait, à la veille de la Commune de 1871, nier la possibilité d'une nouvelle Terreur ? Pour emprunter une comparaison chère à M. Taine, nous nous persuadons que, au fond des peuples modernes, la bête féroce est morte pour toujours, ou, mieux, nous nous flattons que la panthère humaine a été domptée et dressée par la science, adoucie par l'instruction, apprivoisée par la civilisation , qu'il n'y a plus rien à redouter de sa dent ou de ses griffes, et nous sommes tout étonnés lorsque, à ses heures de révolte, nous la voyons revenir à ses appétits sanguinaires.

Peut-être le fauve disparaîtra-t-il un jour de l'homme, et le sauvage du peuple ; mais, pour cette élimination des derniers instincts de l'animalité et. de la brute, il faudra des siècles. En attendant, nous aurons, longtemps encore, parmi nous des barbares, rendus plus forcenés aux heures de trouble par le breuvage empoisonné des fausses doctrines, et plus dangereux par les instruments de destruction que peut mettre la science en leurs mains aveugles. C'est là une sorte de *memento* qu'il est bon de rappeler, de temps en temps, à une société parfois trop fière de ses progrès et de sa richesse, et à une démocratie qui rencontre plus de serviles adulateurs que de guides éclairés.

M. Taine, dans son *Anarchie spontanée* ou dans sa *Conquête jacobine,* comme M. Maxime Du Camp dans ses *Convulsions de Paris,* ont le droit d'accomplir cette tache ingrate ; mais, si l'histoire de la Commune tient presque tout entière dans ses massacres, dans ses pillages et ses incendies, si, en dehors de quelques banales utopies et de l'apothéose des convoitises, l'historien y cherche en vain des idées, il n'en est pas de même de la Révolution. On ne saurait la résumer dans les crimes qui l'ont souillée, ou dans le fiévreux déchaînement du tempérament et de l'instinct animal. Il y a autre chose chez elle, il y a de l'intelligence et du cœur de l'homme, dans leurs élans les plus hauts : il y a une foi dans les idées, un enthousiasme pour l'humanité et la vérité, que nous avons trop souvent perdu, et qui a soutenu la nation à travers toutes ses luttes, accompagné les promoteurs et les victimes de la Révolution jusque dans la charrette des exécutions.

Anatole Leroy-Beaulieu

Quel est cet esprit de la Révolution ? Comment s'est-il formé ? Quels en sont les qualités et les défauts ? M. Taine n'a garde d'omettre toutes ces questions. Si, dans ses récits, il laisse souvent au premier plan les phénomènes extérieurs, le tempérament et l'éruption des appétits, il est loin d'avoir négligé l'analyse des doctrines. À vrai dire, cette genèse intellectuelle de la Révolution est même une des parties les plus saillantes et les plus originales de son grand ouvrage, l'une de celles qui, à notre sens, commandent le plus d'attention.

## II

*Les théories de la Révolution. La Révolution et l'esprit classique. — Comment les procédés intellectuels de la Révolution sont antérieurs au XVIII° siècle. — La raison abstraite et la tradition. — Les Droits de l'homme. — Que les Français du XVIII° siècle étaient contraints de fonder leurs revendications sur des principes abstraits. — Comment son caractère spéculatif est à la fois le fort et le faible de la Révolution. — Ses erreurs capitales.*

La Révolution est la fille légitime de la philosophie du XVIII° siècle. C'est là une vérité devenue une sorte de lieu commun. M. Taine a, pour la première fois peut-être, montré comment elle se rattachait non seulement au XVIII° siècle, mais au XVII°, au siècle de Louis XIV, à notre âge classique, catholique et monarchique. Il a fait voir que, entre l'esprit ancien et l'esprit nouveau, il n'y avait pas de lacune, pas de faille ou de solution de continuité, que, si la Révolution avait deux parents l'un d'eux était l'esprit classique.

On n'a pas oublié cet ingénieux système, inspiré des lois de la chimie moderne selon M. Taine, il y a un poison dans la philosophie du XVIII° siècle, comme dans la Révolution ; poison étrange " dont les principaux ingrédients ont cela de particulier qu'étant séparés, ils sont salutaires, et qu'étant combinés, ils font un composé vénéneux. Ces deux ingrédients, c'est l'acquis scientifique et l'esprit classique ". Peut-être aurait-on le droit d'objecter que, si ces deux éléments, excellents en eux-mêmes, ont produit des effets funestes, ce n'est pas tant par leur combinaison que par leur application à un domaine étranger où ils n'avaient que faire, par leur intrusion dans la politique et la " sociologie ", pour nous servir d'un de ces termes d'école, redevenus à la mode dans notre âge pédantesque.

En modifiant légèrement la thèse, nous dirions d'une façon plus générale, mais moins neuve et moins frappante, que l'esprit scientifique et l'esprit littéraire sont, dans leur opposition même, également impropres à la politique ; que le savant et l'homme de lettres y apportent, d'ordinaire, des méthodes, des points de vue, des tendances presque également dangereuses. Et cela, en fait, reviendrait simplement à dire que la politique et les sciences sociales ont leur méthode propre, aussi bien que leur domaine particulier ; qu'elles exigent non seulement des connaissances spéciales, mais des aptitudes ou des habitudes d'esprit, également étrangères au géomètre et au poète, au naturaliste et au littérateur. L'un des malheurs de la Révolution est d'avoir été faite par des hommes sans éducation politique, dominés par l'esprit littéraire ou par l'esprit scientifique, et croyant, de bonne foi, tout résoudre avec des généralités oratoires ou des formules mathématiques. Mais n'insistons pas, revenons à la terminologie et à l'explication de M. Taine, laquelle, pour sembler un peu subtile, n'en a pas moins presque autant de vérité que de nouveauté.

Selon lui, " l'esprit classique " est la forme fixe de l'esprit français, la structure de notre oeil intérieur, et c'est cette forme d'intelligence qui, appliquée à " l'acquis scientifique ", a produit la philosophie du XVIII° siècle et la Révolution. Qu'entend M. Taine par l'esprit classique ? Est-ce, comme quelque naïf lecteur pourrait être tenté de le croire, l'influence de l'antiquité, les souvenirs de la Grèce ou de Rome ? Nullement, bien que l'antiquité ait pu contribuer à la formation de ce moderne esprit classique. Il n'y a là rien de commun avec les vues de Bastiat, dans son pamphlet sur *le Baccalauréat et le Socialisme*.

À quoi M. Taine reconnaît-il la présence de cet esprit classique ? À divers indices, notamment au style oratoire, régulier, correct, tout composé d'expressions générales et d'idées contiguës, à l'absence du sentiment historique, à l'appauvrissement graduel de la

Anatole Leroy-Beaulieu

langue, au dédain du mot propre et technique, au goût des termes abstraits, toutes choses qui révèlent une conception écourtée de l'homme. On songe si peu, d'ordinaire, au lien intime des mots et des idées qu'on ne s'attend pas à voir le vocabulaire, la grammaire, la rhétorique fournir une explication des causes et des déceptions de la Révolution, et cependant, pour tout lecteur sans parti pris, la démonstration est incontestable. Le nouvel historien ne fait, du reste, qu'appliquer en grand, au XVIII° siècle et à la Révolution, le mot de Buffon : " Le style, c'est l'homme ".

L'esprit classique ainsi défini, a un défaut originel. l'étroitesse ; il est impropre à figurer la chose vivante, l'individu réel, tel qu'il existe effectivement dans la nature et dans l'histoire. Arrivé à son dernier terme, il admet implicitement que l'homme est partout le même, et le fait partout parler de la même manière. À cet égard, notre théâtre du XVII° siècle, notre tragédie surtout, avec ses caractères généraux, ses personnages plus ou moins abstraits et ses conventions uniformes, avec ses longues dissertations et son ton oratoire annonce de loin les généralités de la philosophie du XVIII° siècle et les abstractions des droits de l'homme. Corneille et Racine pourraient être considérés comme d'involontaires et inconscients précurseurs de Rousseau et de Mably, et le *Télémaque* de Fénelon n'est pas sans parenté avec le *Contrat social*.

Tocqueville avait montré que, au point de vue politique, la Révolution n'avait fait, le plus souvent, que continuer l'ancien régime, après avoir déplacé le principe d'autorité. Le puissant émule de Tocqueville a fait une bien autre découverte remontant jusqu'à leur source cachée, il nous prouve que les méthodes intellectuelles de la Révolution, sa manière de concevoir l'homme et l'humanité procèdent directement du XVII° siècle, de notre grand âge classique de Louis XIV. La Révolution n'a été que le dernier terme d'une longue évolution de notre histoire et de notre esprit national. Si Voltaire et Rousseau en sont les pères, Descartes, Corneille et nos grand s tragiques en sont déjà les aïeux. Le moule de l'intelligence française est resté le même : l'esprit est presque identique avec des traits plus accentués par le temps et par l'âge ; les idées ont seules changé avec les croyances, transformées par

" l'acquis scientifique ".

De Louis XIV à Robespierre, le goût de l'absolu, le goût des simplifications et des généralités persiste, et c'est ce penchant qui fait l'originalité de la Révolution française. Le jour où, grâce aux découvertes scientifiques, il devait être tenté de s'émanciper des croyances traditionnelles, l'esprit français, coulé dans ce moule séculaire, devait spontanément s'abandonner aux abstractions politiques, se laisser entraîner à légiférer non seulement pour son pays et pour son siècle, mais pour l'homme en soi et le monde entier, conservant dans la politique ce caractère de généralité et d'universalité, qui était la marque de la littérature française aux deux derniers siècles.

Pour combattre l'esprit de la Révolution M. Taine ne le rapetisse pas. Dans la doctrine, " née de l'acquis scientifique élaboré par l'esprit classique ", il reconnaît une nouvelle religion aspirant au gouvernement du monde, " ayant l'ambition de refondre l'homme et de modeler toute la vie humaine d'après un type préconçu ". C'est cette prétention de plier l'homme vivant, le monde concret à un idéal abstrait, que M. Taine réprouve par-dessus tout ; mais, est-il mérité, le reproche peut se renvoyer, à bien plus forte raison, à la plupart des religions, à celles notamment qui ont exercé le plus d'empire sur la civilisation, au Christianisme, par exemple, qui, lui aussi, et avec une bien autre énergie, a prétendu refondre l'humanité d'après un type idéal, sans tenir compte des degrés de latitude ou des différences de race, au Christianisme qui, à travers la diversité d'Églises, plus ou moins appropriées aux divers peuples, y a plus d'une fois réussi. Or, si, en un sens, on peut soutenir que, par ses doctrines absolues, la Révolution était portée à faire violence à l'homme et à la vie, cette contrainte était naturellement bien moins forte que celle imposée par la plupart des religions. Que l'on compare, sous ce rapport, notre révolution à la révolution d'Angleterre, au règne des puritains dans la Grande-Bretagne ou en Amérique, dira-t-on que c'est en France que la nature a subi la contrainte la plus rude et la plus longue ?

De ce côté, la Révolution française avait un avantage n'étant pas

Anatole Leroy-Beaulieu

emprisonnée dans des dogmes immuables et ne relevant que de la raison, elle pouvait plus facilement se plier à la vie, se modeler sur l'homme, au lieu de prétendre le refaire à son image.

Si la Révolution, comme l'avait déjà remarqué Tocqueville, peut être assimilée à une religion, elle diffère d'ailleurs de toutes les religions par un point capital : c'est, selon l'observation de M. Taine, qu'elle s'impose au nom de la raison, au lieu de s'imposer au nom de Dieu. L'observation est juste et reste même un peu en deçà de la vérité. Non seulement la Révolution s'est présentée au nom de la raison, mais, comme nous en avons déjà fait la remarque, elle n'est guère au fond qu'une déification de la Raison, un effort pour substituer dans le gouvernement des choses humaines, si ce n'est dans la conscience, le règne de la Raison au règne de Dieu et des autorités se réclamant de la loi divine.

Or, le lecteur s'en souvient, la raison abstraite, la raison raisonnante est un dieu devant lequel M. Taine est peu disposé à fléchir le genou. Il est, par principe, plus enclin à en redouter l'intervention dans les affaires du monde qu'à s'en féliciter. Jusqu'alors la raison, nous dit-il, avait peu de part dans les actes et les opinions des hommes ; le gouvernement appartenait à la tradition, et. dans sa préférence pour cette dernière, le philosophe n'hésite pas à lui donner raison contre la raison. L'objet de ses prédilections est ce qu'il appelle le préjugé héréditaire ; il y voit " une sorte de raison qui s'ignore ", ou, comme dans l'instinct, " une forme aveugle de la raison ". C'est là une des vues les plus neuves de ce grand esprit.

À ses yeux, " le préjugé héréditaire " — et sous ce nom assez peu respectueux, il comprend la coutume, la religion, l'État même, dans les notions qui lui servent de base, — le préjugé héréditaire, ayant pour source une longue accumulation d'expériences, et fondé sur des motifs profonds de physiologie, d'hygiène, de prévoyance sociale, est indispensable au maintien des sociétés. Pour prendre le gouvernement des âmes et se transformer en ressort d'action, il faut " qu'une doctrine se dépose dans les esprits à l'état de croyance faite, d'habitude prise, d'inclination établie, de tradition domestique ". Et l'on aboutit ainsi à cette maxime rendue plus frappante par son allure paradoxale : " La raison s'indigne à tort de ce que le préjugé conduit les choses humaines, puisque, pour les conduire, elle doit elle-même devenir préjugé ".

En dépit de l'exagération voulue de la forme, j'avoue que cette thèse me parait contenir une grande part de vérité. Dans le domaine moral, en particulier, l'homme, dégagé de tout préjugé d'éducation, d'honneur, de devoir, n'entendant plus la conscience comme un instinct, obligé de tout raisonner et de tout peser, me paraîtrait un ami peu sûr et un citoyen peu gouvernable. Une famille, une société, composée de tels individus, aurait peine à vivre. S'ensuit-il que la raison doive partout s'arrêter devant le préjugé héréditaire, et que, " pour devenir active ", une doctrine doive toujours " devenir aveugle " ? Non, croyons-nous ; M. Taine ne peut l'entendre ainsi ; la raison a au moins le droit de vérifier la tradition, d'en contrôler les titres, d'en modifier et perfectionner les données.

Cela est surtout vrai du gouvernement des sociétés, de la politique. Condamner la raison à s'ignorer perpétuellement elle-même, ou à toujours abdiquer devant la tradition, ce serait condamner l'homme à rester éternellement enfant, et les sociétés à demeurer toujours à l'état barbare. Si l'on compare l'enfant à l'homme, on voit que, chez ce dernier, la sphère de l'irréflexion et de l'instinct est sensiblement moindre, et, si nous rapprochons l'homme cultivé de l'homme inculte, nous ferons forcément partout la même remarque. Il y a là une évolution naturelle et comme une loi " biologique ", aussi indéniable pour les sociétés que pour les individus. Quand la raison vient à se substituer au préjugé dans le gouvernement des choses humaines, c'est la marque qu'un peuple est en tram de passer de l'enfance à l'âge adulte. Et de fait, les sociétés où la raison tient le moins de place, où la tradition est toute-puissante, ce sont les tribus sauvages. Les nations les plus policées, comme les plus riches , sont celles où la libre réflexion a le plus de part au gouvernement [1]. Si l'intervention de la raison spéculative a

---

1 " Sans s'indigner contre le préjugé, écrivait M. Fouillée, on peut et on doit vouloir qu'il ait une influence de moins en moins grande. En fait, les peuples modernes se rendent mieux compte de la façon dont ils se gouvernent que ceux du moyen âge, et ils se gouvernent mieux. " (*Revue des Deux Mondes,* du 15 avril 1879.)

Anatole Leroy-Beaulieu

ses inconvénients et ses dangers, la coutume autorise souvent les pratiques les plus barbares. N'est-ce pas elle, par exemple, qui a maintenu, durant des siècles, l'esclavage, la torture, l'intolérance religieuse, triple legs de la tradition, dont les révoltes de la raison nous ont seules délivrés ?

La raison raisonnante a-t-elle pour défaut de tout remettre sans cesse en question, l'aveugle obéissance à la tradition a pour effet de tout consacrer également. Si l'une enfante l'extrême mobilité, l'autre conduit à une inévitable stagnation. Qu'en faut-il conclure ? Une seule chose, semble-t-il, c'est que, pour unir la stabilité au progrès, ni la coutume qui conserve, ni la raison abstraite qui innove ne doivent avoir un empire exclusif : en d'autres termes, c'est que les changements se doivent faire peu à peu, avec mesure et précaution, en tenant compte des intérêts et des habitudes ; c'est, en un mot, qu'un État ou une nation n'est pas une maison qu'on livre à la pioche des démolisseurs pour la reconstruire à neuf.

Cette vérité, devenue une banalité pour tous les hommes éclairés, la Révolution et le XVIII° siècle l'ont méconnue, et cette erreur a été le principe de tous leurs déboires. Avec une ingénuité excusée par leur inexpérience, la Révolution et la Raison abstraite, dont elle s'inspirait, ont débuté en politique par une méthode toujours en honneur chez les intelligences simples et près des masses populaires, la méthode radicale. On a voulu faire table rase pour être plus libre de rebâtir suivant le plan idéal. En cela, on pourrait dire que, à ce premier essai, la raison raisonnante se montrait peu raisonnable, puisque dans sa juvénile infatuation, elle oubliait de rechercher la raison de ce qu'elle renversait. C'est là un des principaux et un des plus justes griefs de M. Taine contre les hommes de la Révolution. Il se plaît à leur rappeler les titres passés et présents de la tradition, à leur prouver, l'histoire à la main, que toutes les institutions qu'ils repoussent ou dont ils sapent les bases, royauté, aristocratie, Église, corporations, ont leur justification et leur raison d'être dans des services séculaires. Si, dans ce profond plaidoyer en faveur de la tradition, il met tant de chaleur. de verve, de véhémence, c'est qu'en fait, sa propre théorie est en cause, c'est qu'ici encore l'historien n'est que l'organe du philosophe. Dans ses destructions systématiques, non moins que dans ses constructions *a priori,* la Révolution, en effet, est en révolte ouverte contre la loi de l'histoire, telle que l'a formulée M. Taine. Aux yeux de ce dernier, la tradition et les institutions qui en dérivent représentent les influences du milieu ; elles ont, pour la science, un droit préétabli et imprescriptible, car elles ne sont pas la création d'une fantaisie éphémère, mais bien le produit spontané et légitime des siècles, du sol, de la race, de la civilisation, c'est-à-dire des facteurs éternels des sociétés humaines.

Dans son ardeur à en revendiquer les droits, l'éloquent avocat de la tradition va parfois jusqu'à oublier que plusieurs des institutions dont il établit victorieusement les titres dans le passé pourraient avoir perdu leur utilité dans le présent. Des trois facteurs principaux, reconnus par lui dans l'histoire la race, le milieu, le moment, il semble, par instants, négliger le dernier, ne plus tenir compte de l'époque, ne plus se souvenir du temps, l'infatigable agent des variations humaines, grâce auquel toutes choses se modifient, et les meilleures vieillissent et dépérissent.

Après les destructions, les constructions. Sur les ruines vénérables de la tradition, que va édifier la raison spéculative ? Écoutons l'historien. " Conformément aux habitudes de l'esprit classique et aux préceptes de l'idéologie régnante, elle construit la politique sur le modèle des mathématiques. " Le sol à peine déblayé, elle y bâtit, selon des règles imaginaires, sans aucun souci de l'expérience et des faits, avec l'équerre de la justice théorique, une cité idéale pour l'homme abstrait. Au-dessus de la constitution et des lois nouvelles, on place une déclaration métaphysique d'où tout le gouvernement doit découler. Ces nouvelles tables de la loi, qui résument toute la doctrine et la foi de la Révolution, ce sont les *Droits de l'homme.* Ce *Credo* déclamatoire ne saurait trouver grâce devant un philosophe ennemi des " universaux ", qui ne voit dans le monde que des peuples divers, composés d'individus différents, pour lequel le Français, au sens général du mot, n'est guère plus réel que l'homme abstrait ; car, à ses yeux, l'homme vivant né diffère pas seulement par la race ou le climat, mais par le rang social, par la naissance, l'éducation, les aptitudes héréditaires, qui en font autant d'hommes

Anatole Leroy-Beaulieu

dissemblables. Sur ces fondations idéales, sur les principes inscrits dans l'air, comme de vides figures de géométrie, comment ces géomètres politiques pourraient-ils élever un monument durable et édifier une société vivante ? Ce n'est pas sur de pareilles bases spéculatives que les Anglais ont assis leur liberté séculaire, et, si les Américains ont mis en tête de leur déclaration d'indépendance quelques généralités analogues c'était, selon notre auteur, " une réclame de circonstance à l'adresse des philosophes européens ". [1]

Il nous est facile, à nous, Français de la fin du XIX° siècle, en possession de tous les droits civils et politiques, de railler " le fatras métaphysique " des Droits de l'homme. M. Taine a aisément raison des idéologues de la Révolution ; mais est-ce uniquement par goût pour les déductions abstraites que les constituants de 1789 ont proclamé " cet évangile philosophique "

L'une des raisons pour lesquelles ils recourent aux abstractions, ne serait-ce point que, pour leurs revendications, ils ne peuvent trouver de point d'appui dans le monde réel, dans le sol de la patrie ? S'ils invoquent les droits de l'homme, n'est-ce pas un peu parce qu'ils ne sauraient invoquer les droits des Français ? La tradition, l'histoire nationale, les institutions existantes ne leur fournissaient pas de titres anciens, ou ne leur en offraient que de confus, de périmés, d'oblitérés depuis des siècles ; il leur fallait en découvrir de nouveaux ou en inventer d'imprescriptibles, et ces titres qu'ils ne pouvaient trouver dans les archives ou les chartes, ils ont été les chercher en eux-mêmes, au fond de leur conscience. Là, dans l'âme et la nature même de l'homme, au-dessous de toutes les conventions sociales, ces sujets sans droits reconnus, ce tiers taillable et corvéable à merci, s'est déterré des titres dont, depuis cent ans aucun gouvernement n'a osé contester en face la validité et l'authenticité. Quelque vague et emphatique qu'en soit la rédaction, quelque ambiguë ou contradictoire qu'en paraisse à l'analyse telle ou telle clause, les Droits de l'homme, les principes de 1789 n'en sont pas moins devenus le droit national des Français, droit si bien incrusté dans nos consciences que les pouvoirs qui en tenaient le moins de compte ont toujours fait profession de les respecter.

---

1 *La Révolution*, t. 1, p. 294, note.

La Révolution de M. Taine

Edgar Quinet l'a fort bien vu : " La Constituante, ne pouvant s'appuyer sur les précédents historiques de la France, prit pour base la tradition des penseurs [1] ". Où en aurait-elle pu prendre une autre ? où étaient, chez nos pères du tiers ou de la noblesse, les vivantes traditions de liberté qui eussent pu lui servir de point d'appui ? M. Taine nous a montré ce qu'il en restait depuis Louis XIII. " Dans ce laborieux enfantement, dit Quinet à propos de 1789, on sent un peuple désorienté, sans aïeux, sans passé. Pas d'issue, point de sentier tracé. Derrière eux la servitude, devant eux l'inconnu. Ismaël perdu dans les sables ! " Comment s'étonner si, dans ce désert, sans piste et sans guide, les promoteurs de la Révolution ont demandé leur chemin aux lueurs vacillantes de la raison, et se sont orientés d'après les étoiles du ciel ? Comment être surpris qu'ils aient souvent fait fausse route et aient été dupes de menteurs mirages ?

Grâce à cette indigence de traditions, la France du XVIII° siècle, dépossédée de tout droit historique, était prédestinée à fonder ses revendications sur les principes abstraits. Le monde réel, le milieu politique, le régime en vigueur, avec ses injustices patentes, ses institutions confuses et bizarres jusqu'à l'absurdité, " qui semblaient devoir éterniser leur existence, après avoir perdu toute vertu [2], tout contribuait à dégoûter des choses anciennes et de la tradition, tout conduisait à vouloir rebâtir la société d'après un plan entièrement nouveau. Ce qu'elle a fait, il est vrai, avec une présomptueuse infatuation, la France était condamnée à le faire par la pauvreté de son héritage politique, par les spoliations séculaires d'un pouvoir qui ne lui avait laissé d'autre domaine que la théorie, et d'autre liberté que celle des rêves.

Ces principes de 1789, ces droits primordiaux, proclamés antérieurement à toute loi positive, le politique est-il autorisé, à n'y voir qu'un " simple décor ou une enseigne pompeuse ", que de vains " axiomes littéraires " ou une vide phraséologie ? Peut-on contester que, pris dans leur généralité, ils aient une base dans la conscience ? La preuve n'en est-elle pas qu'aucun des peuples auxquels la Révolution les a révélés n'a pu les oublier ? Allons plus loin : nier la

1 E. Quinet, *La Révolution.* t. 1, liv. VII.
2 Tocqueville a là-dessus un admirable chapitre : *l'Ancien Régime.* liv. I, ch.II.

Anatole Leroy-Beaulieu

valeur des droits abstraits, n'est-ce pas, somme toute, nier le droit ? Affirmer qu'il ne peut y avoir de droits de l'homme, n'est-ce pas soutenir que les hommes ne sauraient avoir de droits et proclamer implicitement le règne et la légitimité de la force ? En inscrivant au fronton de la société nouvelle leur emphatique déclaration des droits de l'homme, les promoteurs de la Révolution n'ont été ni aussi puérils, ni aussi chimériques qu'ils peuvent le paraître. Qu'on rejette tel ou tel article de ces Droits de l'homme, qu'on en blâme les vagues définitions métaphysiques, qu'on reproche, si l'on veut, à la Constituante d'avoir parlé uniquement aux hommes de leurs droits et non de leurs devoirs, bien que droits et devoirs soient au fond des termes corrélatifs qui se supposent mutuellement [1] ; qu'on supprime toute cette déclaration pour la réduire à la simple notion du Droit en lui-même, par cette seule affirmation du Droit, la Révolution s'est creusé, au fond de la conscience, une base solide et impérissable. Ici encore, elle agit à la façon des religions, qui procèdent, elles aussi, au nom d'un droit éternel et imprescriptible, ce qui seul leur vaut une force morale immense.

Spectacle singulier et instructif ! les laborieuses constructions de la Révolution, ses nombreuses constitutions politiques, échafaudées coup sur coup avec la présomption de l'inexpérience, se sont toutes écroulées. Au milieu de toutes ces destructions et ces ruines, une seule chose est demeurée debout, et c'est précisément cette base spéculative, objet de tant de dédains, ce sont ces principes de 1789, devenus comme le roc sur lequel repose toute notre société moderne. Si tout ce qu'on a élevé sur cette base a été fragile et caduc, c'est que, par sa nature même, la raison pure ne pouvait fournir que les fondations spéculatives et qu'à l'expérience, à la raison pratique,

---

1 Le préambule de la *Déclaration des droits de l'homme et du citoyen* affirme du reste formellement que cette déclaration doit leur rappeler " sans cesse leurs droits et leurs devoirs ". L'abbé Grégoire, Mirabeau lui même, eussent voulu qu'on joignit l'énumération des devoirs à celle des droits. " Les devoirs étant indéfinis, répondit le comte de Clermont-Lodève, il serait impossible de les déterminer, et des gens peu instruits pourraient croire qu'il n'existe de devoirs que ceux insérés dans la déclaration. " Plus tard la Convention, dans la constitution de l'an III, adopta une déclaration des devoirs ramenés à la loi évangélique : " Ne faites pas à autrui ce que vous ne voudriez pas qu'on vous fît. Faites constamment aux autres le bien que vous voudriez en recevoir " (art. 2). Voyez *1789 et 1889,* par Em. Ollivier (1889), p. 280, 281.

La Révolution de M. Taine

revient la tâche d'y édifier un monument durable, conforme aux besoins de chaque âge et de chaque pays. Et si la raison pratique n'aboutit pas plus vite, si elle démolit si souvent son oeuvre pour la recommencer à neuf, c'est qu'elle a été rendue plus exigeante par les hautes conceptions de la raison pure, qui, dans la vie des sociétés, a introduit la recherche de l'idéal et de l'absolu.

Cet idéalisme est, à la fois, le fort et le faible de la Révolution ; elle lui doit ses succès aussi bien que ses déboires. C'est à lui, et à sa logique abstraite qu'elle doit cette force d'expansion, sans exemple dans l'histoire, depuis la prédication du christianisme ; mais c'est à lui qu'elle doit son inhabileté à trouver sa forme définitive, son apparente inaptitude à couler ses principes dans un moule politique durable. Là est le secret de ses triomphes comme de ses avortements. C'est parce qu'elle procède de principes généraux qu'elle résiste à ses propres désenchantements, et c'est pour cela qu'elle a tant de peine à se concilier avec la réalité, à s'harmoniser avec les conditions de la vie. Grâce à la nature abstraite de ses principes, la Révolution française a fait ce qui ne s'était pas vu avant elle ; elle a trouvé au dehors un sol presque aussi préparé qu'au dedans ; elle a réalisé son ambition de travailler pour tous les peuples — sinon pour toutes les races, pour les nations d'origine ou de culture européenne, — si bien que, malgré tous leurs défauts, ses Droits de l'homme sont, en quelque sorte, devenus la charte de l'homme moderne.

À cet égard, la Révolution pourrait bien avoir raison contre ses critiques. Les faits sont pour elle. Un des grands griefs de M. Taine contre nos pères de 1789, c'est, nous l'avons dit, qu'au lieu de ne songer qu'à leur temps et à leur pays, ils avaient la prétention d'inaugurer dans le monde un ordre nouveau, avec des institutions ou des maximes aptes à gouverner tous les peuples, sans différence d'origine ou de latitude. C'est là, pour le philosophe de la théorie des milieux, c'est là pour nous tous, qui sommes plus ou moins ses disciples, une des hérésies scientifiques de la Révolution. Peut-on nier cependant que la Révolution n'ait, en grande partie, réussi dans cette téméraire entreprise ? Chez combien de peuples n'ont pas pénétré ses principes, et quels gouvernements civilisés ont

Anatole Leroy-Beaulieu

résisté à l'ascendant de son esprit ? On chercherait en vain, dans toute l'histoire, un pareil exemple d'acclimatement moral.

Au reproche de M. Taine, les défenseurs de 1789 pourraient répondre par le reproche inverse, lui objecter que, à force de scruter les différences de climat, d'origine, d'éducation, il a peut-être trop perdu de vue l'unité fondamentale de l'esprit humain, — dans les peuples de notre race et de nos latitudes du moins. Un législateur de la Constituante, Sieyès ou Condorcet, par exemple, pourrait l'accuser de n'avoir pas assez tenu compte du grand fait historique dans lequel se résume toute notre civilisation, la lutte de l'homme contre la nature, contre le milieu extérieur. Plus le monde va, plus la science conquiert d'empire, et plus les hommes et les peuples tendent à l'uniformité, plus l'on voit les idées et les usages se rapprocher comme les distances, les divergences encore grandes s'atténuer, et tout converger vers un idéal commun. La thèse de M. Taine, quant aux trois facteurs de l'histoire, ne cesse pas d'être vraie, mais l'importance relative de ces trois facteurs s'altère avec le temps, en sorte que la théorie du milieu explique mieux le passé que le présent ou l'avenir. Si puissante et si bien assise que semble l'influence de la race, du climat, du sol, elle n'est plus exclusive. Les antécédents historiques mêmes perdent de leur empire devant les envahissements d'une science et d'une civilisation essentiellement unitaires et assimilatrices. Pour parler le langage de M. Taine, je dirai que, au sein du monde extérieur si varié et multiple, l'homme moderne se crée peu à peu un milieu homogène, milieu moral qui l'emporte, de plus en plus, sur le milieu matériel, sur la race et sur toutes les causes extérieures. C'est ce qui explique la diffusion presque instantanée des idées de la. Révolution d'un bout du monde civilisé à l'autre, et comment on leur pourrait appliquer ce que Lafayette disait de son drapeau. Si ses principes ont si vite fait le tour du globe, c'est précisément qu'étant abstraits, ils pouvaient presque également s'adapter à tous les peuples. Il y aurait des êtres doués de raison dans d'autres planètes, et l'homme pourrait se mettre en rapport avec eux, que les principes de 1789 seraient capables d'y faire des prosélytes et d'y effectuer des révolutions.

Encore une fois, c'est là le fort et c'est là le faible de la Révolution, ce qui lui a donné son caractère d'universalité avec sa vitalité prodigieuse, et ce qui lui rend si difficile de trouver sa propre assiette. La première raison de ses échecs, comme de ses succès, c'est qu'elle tend à la recherche de l'absolu dans le domaine du relatif, du contingent, du variable par excellence. Elle s'est fait un idéal abstrait, et elle a oublié qu'entre l'idéal et la réalité il y a un abîme toujours béant, que les siècles seuls peuvent remplir, sans jamais le combler. À cet égard, on pourrait dire que l'erreur de la Révolution est moins dans ses principes — car des principes sont toujours abstraits et en un sens absolus — que dans la manière dont. elle a prétendu les appliquer. Sa faute capitale a été de rêver une métamorphose soudaine ; d'avoir voulu créer d'un coup, à l'aide d'une sorte de *fiat lux* de la raison ; d'avoir cru à une espèce de génération spontanée des États et des gouvernements. Sa faute capitale est d'avoir oublié que le temps est en toutes choses un collaborateur indispensable ; en d'autres termes, d'avoir ignoré la doctrine moderne de l'évolution et des transformations lentes, erreur sur la nature des choses qui a faussé toutes ses vues, vicié toutes ses entreprises, et qui, par l'impatience des obstacles et des retards, l'a conduite aux violences les plus opposées à son principe.

Cette erreur " biologique ", comme diraient les positivistes, a été aggravée par une erreur politique non moins funeste une fausse conception de la souveraineté. La Révolution concevait la souveraineté à l'antique, comme illimitée, par suite l'État comme omnipotent ; et toutes les ressources de l'État, elle se croyait le droit de les mettre au service de ses idées, comptant qu'avec un pareil instrument, rien ne saurait lui résister, et que la nation se moulerait docilement dans le moule gouvernemental. Pour elle, comme pour les anciens, la liberté consistait à posséder une part de souveraineté. Elle ne se doutait pas que la liberté réelle de l'individu se trouverait ainsi noyée dans la souveraineté idéale de la collectivité ; elle ne prévoyait point que, sous l'étendard de la liberté elle allait relever un autre despotisme, d'autant plus intolérant et d'autant plus absolu que, étant censé procéder de la volonté générale, il admettrait moins de résistance.

Cette erreur, qui vicie tout le *Contrat social* de Rousseau, qui a

Anatole Leroy-Beaulieu

justifié tous les crimes du jacobinisme, la raison abstraite en est-elle seule responsable ? Non assurément, cette conception de la souveraineté n'est pas de son invention ; elle lui vient, avant tout, de la tradition, à laquelle, sur ce point capital, la Révolution n'a été que trop fidèle ; elle lui vient simultanément de la tradition classique, païenne, gréco-romaine, — de la tradition monarchique, chrétienne, française. Au lieu d'innover, la Révolution n'a fait ici qu'emprunter au passé, et cet emprunt est le point le départ de toutes ses imitations de l'ancienne monarchie dictature de l'État, centralisation outrée, tutelle administrative. À cet égard, je dirai avec Tocqueville : C'est l'ancien régime qui a fait l'éducation révolutionnaire du peuple. M. Taine lui-même le reconnaît " En ceci, l'ancien régime conduit au nouveau ".

La Révolution n'a fait que déplacer le siège de la souveraineté, que le transporter d'un seul à tous, du roi au peuple. L'omnipotence, que l'un réclamait au nom de Dieu et de la tradition, elle l'a dévolue à l'autre au nom de la raison et de la volonté nationale, restaurant au profit du nouveau souverain jusqu'au crime de lèse-majesté, sans s'apercevoir qu'elle rétablissait d'une main l'absolutisme qu'elle prétendait détruire de l'autre ; qu'en reconnaissant l'infaillibilité politique des masses ou des majorités, elle risquait d'aboutir, de nouveau, au règne de la force, à l'oppression des droits de la conscience, proclamés en 1789. Ainsi entendu — M. Taine est fondé à l'affirmer, — le dogme de la souveraineté du peuple, " interprété par la foule, ne peut produire que la parfaite anarchie et, interprété par les chefs, il produira le despotisme parfait ". Grâce à ce sophisme, légué par Rousseau aux jacobins, la Révolution victorieuse, mentant à ses propres maximes, va se retourner contre son principe et se dévorer elle-même.

### III

*De l'application des principes de la Révolution. — Les petits faits et la méthode historique de M. Taine. — 1789 et l'anarchie spontanée. — La Révolution en est-elle seule responsable ? — Pouvait-elle conserver quelque chose de l'ancien régime ? pouvait-elle imiter l'Angleterre ? — Les assemblées de la Révolution. — Leurs faiblesses devant l'agitation de la rue. — La Terreur date des commencements*

*de la Révolution — Influence de la famine et de la disette. —*
*Pourquoi la Révolution ne pouvait adopter une constitution mixte à*
*l'anglaise ? — Influence de la guerre. — Girondins et Jacobins. — Par*
*quel côté la Révolution française a été inférieure aux Révolutions*
*d'Angleterre et d'Amérique.*

La théorie de la Révolution exposée, M. Taine a entrepris d'en montrer l'application. Il a été ainsi conduit à écrire, non plus une philosophie, mais une histoire de la Révolution, histoire originale et nouvelle, sans précédent dans notre littérature, anecdotique, fragmentaire, à la fois incomplète et surabondante, qui laisse volontiers dans l'ombre les événements les plus connus pour mettre en lumière les petits faits oubliés, de façon que, au premier abord, elle semble préférer l'accessoire au principal, le superflu au nécessaire. C'est que, pour l'écrivain, ce qui semble à d'autres l'accessoire est, en réalité, le principal. Dans ce tableau de la sombre tragédie révolutionnaire, la scène et la salle, les décors, les machines, les dessous du théâtre appellent proportionnellement plus d'attention que le dialogue et les tirades des acteurs. Les comparses obscurs, le chœur grossier du peuple, la foule anonyme des figurants rejettent souvent au second plan les personnages principaux. Cela tient à la manière dont notre philosophe conçoit l'histoire. Pour lui, le drame historique ne se comprend qu'à l'aide du cadre extérieur, des dehors et des accessoires, dont les historiens littéraires ou politiques sont trop disposés à faire fi ; pour lui, les acteurs de second ordre, les utilités ou les comparses de l'histoire révèlent souvent mieux l'esprit du temps que les grands premiers rôles de la scène politique. Il est le premier, peut-être le seul qui nous ait montré dans la Révolution l'homme du peuple et l'homme de main, le " marseillais ". le clubiste, le sectionnaire ; il a fait revivre pour nous le vainqueur de la Bastille et le héros du 10 août, le jacobin de Paris et le sans-culotte de province. Il nous a donné, dans une série d'eaux-fortes à la. Rembrandt ou à la Callot, toute une galerie de portraits ou de croquis des gueux du jacobinisme ; ou mieux encore, il y a, chez lui, toute une collection zoologique de spécimens des diverses espèces et variétés de révolutionnaires, conservés vivants, ou du moins intacts et complets, comme dans les bocaux d'un muséum. De ses volumes ou de ses notes on

Anatole Leroy-Beaulieu

extrairait un dictionnaire biographique des hommes de proie et de sang qui ont figuré dans toutes les journées de la Révolution.

Rien d'étonnant si, dans son récit, les jardins et les tripots du Palais-Royal tiennent presque autant de place que la Constituante et ses délibérations. L'histoire ne se fait-elle pas alors dans la rue plus que dans les assemblées, ou dans les bureaux des ministres ? L'attroupement n'est-il pas la première puissance du jour ? Chez M. Taine, la province, d'ordinaire si négligée, les campagnes et les petites villes, avec leurs passions locales et leurs agitateurs innommés, ne vont pas remplir moins de pages que Paris et Versailles. À chaque époque critique, sous la Constituante, la Législative, la Convention, il refait son tour de France, enregistrant, avec une ponctualité infatigable, les repoussantes scènes de violence que, du nord au midi, il rencontre sur sa route.

Ce récit, qui nous fait voir 1789 et les trois années suivantes sous un aspect nouveau et navrant, M. Taine, on le sait, l'a rédigé, d'après les correspondances officielles, conservées aux Archives. La couleur et la teinte de l'histoire dépendent naturellement beaucoup des documents à travers lesquels on la voit. Les volumineux rapports d'intendants, d'administrateurs, ou d'officiers de police, souvent mal disposés pour la Révolution, ont pu avoir quelque influence sur le plan, ainsi que sur les vues de M. Taine. À une époque qui professe un goût si vif pour l'inédit et le document authentique, ces correspondances, riches de découvertes de détails, ne pouvaient manquer d'exercer un grand empire sur un écrivain passionné pour l'exactitude, et avant tout jaloux " de prendre les faits sur le fait ". S'il a été entraîné par ses trouvailles à des énumérations et des répétitions qui, à certains lecteurs, paraissent fastidieuses, ce n'est cependant point uniquement, comme l'a dit un critique, pour utiliser les matériaux entassés devant lui [1].

Loin de là, en cédant à cette tentation, M. Taine cédait, en même temps, à ses penchants de savant et à ses instincts de peintre. A-t-il dévié de son plan primitif, c'est suivant sa propre méthode et son système favori. Les anecdotes, les traits particuliers, le détail vivant et pittoresque, lui ont toujours semblé une des parties capitales de

1 M. E. Scherer.

l'histoire, qui, à ses yeux, n'est que le groupement des faits dans l'ordre de leurs causes et dans leur enchaînement naturel. Pour lui, expliquer un grand événement, c'est le résoudre dans la diversité des faits dont il est la résultante ; faire connaître une époque, c'est en reproduire les sentiments et les sensations, aussi bien que les idées [1]. C'est visiblement ce que, à l'aide des Archives, il s'est piqué de faire pour la Révolution, employant la méthode d'énumération et d'accumulation, décrivant par le menu toutes les émeutes et les atrocités, sans souci de paraître monotone, ni de rebuter le lecteur, car, pour lui, c'est là une méthode scientifique. On a beau éprouver une certaine lassitude à voir se dérouler tant de scènes d'horreur, décrites avec une fidélité implacable, l'esprit en ressent involontairement l'impression. Cet amoncellement de petits faits entassés opère ; malgré vous, comme une suite de preuves et une série d'arguments. On dirait d'une grêle continue de projectiles sous laquelle le lecteur accablé est obligé de se rendre. Ce que M. Taine démontre, avec ce luxe de preuves et de citations, tout homme ayant un peu étudié la Révolution devait le savoir ; beaucoup l'avaient trop oublié c'est que, dès les premiers jours, à ses plus belles heures d'enthousiasme, la France de 1789 est tombée dans le désordre et l'anarchie. Conformément à sa psychologie pessimiste, l'historien philosophe se fait un devoir de nous montrer que, dès les premières semaines de la Constituante, la Révolution, accomplie au nom du droit abstrait, aboutit à la souveraineté des passions libres. Cette radieuse aurore de la Révolution, que nous aimions à nous représenter comme une époque bénie, sans pareille peut-être dans l'histoire, M. Taine se complaît à la faire voir souillée de boue et de sang. Ce que d'autres avaient osé pour 1792 et pour l'empire, il le fait pour 1789, il déchire la légende. Au risque d'être accusé de sacrilège par ses dévots, il dépouille la Révolution naissante du nimbe éblouissant dont l'avait couronnée la béate naïveté des générations.

---

1 Voir son discours de réception à l'Académie française, l'éloge de l'historien des Mirabeau, M. de Loménie. — " Mon but, me disait à ce propos M. Taine, n'est pas l'histoire narrative, mais l'exposé des forces qui produisent les événements. Ces forces sont les divers groupes sociaux, avec leurs besoins, leurs passions, leurs idées. Partant, ce que je dois présenter, ce ne sont pas toujours les personnages ou les événements connus et célèbres, ce sont les faits généraux, les situations et les sentiments des groupes ; et, pour cela, les individus moyens, les scènes locales, les spécimens significatifs sont mes documents principaux.

Anatole Leroy-Beaulieu

Après l'avoir lu, on ne saurait guère contester l'exactitude de sa démonstration. L'enfantement de la Révolution a, comme son règne, été pénible et sanglant. Devant la quantité de faits étiquetés dans ce dossier, en face de tous les crimes chassés dans cet inflexible réquisitoire, on n'a plus à plaider que les circonstances atténuantes, l'ignorance et les souffrances des coupables, les imprudences, les provocations, les inconséquences ou l'aveuglement des victimes. On connaît le mot de Malouet : " La terreur date du 14 juillet, et l'on serait en droit de la faire remonter plus haut ". Cette parole eût pu servir d'épigraphe à l'un des volumes de M. Taine. À la terreur légale et systématique de 1793, il montre une devancière dans la terreur incohérente des foules. Les campagnes de la France, en 1789, ressemblaient singulièrement aux campagnes de l'Irlande de la *Land league,* avec cette différence qu'en France, il ne restait plus de gouvernement pour tenir tête aux émeutiers et défendre la loi. Aussi, ne s'étonne-t-on plus de la rapidité de l'émigration en 1789. Dès les premiers jours, plus de loi, plus de pouvoir central, plus de force armée pour faire respecter la vie et les biens des sujets du roi [1].

Mais " cette anarchie spontanée ", comme l'appelle M. Taine, cette impuissance du gouvernement, dès l'ouverture des états généraux, la Révolution, encore à la veille de naître, en est-elle seule responsable ? Les déclamations des apôtres des droits de l'homme sont-elles seules à pousser les campagnes au pillage des châteaux, et la populace des villes à la révolte contre les magistrats ? Nullement. M. Taine nous montre, avec une merveilleuse faculté

1 On a beaucoup reproché à M. Taine d'avoir poussé ses tableaux des premières années de la Révolution trop au noir. On oublie que, parmi les témoins et les chefs mêmes de la Révolution, les plus clairvoyants, ou les plus sincères, n'ont pas tardé à s'épouvanter des fureurs populaires que la Révolution avait déchaînées. Voyez, par exemple, ces lignes de la Correspondance de Mirabeau avec le comte de la Marck (t. II, p. 485,486). " Si le plan que je viens de tracer n'est pas suivi, il n'est aucun malheur, depuis les assassinats individuels jusqu'au pillage, auquel on ne doive s'attendre. La férocité du peuple n'augmente-t-elle pas par degrés ?... Ne parle-t-on pas ouvertement d'un massacre général des nobles et du clergé ? N'est-on pas proscrit pour la seule différence d'opinion ? Ne fait on pas espérer au peuple le partage des terres ? Toutes les grandes villes du royaume ne sont-elles pas dans une épouvantable confusion ? Les gardes nationales ne président-elles pas à toutes les vengeances populaires ? Tous les administrateurs ne tremblent-ils pas pour leur propre sûreté, sans avoir aucun moyen de pourvoir à celle des autres ? "

La Révolution de M. Taine

d'évocation, la sinistre puissance qui soulève le peuple. C'est une vieille connaissance de l'ancienne France, c'est la famine ou, comme dit Carlyle, en cela le précurseur de notre historien, c'est la Faim, *Hunger* — avec une lettre majuscule, spectre odieux, pareil à une fée malfaisante, survenue à l'improviste au berceau de la Révolution pour lui jeter un sort. Les émeutes d'affamés, les arrestations de convois de blé, les massacres de boulangers ou d'accapareurs, était-ce là une nouveauté ? Non, assurément. M. Taine a raison de retrouver là " les mœurs des grandes famines féodales [1] ".

Faire jouer, à une époque aussi solennelle, un aussi grand rôle à la disette et à la misère, c'est, dit-on, tomber dans le matérialisme. Comment cela ? Les calamités physiques et les troubles économiques n'ont-ils pas, sur le cours des événements, un empire d'autant plus grand que leur action se fait sentir partout, et qu'elle affecte directement l'organisme ? Un homme qui a l'estomac vide est facilement pris de vertige et enclin à l'hallucination. Une des fatalités de la Révolution a été d'avoir pour avant-coureur la famine, pour escorte la misère, le déficit et la banqueroute, bientôt accompagnés de la guerre civile et étrangère. Il y a eu là, pour le jeu régulier des forces abstraites, pour toute la marche de la Révolution, autant de forces perturbatrices, qui ont été pour beaucoup dans les violences de l'ère nouvelle, dans les fureurs du peuple, déçu en ses espérances et d'autant plus exaspéré que les remèdes, conseillés par la crédulité des fanatiques ou le charlatanisme des démagogues, ne faisaient qu'empirer ses maux.

Aux troubles populaires qui devancent la réunion des états généraux, aux six jacqueries énumérées par M. Taine durant la Constituante, de quelle façon a contribué la Révolution ? Elle y a contribué en dévoilant, à tous les yeux, l'inique répartition des charges publiques, — en apportant aux misérables l'espoir d'un soulagement prochain et la persuasion qu'ils y avaient droit, — en substituant, par là, l'esprit de revendication à l'esprit de résignation.

1 Cf. Tocqueville chapitres inédits de *l'Ancien Régime et la Révolution*, p. 104. — M. Taine fait remarquer *(Révolut.,* I, pp. 332-336), que, en 1790 et 1791, surtout, la récolte a été bonne ce qui produit la disette, c'est que le blé ne circule plus ; chaque localité veut l'accaparer pour soi.

Anatole Leroy-Beaulieu

Cette part de responsabilité faite aux idées nouvelles, pourquoi " les trois cents émeutes " qui, en province, précèdent la prise de la Bastille, rencontrent-elles, dès le premier jour, si peu de résistance ? Pourquoi, à Paris et dans toutes les villes, les attroupements populaires deviennent-ils, si vite, un pouvoir politique, et le pouvoir dominant ? C'est qu'il n'y a plus de force publique, c'est qu'avant même que la Révolution y ait pu porter la main, l'autorité est disloquée. Toute la vieille machine gouvernementale tombe en morceaux, et les rouages isolés n'en peuvent plus fonctionner ; justice, finances, administration, armée même se détraquent simultanément. Selon le mot profond de M. Taine, " ce n'est pas une révolution, mais une dissolution ".

Pour comprendre ce soudain effondrement du vieil édifice, il n'y a qu'à relire son premier volume. Nulle part n'apparaissent aussi clairement les causes multiples de la ruine de l'ancienne société et de l'ancienne monarchie. À bien analyser les faits, " cette anarchie spontanée " de 1789 est moins l'enfantement laborieux du nouveau régime que les dernières convulsions et l'agonie de l'ancien [1]. Comme un corps épuisé, dont le cœur n'a plus la force de faire circuler le sang, la France, de 1789 à 1792, semble tomber en décomposition. Pour en maintenir l'unité, il faudra la rude main de la Convention.

À voir l'absolue impuissance de l'administration royale, à voir celle subite paralysie de tous ses membres, ainsi constatée sur place, d'un bout du territoire à l'autre, on pourrait dire que l'ancienne France était virtuellement morte, avant que les états généraux, rassemblés pour la guérir, l'eussent condamnée [2]. Telle est, pour

---

1 " L'utopie des théoriciens s'est accomplie, dit M. Taine, à la fin de son *Ancien Régime* (p. 319), l'état sauvage a recommencé. Il n'y a plus que des individus superposés. La province subit les événements de la capitale. Les gens n'osent bouger, ils n'osent même se faire une opinion, avant que Paris ait prononcé. C'est à cela qu'aboutit la centralisation monarchique ; elle a ôté aux groupes leur consistance, à l'individu son ressort. "

2 " Ce n'est pas la Révolution, à proprement parler, qui détruit le gouvernement a dit M. Sorel, depuis que nous avons écrit ces lignes ; — c'est parce que le gouvernement est détruit que la révolution triomphe... La convocation des états n'est qu'un aveu solennel de l'impuissance du pouvoir. " Toute la page serait à citer. Voir Alb. Sorel *l'Europe et la Révolution française*, II° partie, la chute de la Royauté, p. 2 et 3.

nous, la conclusion de tout ce long tableau des désordres de 1789. Le passé avait vécu et, pour notre malheur, il était malaisé d'en rien conserver ; toutes ses institutions séculaires semblaient avoir perdu leur raison d'être, avec leur efficacité. La France demeurait sans gouvernement, vouée à l'anarchie et aux violences, car on ne saurait improviser un gouvernement que lorsque les ressorts de l'État restent intacts.

Les émeutes de carrefour et la guerre aux châteaux ne sont pas toute la Révolution. M. Taine le sait autant que personne, et, de la rue, il nous ramène aux assemblées dont, pour la plupart de ses devanciers, l'histoire est toute l'histoire du temps. Constituante, Législative, Convention, il les étudie suivant sa méthode habituelle, moins curieux de leurs discussions, de leurs votes, de leurs lois, que de leur physionomie, de leur attitude, de leurs sentiments et de leurs émotions. Il ne se contente pas de nous faire entrer dans ces législatures, à la fois si différentes et si semblables, presque également composées de jeunes gens sans expérience ni éducation politique ; il nous fait monter aux tribunes, au milieu de cette assemblée sans mandat, qui, si souvent, impose à l'autre sa volonté ; il fait défiler, devant nous, la troupe bariolée et impérieuse des pétitionnaires. Il nous fait voir que, jusque sur cette scène officielle, les premiers acteurs ne sont pas toujours ceux qui figurent sur l'affiche et tiennent les grands rôles ; qu'au milieu même de la représentation, les injonctions ou les sifflets du parterre bouleversent toute la pièce et en altèrent le dénouement. Il nous fait comprendre, par le spectacle et le désordre de leurs séances, les incohérences et les contradictions de ces assemblées, qui prétendent établir le règne de la liberté, et ne sont elles-mêmes pas libres. Il nous explique fort bien la fréquente impuissance de l'éloquence et de la raison dans ces turbulentes assises ; pourquoi tous ces grands conciles de la Révolution ont si souvent l'air de chambres d'enregistrement des volontés de l'émeute ; comment à la Constituante, à la Législative, à la Convention, la majorité est peu à peu dominée par une minorité, qui a, pour elle, l'ascendant de la logique, avec l'appui des seuls pouvoirs effectifs de l'époque, l'attroupement, les clubs, les piques des sections.

Anatole Leroy-Beaulieu

C'est la Constituante qui sort la plus amoindrie des mains de l'implacable historien ; il la représente subissant déjà, docilement, à Versailles comme à Paris, ce joug de la rue sous lequel ses deux sœurs seront écrasées. Il nous la peint aveuglément soupçonneuse et provocante vis-à-vis du débile monarque, naïvement confiante et flatteuse en face du nouveau souverain, dont le despotisme la menace à distance. Le reproche est cruellement juste ; il nous est facile de découvrir, après coup, de quel côté était le danger le plus pressant ; mais, pour être équitable envers les constituants, il faut s'enfermer avec eux dans la salle du jeu de paume, à côté de l'immense château, en face de cette monarchie absolue dont l'autorité et l'appareil restaient extérieurement intacts. L'ombre de l'échafaud de Louis XVI ne se projetait pas pour eux sur 1789. Ils ne pouvaient sentir, comme nous, la faiblesse de la cour. Ce qui attirait leurs yeux, c'étaient ses résistances avouées ou cachées, le double jeu du château, les projets de contre-révolution, agités autour du roi, ou autour de ses frères dans l'émigration.

Tout entier à suivre le développement logique de ses deux facteurs de la Révolution, " des passions de la cervelle et des passions de l'estomac ", M. Taine néglige la cour, la reine, leur diplomatie secrète, les princes, les émigrés, le côté droit. Il n'entre guère au palais de Versailles ou aux Tuileries qu'à travers les grilles arrachées, à la suite de la foule ameutée, aux 5 et 6 octobre, au 20 juin, au 10 août. Personne encore, entre tant d'illustres émules, n'avait peint d'un trait aussi précis, d'une couleur à la fois aussi vive et aussi nette, toutes ces célèbres " journées " pour le mouvement et pour le relief, ces grandes toiles d'histoire égalent les plus belles pages de Michelet. Il ne leur manque qu'une chose, dont l'absence nuit à leur clarté : les provocations de la cour et des contre-révolutionnaires. Lors de la prise de la Bastille, par exemple, rien des projets du château, rien des rassemblements de troupes aux portes de Paris. Chez M. Taine, le pouvoir semble, dès le premier jour, désarmé et résigné.

Pour lui emprunter une de ses métaphores favorites, l'auteur nous fait voir le taureau populaire lâché dans l'arène politique, se ruant aveuglément sur tout ce qu'il rencontre, labourant de ses cornes furieuses le sol de la vieille France, défonçant les faibles palissades dans lesquelles on s'était flatté de l'enfermer ; mais il omet de nous montrer les imprudents qui, du haut des galeries, se plaisent à l'exciter par leurs cris, les fous qui, dans l'enceinte, l'irritent à plaisir en agitant devant lui le drapeau de la contre-révolution, et tous les *toreros* littéraires et les *picadores* des gazettes, qui ne cessent de le piquer de leurs épigrammes et de le brûler de leurs pamphlets.

Ce n'est pas là l'unique lacune de ce tableau de 1789 ; sur un autre point encore, l'historien paraît injuste, parce que son cadre est incomplet. Ayant laissé à d'autres l'analyse des travaux de la Constituante, telle qu'on la trouve, par exemple, dans certaines biographies de Mignet, M. Taine a l'air d'en méconnaître l'activité et la fécondité. Si l'on ne pèse, en effet, que leur oeuvre politique, que l'informe constitution qui leur a valu leur nom dans l'histoire, l'œuvre des constituants est singulièrement légère. L'expérience, aujourd'hui, en fait sauter les défauts aux yeux, et M. Taine n'a pas de peine à nous les découvrir. Jamais, il est vrai, on n'avait aussi lumineusement démontré les inconvénients de l'affaiblissement systématique du pouvoir exécutif et de l'érection d'une administration collective, de l'intrusion de l'État dans les affaires de l'Église et de l'abus du principe électif, de l'institution d'une seule Chambre et de l'exclusion des ministres du parlement, — toutes hérésies politiques proclamées par la Constituante, et, pour la plupart, reprises, sous nos yeux, par les incorrigibles du radicalisme. La constitution de 1791 était enfantine à la fois et chimérique ; mais cette constitution mort-née n'était que l'enveloppe extérieure, la forme éphémère de la société nouvelle qui a vécu, et dont la Constituante a posé les principes essentiels [1].

Ces principes, M. Taine, il faut le dire, les apprécie peu ; il n'en goûte ni les bases abstraites ni l'application pratique. Dans son aversion à leur égard, il rappelle parfois l'humoriste Carlyle, traitant les délibérations de la Constituante " de théorie des verbes irréguliers ou de conjugaison des verbes défectifs ". La nuit du 10 août, dans laquelle nous étions habitués à symboliser tout ce qu'il

---

1 Voir, par exemple, pour l'œuvre sociale de la Constituante : M. E. Ollivier *1789 et 1889,* chap. II, § 1. Cf. Alb. Sorel, *l'Europe et la Révolution française,* part. II, p. 6 et 7.

Anatole Leroy-Beaulieu

y avait de généreux dans la Révolution, ne lui inspire qu'un railleur et ironique dédain, Pour lui, comme pour tel contemporain, cet empressement des privilégiés à sacrifier, à la foi nouvelle, des prérogatives héréditaires n'est qu'une maladive et inconsciente ivresse. Après avoir si bien montré comment les privilèges avaient, depuis des années, perdu leur raison d'être, il se prend à en regretter la brusque abolition ; il eût voulu que la Constituante conservât à la France une aristocratie héréditaire. Nous aussi ; mais, hélas ! ce ne sont là que des *pia desideria*. Demander un tel acte à la Révolution, c'était lui demander de se renier elle-même, car, en fait comme en théorie, toute la Révolution pourrait se résumer dans la suppression des privilèges [1].

Lorsque nous regrettons que la Révolution n'ait pas conservé à la France une aristocratie, nous glissons peut-être, à notre insu, dans le défaut que nous reprochons à la Constituante, dans les thèses abstraites, dans l'*a priori* de l'esprit classique. M. Taine se représente une aristocratie idéale, ou, ce qui revient au même, il dépeint, en termes magnifiques, les avantages d'une aristocratie, et, ce tableau achevé, il blâme la Constituante d'avoir détruit une noblesse qui, en 1789, n'avait presque rien de commun avec l'aristocratie idéale par lui décrite. Dans son *Ancien Régime,* il nous avait lui-même prouvé par le menu que, depuis longtemps, la noblesse française ne remplissait plus sa fonction. Entre son *Ancien Régime* et sa *Révolution,* il y a ici un semblant de contradiction. Il déplore, dans un volume, la chute de ce que, dans le précédent, il a condamné à une ruine prochaine. Ainsi, faisons-nous tous, malgré nous, lorsque nous nous affligeons de voir toute l'ancienne France s'écrouler avec l'ancien. régime. Que de choses nous eussions voulu en sauver ! mais aristocratie, royauté, corporations, tout se tenait, tout devait être entraîné dans la même chute, sans qu'il fût possible de rien arracher à l'écroulement général. Lorsque l'historien réprouve l'abolition des ordres privilégiés, lorsque, dans la noblesse, il veut trouver les éléments d'une chambre haute, il oublie que cette noblesse était elle-même imbue des idées et des

---

1 " Qui le croirait ? écrivait Rivarol dès 1789, ce ne sont ni les impôts, ni les lettres de cachet, ni tous les autres abus de l'autorité, ce ne sont point les vexations des intendants et les longueurs ruineuses de la justice, qui ont le plus irrité la nation, c'est le *préjugé de la noblesse,* pour lequel elle a manifesté le plus de haine. "

préjugés de l'époque, qu'elle était démocrate à sa façon, si bien que, dans ses cahiers, elle réclamait l'égalité de tous ses membres ; il oublie l'attitude de la majeure partie des nobles, à l'intérieur comme dans l'émigration, et le rôle de cette droite de la Constituante, qui " n'a su résister aux fautes et aux folies que par des fautes et des folies presque égales. " Il oublie enfin le courant du temps, les idées du jour, tout ce que, dans sa théorie, le philosophe appelle le " moment " [1].

Si dégagé qu'il soit de tout esprit de parti, M. Taine a ses préférences politiques, et ses préférences se font jour à travers l'historien et le philosophe. Il a, lui aussi, ses rêves de cité idéale ; mais, conformément à ses habitudes d'esprit positif, son type politique n'a rien d'abstrait, il est réel et vivant. Ce n'est rien autre que l'Angleterre et la constitution britannique. Pour s'en convaincre il n'y a qu'à relire ses rapides et profondes *Notes sur l'Angleterre,* notes qui, à bien des égards, pourraient servir de préambule à ses *Origines de la France contemporaine.* Quand il définit le rôle possible de la royauté, de la noblesse, des corporations, c'est manifestement nos voisins qu'il a en vue ; ce qu'il reproche à la Constituante, c'est, au fond, de ne les avoir pas imités. Autant vaudrait presque reprocher à la France de n'être pas l'Angleterre. Cette constitution pondérée, dont M. Taine fait un si magistral tableau, elle est sortie du sol anglais, du tempérament anglais, de l'histoire de l'Angleterre. Comment s'étonner que, d'un pays et d'un peuple différents, il ait surgi une autre révolution, une autre conception politique, une autre société ? Le théoricien de l'influence du milieu paraît oublier que les institutions sorties du sol national sont les seules vivantes ; il semble, par instants, considérer la constitution anglaise comme le seul type politique, le seul moule raisonnable de l'État moderne, refaisant, à son tour, en un autre sens, le songe que,

---

1 " Sur ce point, je vous demande la permission de ne pas accepter votre critique, m'écrivait M. Taine. Je n'ai jamais imaginé que de la noblesse française de 1789, la Constituante eût pu ou dû faire une aristocratie à l'anglaise. Je pense seulement, après avoir lu les 20 volumes des procès verbaux des assemblées provinciales, que, dans l'aristocratie provinciale d'alors (noblesse, clergé, parlementaires, haute bourgeoisie), il y avait des éléments précieux pour faire une classe gouvernante, des administrateurs sans traitement, des conseillers locaux du pouvoir central et même les représentants de la province auprès du pouvoir central. Je n'ai pas précisé au delà : à distance, cela est trop facile ou trop difficile. "

Anatole Leroy-Beaulieu

chez la Révolution, il taxait tout à l'heure de chimère, ayant l'air de rêver une constitution rationnelle et cosmopolite, applicable aux différentes contrées et aux différents peuples, sans tenir compte de leur tempérament ou de leur passé.

Certes, ce n'est pas nous qui lui reprocherons son admiration pour l'Angleterre et la constitution britannique. Comme lui, nous ne saurons jamais assez regretter que avant, à côté d'elle, un modèle pareil, la France de 1789 s'en soit ainsi écartée. Mais nos regrets sont stériles ; ils ne peuvent rien contre l'inflexible logique des faits. Pour imiter l'Angleterre, il ne suffisait pas à la France d'avoir, comme à l'état brut, les matériaux des institutions britanniques ; il lui eût fallu le sens pratique, l'esprit politique anglais, avec le goût des traditions et le respect des autorités établies, deux choses qui lui faisaient entièrement défaut, et que l'éducation de l'ancien régime n'était pas faite pour lui donner.

On comprend les défiances de l'écrivain pour la démocratie ; on s'étonne que ces défiances aient pu amener un esprit aussi systématique, un déterministe aussi résolu, à se dissimuler ce qu'il y a de puissant et de fatal dans le courant qui entraîne la France et l'Europe à la démocratie. Pour apprécier plus largement la Révolution, il n'a qu'à revenir à sa thèse sur " le milieu et le moment ". Sous ce rapport, le grand prédécesseur de M. Taine dans sa nouvelle carrière, Tocqueville se montre peut-être plus philosophe. Pour n'avoir qu'une médiocre confiance dans la démocratie, Tocqueville n'en a pas moins bien vu que, en 1789, l'avènement de la démocratie était inévitable, et il ne s'est pas attardé à rechercher ce que la Constituante eût pu lui substituer.

D'un historien aussi sévère pour la Constituante on ne saurait attendre grande indulgence pour la Législative ou la Convention. À leur égard, l'excès de sévérité nous choque moins. M. Taine nous a, du reste, dépeint, en pages aussi vivantes qu'émouvantes, la terrible situation que leur faisait, à toutes deux, l'omnipotence de la populace. À le lire, on sent que, pour ne point se plier à la dictature de l'émeute, il eût fallu des assemblées de saints ou de héros. Rien de plus triste peut-être, dans toutes ces navrantes peintures, que le tableau de la pâle et incertaine Législative, laissant détruire pièce à pièce une constitution dont, en grande majorité elle désirait le maintien, et présidant à la chute de cette royauté qu'elle eût souhaité sauver. C'est cette faible assemblée, rendue plus terne par le voisinage de ses deux grandes sœurs, qui, de propos délibéré et par calcul de parti, a déchaîné sur l'Europe une guerre où devaient succomber six millions d'hommes, et où la Révolution devait trouver pour couronnement le despotisme militaire.

Longtemps nous nous sommes persuadé que c'étaient les monarchies, désireuses d'étouffer la Révolution, qui avaient attaqué et envahi la France. Les historiens, l'Allemand H. de Sybel notamment, avaient déjà prouvé, pièces en main, le mensonge de cette légende. M. Taine a complété la démonstration, non plus avec des documents diplomatiques, mais avec les discours, avec les mémoires et les aveux mêmes des coupables. C'est la France, c'est la Législative qui a jeté le gant à l'Europe, et cela, sous l'inspiration des girondins et de leur *leader* politique, Brissot. M. Taine explique fort bien les raisons de cette machiavélique combinaison des " brissotins ". Il montre que, sans la guerre, si troubles du dedans n'avaient pas été compliqués par les dangers du dehors, l'opinion aurait tourné ; que la pratique aurait bientôt dévoilé les défauts de la constitution, et en eût provoqué la réforme ; qu'au bout d'un an ou deux, " la nation se fût prononcée pour les magistrats contre les clubs, pour la gendarmerie contre l'émeute, pour la loi contre la populace [1] ". Tel était, d'après lui, le calcul de Louis XVI, et si l'expérience n'eût pas été dérangée, ce calcul eût sans doute été juste, et la. France eût abouti à une monarchie constitutionnelle régulière. Ainsi, selon notre historien, quel que fût le vice originel de la Révolution, c'est la guerre qui l'a fait définitivement dévier et en a abandonné la direction aux exaltés et aux forcenés. La guerre, en effet, a été pour 1792 et 1793 ce que la famine avait été pour 1789 elle a exaspéré les passions populaires, avivé les plaies que la paix eût pu cicatriser. C'est elle qui, grâce aux bruits de trahison, grâce à la peur de Brunswick et de ses complices du dedans, a conduit au 10 août, aux massacres de septembre, à la Terreur.

Comme le roi semblait en droit de compter sur la paix, les ennemis,

1 *Révolution*, t. II ; *la Conquête jacobine,* pp. 142-143.

Anatole Leroy-Beaulieu

de la cour étaient fondés à voir dans la guerre un piège infaillible pour le roi et la constitution. C'est ce qu'ont fait les girondins, qui se croyaient les héritiers naturels des constitutionnels, et ils s'en sont, plus tard, vantés avec Brissot [1]. Ils craignaient de laisser la Révolution languir et l'opinion revenir au roi ; pour réveiller les patriotes et rallier derrière eux la nation, déjà lasse du désordre, ils la contraignirent, par la guerre, à choisir entre la Révolution et l'ancien régime. La question ainsi posée, ils savaient que, pour la grande majorité, qui derrière les étrangers voyaient les émigrés, le choix ne saurait être douteux. C'était là un jeu aussi téméraire qu'impie : il effrayait Danton et Robespierre ; il tenta Brissot et, avec lui, Vergniaud et Gensonné. La Gironde jeta les dés, la Révolution gagna la partie, mais le gain ne fut pas pour ceux qui avaient osé jouer la France.

Si la guerre amène, en effet, le triomphe des adversaires de la constitution, les politiques de la Gironde, qui se flattaient de régner sur les ruines de la royauté, se voient bientôt entraînés dans sa chute. Le pouvoir passe aux mains des plus exaltés et des moins scrupuleux, aux mains de la Montagne, appuyée sur les clubs et sur les piques des sections. De l'anarchie sort ainsi un despotisme nouveau qui, maître du gouvernement par la violence, va s'y maintenir par la terreur. Les maximes constitutionnelles de 1789 font place aux maximes contraires ; au lieu de soumettre le gouvernement au peuple, on soumet le peuple au gouvernement. " Sous des noms révolutionnaires, la hiérarchie de l'ancien régime est rétablie, et désormais, les pouvoirs, bien plus redoutables que ceux de l'ancien régime, cessent d'être délégués de bas en haut, pour être délégués de haut en bas. " La guerre étrangère ne fait

---

1 Pour être équitable, il convient de rappeler que, par une trop fréquente aberration, tous les partis étaient plus ou moins enclins à chercher le salut dans une diversion extérieure. Tous, du moins, comptaient des politiques qui, pour des motifs opposés, tablaient sur la guerre ; les girondins afin de précipiter la Révolution ; certains constitutionnels, avec le ministre Narbonne, afin de rétablir la discipline dans l'armée, de relever le prestige de la couronne et de faciliter par là une révision de la constitution ; la reine enfin et les contre-révolutionnaires afin de ramener l'ancien régime avec l'intervention étrangère. Louis XVI, lui-même, ne parait pas toujours avoir autant redouté la guerre que semble le dire M. Taine. Voir, par exemple, la Correspondance de Marie-Antoinette avec Fersen et M. Alb. Sorel, *l'Europe et la Révolution,* t. II, liv. III, chap. III ; cf. M. E. Ollivier, *1789 et 1889,* pp. 92, 93.

La Révolution de M. Taine

qu'aider les jacobins à achever la conquête de l'intérieur, conquête préparée de longue main, et dont M. Taine a le premier marqué les rapides étapes, d'un bout du territoire à l'autre.

Après la conquête jacobine, le gouvernement révolutionnaire. M. Taine emploie tout un volume à nous en décrire les principes, l'objet, les procédés, les instruments, le mécanisme, y apportant la minutieuse précision d'un ingénieur qui étudie la construction et le jeu d'une machine. Il nous montre à l'œuvre le jacobin, de Paris et le jacobin de province, avec leur cervelle étroite, leur orgueil de sectaires, leur dogme rigide et borné, leur intolérance fanatique, — avec leur chimérique prétention de restaurer " l'homme naturel " pour former " l'homme. social " ; et, comme leur conception de l'homme est écourtée, M. Taine nous fait voir que leur notion de l'État est rétrograde ; qu'elle ne tend à rien moins qu'à faire reculer l'homme moderne de vingt siècles en arrière, en le dépouillant de sa complexité et de son individualité, à le ramener à la cité antique ou aux sociétés primitives, où l'individu n'est rien et la communauté est tout, où, comme l'abeille dans sa ruche et la fourmi dans sa fourmilière, " l'homme n'est plus qu'un organe dans un organisme ".

Entre les partis qui se disputent la Révolution la victoire reste à celui qui a pour lui la double poussée des idées et des instincts. Dans la Convention, les girondins semblent tout-puissants, par le nombre, par l'ascendant du talent et de l'éloquence ; mais tout cela ne leur sert de rien, devant les émeutes de la rue et l'inflexible logique des faits et des doctrines. Moins libre encore que les assemblées précédentes, la Convention, courbée sous le joug des clubs et de la Commune, livre ses chefs aux vengeances populaires et commence, par les girondins, à se décimer elle-même. En attendant le jour où l'excès de la peur lui rendra le courage de se révolter, la Convention mutilée devient " une machine de gouvernement au service d'une clique ". Si sévère qu'il soit pour elle, M. Taine n'est pas plus dur que le républicain Quinet pour " cette assemblée maîtresse et esclave, hardie à accepter toutes les fantaisies d'abord de la foule, puis bientôt de quelques-uns, enfin d'un seul [1] ".

---

1 Quinet, *la Révolution*, t. II, p. 17 ; cf. p. 9.

Anatole Leroy-Beaulieu

Entre les vainqueurs et les vaincus du 31 mai, il y a, du reste, peu de différence aux yeux de notre historien. Pour les principes, pour la foi aux abstractions, pour l'infatuation et le dédain de l'expérience, les girondins ressemblent singulièrement aux montagnards. Ils sont aussi impies et aussi intolérants, non moins téméraires et non moins utopistes, non moins raides et non moins sectaires.

La partie paisible de la population ne s'y trompe point. La grande majorité de la bourgeoisie et du peuple de Paris, qui, au printemps de 1793, regrette encore la constitution de 1791, ne distingue pas les girondins de leurs adversaires. À ses yeux, ce sont tous également des usurpateurs, et., de fait les girondins semblent bien des révolutionnaires, dans le pire sens du mot. Jusqu'à la chute de la royauté, ils n'ont montré pour la légalité que des scrupules de forme ; s'ils n'ont pas fait les émeutes, ils leur ont aplani la route avec Pétion, ils en ont recruté le contingent avec Barbaroux, ils les ont équipées et leur ont mis en main les piques des sections, en décrétant l'armement des citoyens passifs.

Entre les girondins et les jacobins la grande différence, c'est que les premiers sont plus polis, plus lettrés, qu'ils ont gardé des habitudes de tenue et même des besoins d'élégance, que de l'ancien régime ils conservent le goût de la société et de la conversation, qu'ils ne savent point imiter les familiarités populacières de Danton, ni se loger, comme Robespierre, chez un menuisier, ce qui, aux yeux du peuple, leur donne un faux air d'aristocrates. Par penchant, comme par principe, ils répugnent à la dictature de la canaille ; ils prétendent établir, dans leur cité idéale, le règne des lois, mais leurs combinaisons abstraites sont chimériques, et, dans la lutte, toutes leurs qualités de penseurs et d'hommes du monde sont pour eux une cause de faiblesse, sans compter qu'avec leur incohérence et leur indiscipline, tous ces beaux parleurs, sans chef reconnu, n'ont jamais su former un vrai parti politique.

Les girondins ne sont pas les seuls à sortir amoindris de *la Conquête jacobine*. Les chefs de la Montagne ne sont pas plus heureux, Danton en particulier, " qui, avec une double infidélité, recevait l'argent du roi pour empêcher l'émeute et s'en servait pour la lancer [1] ", Danton, dont M. Taine a, de nouveau, démontré la participation aux massacres de septembre, et qui, au 31 mai, conspirait contre la représentation nationale, de même que, au 10 août, contre la royauté. Je ne m'arrêterai pas à plaider les circonstances atténuantes, ni pour Danton, après Mirabeau. le seul politique de la Révolution, ni même pour les girondins, — leurs tardifs scrupules, leur sincérité, leur désintéressement, la noblesse de leur mort. La superstitieuse dévotion d'adorateurs en quête d'idoles peut seule diviniser tel ou tel des grands lutteurs de la Révolution ; en fait, elle me parait manquer de saints ou de héros dignes de son idéal. On ne saurait la personnifier dans aucun nom, l'incarner dans aucun homme. Chez ses principaux acteurs, la grandeur morale est rare ; chez presque tous, il y a plus que des taches, il y a des tares. À cette époque, où le mot de vertu est sur toutes les bouches, la vertu se montre rarement dans les actes. Par ce côté, les hommes de la Révolution ressemblent à leurs pères, les philosophes du XVIII° siècle, eux aussi, presque tous, plus grands par l'esprit ou par les idées que par le caractère et par les mœurs. À cet égard, la Révolution française est décidément inférieure aux grands mouvements religieux, au Christianisme des IVe et V° siècles, a la Réforme du XVI° ; elle est même inférieure aux révolutions d'Angleterre et d'Amérique, qu'elle dépasse par tant de côtés. Elle n'a ni Hampden, ni Washington, elle n'a même ni Milton, ni Franklin. Veut-on en personnifier les plus généreux instincts dans quelque figure vivante, on est obligé de recourir au naïf La Fayette, ou de s'adresser à des personnages épisodiques, peut-être plutôt à des femmes, à Mme Roland, à Charlotte Corday, ces deux païennes et stoïques Romaines. C'est là un des traits de la Révolution que, dans ses drames et ses péripéties, comme dans ses acteurs et ses chefs, elle ne saurait, à aucun jour, exciter une admiration sans mélange. Jamais le bien et le mal ne se sont autant mêlés, et les rêves les plus hauts des philosophes ainsi associés aux plus grossiers appétits de la foule. De tous les historiens de la Révolution, aucun ne nous avait aussi bien fait comprendre ces étranges contrastes qui, à bien des égards, durent encore. S'il a fait ressortir de préférence les côtés sombres, il y était entraîné, à la fois, par sa théorie, par sa passion de la vérité et sa haine des lieux communs. Avant de le taxer d'étroitesse et d'injustice, il convient

1 *Révolution*, t. II ; *la Conquête jacobine*, pp. 258-289.

Anatole Leroy-Beaulieu

de connaître la conclusion de son grand ouvrage. En attendant, pour être pleinement équitable envers la Révolution et envers ses sinistres athlètes, M. Taine n'aurait qu'à répéter ce qu'il répondait lui-même à l'un des ses prédécesseurs en sévérité, le puritain Carlyle : " Ces logiciens ne fondaient la société que sur la justice, Ces épicuriens embrassaient dans leur sympathie l'humanité entière, ils avaient pour but le salut universel, comme vos puritains le salut personnel. Ils ont combattu le mal dans la société, comme vos puritains dans l'âme. Ils ont eu comme eux un héroïsme, prompt à la propagande, et qui a réformé l'Europe, pendant que le vôtre ne servait qu'à vous [1]. "

### Les mécomptes du libéralisme [2]

#### I

*Déceptions politiques du siècle. — Les faillites des libéraux sont-elles la condamnation du libéralisme ? — Des caractères du libéralisme moderne. — Sa doctrine. — Causes de ses mécomptes. 1° Difficulté de plier le monde concret de la politique aux principes du droit spéculatif. — 2° Avènement de la démocratie. — Comment la démocratie, fille du libéralisme, est autoritaire d'instinct. — Comment elle est portée à faire bon marché des solutions libérales. — Comment, dans les divers ordres de questions politiques, nationales, religieuses, sociales, le libéralisme et la démocratie ont passé par des phases analogues, présentant les mêmes espérances, les mêmes désillusions, les mêmes volte-face.*

Nous avons montré il y a quelques années les déceptions des catholiques libéraux, des nobles esprits qui avaient rêvé de concilier l'Église et la société moderne. Est-ce, nous demandions-nous en terminant, la seule école parée de ce beau nom de libérale qui ait éprouvé de semblables revers [3] ?

---

1 *L'idéalisme anglais*, étude sur Carlyle.
2 Cette étude, sous sa forme première, a paru dans la *Revue des Deux Mondes* du 15 mai 1885.
3 Voir *les Catholiques libéraux, l'Église et le libéralisme, de 1830* à *nos jours.* Paris, Plon et Nourrit.

Les libéraux sans épithète ni restriction, les libéraux de principes, maîtres de leurs doctrines et de leurs actes, ont-ils été beaucoup plus heureux ? N'ont-ils pas, eux aussi, eu leurs désappointements et leurs déconvenues ? Si les uns ont assisté à l'apparente banqueroute de leurs espérances, les autres n'ont-ils pas fait plusieurs fois faillite ? et, malgré leur vaillante obstination à relever leur fortune, leur crédit n'en reste-t-il pas pour longtemps atteint ? Bien plus, la société moderne, dont le libéralisme était la plus haute expression, cette société si confiante en sa force, n'a-t-elle pas elle-même eu ses déboires et ses désenchantements ? Certes, à mesurer la hauteur des espérances et l'ampleur des ambitions de la première moitié du siècle, peu d'époques ont connu autant de mécomptes et reçu des faits de pareils démentis.

Le XIX° siècle a été, au point de vue politique, le siècle des déceptions, et la France, si prompte à tous les élans, a trop souvent semblé le pays des chutes et. des reculs. " Notre temps, disait déjà M. Guizot, vers 1860, a été et est encore un temps d'espérances immenses et d'immenses mécomptes. Depuis 1789, voilà déjà trois générations qui passent, se promettant à elles-mêmes et promettant aux sociétés humaines en général une somme de liberté, de prospérité, de facilités et de bonheur dans la vie, infiniment supérieure à ce qu'en ont jamais possédé les hommes [1]. "

C'était comme un monde nouveau que le libéralisme prétendait conquérir, ou mieux, il se flattait de rajeunir la face du vieux monde et d'y faire régner à jamais, sous le sceptre de la Liberté, la Justice, l'Abondance et la Paix. Plein de foi dans la puissance et la raison de l'homme, il attendait tout des constitutions, des chartes, des lois écrites. Il répétait, ingénument, aux maîtres passagers du siècle, aux rois, aux assemblées, aux législateurs, ce que le marquis de Posa de Schiller ne craint pas de dire à Philippe II :

Ein Federzug von dieser Hand, und neu
Erschaffen wird die Erde... [2]

---

1 Guizot, *l'Église et la Société chrétiennes en 1861,* p. 199.
2 Un trait de plume de cette main, et la terre est créée à nouveau. (Schiller, *Don Carlos.*)

Anatole Leroy-Beaulieu

Le monde, hélas ne se laisse pas si vite remodeler à neuf. Ni les lois, ni les constitutions n'ont la vertu souveraine que notre ignorance leur a longtemps prêtée. Le législateur n'est pas un créateur. L'homme n'est ni si bon, ni si sage, ni si docile aux réformes que nos pères — et nous — l'avons rêvé depuis la Révolution. Il serait assurément injuste de nier tous les progrès accomplis, d'oublier les conquêtes de l'esprit, de liberté et d'humanité. Mais, pareils à un voyageur en marche vers les sommets des Alpes, plus nous avons fait de chemin et plus nous avons senti l'éloignement du but, plus nous sommes portés à nous plaindre de l'inanité de nos efforts. Sur ces routes nouvelles de la liberté, où nous nous sommes jetés, à tant de reprises, avec une si présomptueuse confiance, chaque génération, à son tour, est tombée de lassitude ou de découragement. Chose peut-être plus triste encore, toutes les fois que, à travers nos chutes, nous avons atteint une des hauteurs que nous apercevions de loin, nous avons eu beau regarder autour de nous, nous n'avons pas découvert les régions enchantées, l'Eldorado politique et humanitaire où nous rêvions de nous reposer. L'Éden de paix et de justice que nous avions cru entrevoir recule devant nous ; la foi dans cette terre vainement promise faiblit dans nos âmes, et, avec elle, vacille et diminue la foi dans la liberté qui nous y devait conduire. D'où viennent ces mécomptes que nos pères semblent nous avoir légués, en même temps que leurs espérances ? Quelle en est la nature, et quelle en est la portée ? Faut-il y voir la condamnation du libéralisme ? Tel est le vaste et douloureux problème que nous osons aborder ici, et que nous voulons envisager sans pessimisme comme sans illusion.

Et, d'abord, qu'entendons-nous par libéralisme, car, peu de mots, il faut l'avouer, ont plus souvent varié de sens, suivant les pays ou les époques ? Notre intention n'est nullement de faire la genèse ou l'histoire, ni même la philosophie du libéralisme. Nous ne comptons ni exposer des théories, ni citer des textes ou des noms, ni encore moins suivre les évolutions d'un parti en France, ou au dehors. Nous ne voulons parler ici d'aucune école, d'aucun groupe en particulier, mais bien du libéralisme en général, du libéralisme moderne, au sens le plus étendu du mot, du libéralisme français et continental surtout.

Quel en est le caractère essentiel, le trait distinctif ? C'est, avant tout, nous semble-t-il, la prétention de résoudre toutes les questions d'une manière rationnelle, à l'aide de principes abstraits, conformément à la logique et aux aspirations de la nature humaine, aspirations revêtues du nom de droits du citoyen, ou de droits du peuple. Tel est resté, à travers toutes nos révolutions et sous les formes politiques les plus diverses, le but plus ou moins avoué, et plus ou moins conscient, de tous les grands apôtres du libéralisme, de Benjamin Constant, par exemple, à M. Laboulaye ou à M. Jules Simon. Tel est, à notre sens, le caractère fondamental du libéralisme moderne. du libéralisme français notamment : issu de la Révolution, il en a gardé la marque. Comme la Révolution, bien qu'avec plus de mesure, il est, au fond, demeuré rationnel, spéculatif, idéaliste, optimiste même ; c'est ce qui a fait sa force d'expansion dans le monde.

À l'État, reposant sur la tradition et la coutume, le libéralisme moderne a prétendu, lui aussi, substituer, peu à peu, un État fondé sur la Raison et la Nature. Aux privilèges historiques, aux prérogatives traditionnelles ou héréditaires, aux droits particuliers et personnels du prince, des classes, des communautés, des localités, il a fait succéder les droits généraux, les droits naturels des gouvernés, considérés tantôt individuellement comme citoyens, tantôt collectivement comme nation.

Toutes les questions qui peuvent diviser les peuples, qui les divisent en fait, depuis des siècles, le libéralisme s'est flatté de les trancher conformément à la Raison et au Droit abstrait, et cela, à l'aide de deux idées simples, de deux notions dont il croyait retrouver partout le sentiment ou le besoin la Liberté et l'Égalité. Cette double base, ainsi prise au fond du cœur humain, lui semblait assez large et assez solide pour rebâtir dessus tout le monde politique, et l'État et la Société. Durant des siècles, l'Europe avait essayé de suffire à tout, de tout trancher, avec le double principe d'autorité et de hiérarchie sociale. L'histoire avait dix fois montré l'inanité d'une pareille prétention. Le libéralisme moderne a cru découvrir une solution définitive et infaillible, dans les deux principes opposés, dans les deux idées de liberté et

Anatole Leroy-Beaulieu

d'égalité, appliquées simultanément, ou progressivement, à tout le vaste domaine de la politique au gouvernement, à la religion, au travail, à l'industrie, aux relations internationales, aux rapports sociaux. Liberté à tous et sur toute matière, la liberté de chacun n'ayant l'autre limite que celle d'autrui ; égalité non pas absolue et matérielle, mais égalité morale, égalité de droits, égalité devant la loi et l'État ; *œqua libertas,* comme disaient les anciens telle est la formule qui devait assurer au monde moderne l'ordre, la paix et la prospérité, en vain longtemps demandés à des principes différents.

Cette solution était-elle rationnelle ? Assurément. Était-elle conforme aux aspirations de la nature humaine ? Oui encore. À ce double titre, elle constituait, nos pères s'en pouvaient vanter, un progrès manifeste sur le passé. Et, pourtant, ne sommes-nous pas contraints de confesser que, dans la pratique, elle ne s'est pas toujours montrée plus efficace que les vieilles solutions autoritaires, que les hiérarchies surannées de la tradition, ou les grossiers procédés empiriques de la force ?

D'où vient cette apparente contradiction ? Avant même d'analyser les mécomptes du libéralisme, de chercher en quoi ses espérances ont été déçues, nous sentons aujourd'hui qu'il portait en lui-même, sinon un principe d'erreur, du moins une cause d'illusion et d'insuccès ; qu'il devait se heurter, dans l'application de ses doctrines, à bien des retards et des échecs. L'essence du libéralisme moderne, c'est d'être rationnel avant tout, et la première cause de ses déconvenues, c'est précisément la difficulté, pour ne pas dire parfois l'impossibilité, de plier le monde concret, le monde complexe et mobile de la politique, aux déductions absolues de la raison abstraite ou du droit spéculatif. Le libéralisme a beau avoir eu, plus ou moins, dans ses mains le mécanisme gouvernemental et la machine législative, si puissants que semblent de pareils instruments, ils ne suffisent point à changer l'homme et la société. Ce n'est. pas assez d'édicter des lois pour modifier les mœurs. Une des erreurs du libéralisme, et des modernes en général, c'est leur trop grande confiance dans l'efficacité de la loi, dans la législation écrite, dont ils ont maintes fois abusé, y croyant posséder le remède à tous les maux de l'humanité, à l'ignorance, au vice, à la misère. Quand le principe nouveau serait entré dans la loi et dans les habitudes des gouvernants, ce qui est plus malaisé que de l'insérer dans les constitutions ; — quand il serait déjà incontesté et accepté de tous ; — quand il eût toujours été appliqué avec bonne foi et persévérance, ce que les passions et les intérêts ne sauraient guère permettre, — cette première difficulté expliquerait bien des désappointements ; mais elle n'est ni la seule, ni peut-être la principale.

Il en est une autre plus grave, que nous allons retrouver dans toutes les branches de la politique, c'est l'avènement de la démocratie, avènement qui sera le trait le plus saillant de l'histoire du XIX° siècle et auquel le libéralisme a lui-même largement contribué. La démocratie était la seule souveraine dont le libéralisme pût préparer le règne. Il ne s'est pas toujours aperçu qu'il travaillait pour elle. Après lui avoir frayé les voies du trône, il s'en est parfois repenti, il a refusé de la reconnaître, il a essayé de lui disputer l'empire, sans autre succès que de se rendre suspect. Quelque défiance qu'elle lui inspire, la démocratie est sortie du libéralisme, c'est le fruit de ses oeuvres, et il n'en pouvait naître autre chose. Il aurait beau la renier, c'est l'enfant de sa chair et de son sang, mais un enfant qui, tout en gardant l'empreinte de ses traits, ne lui ressemble guère. Fille indisciplinée, passionnée, remuante, impatiente de toute règle, présomptueuse et arrogante, elle est loin d'écouter docilement les froides leçons de son père ; elle ne se fait pas scrupule d'être rebelle à ses maximes ; elle est portée, en grandissant, à ne voir en lui qu'un mentor gênant. Le libéralisme a découvert peu à peu que, tout en se réclamant à l'occasion du nom de liberté, la démocratie était d'instinct autoritaire, et que, ne pouvant toujours mettre son tempérament d'accord avec le principe de liberté, elle préférait plier ce dernier à son tempérament.

Une fois émancipée et investie de la souveraineté, la démocratie s'est montrée prompte à faire bon marché des solutions libérales, chaque fois qu'elle en croyait apercevoir de plus conformes à ses appétits ou à ses ambitions. Rien de plus simple. Les intérêts ou les penchants, qui avaient d'abord espéré tout gagner à la ruine du principe d'autorité, se sont plus ou moins insurgés contre le principe de liberté, dès qu'ils ne se sont plus flattés d'y trouver leur profit.

Ce n'est pas qu'en grandissant la démocratie ait repoussé les principes théoriques et les solutions rationnelles dont son enfance avait été nourrie. Loin de là ; en digne fille du libéralisme, en digne héritière de la Révolution, la démocratie est, conformément au génie paternel, demeurée, à travers tous ses emportements, éprise des maximes abstraites et absolues du rationalisme politique. Avec le manque de mesure de la jeunesse, elle a même, à cet égard, renchéri sur le libéralisme ; mais, des deux idées fondamentales sur lesquelles reposait ce dernier, elle a tendu à faire prévaloir l'une aux dépens de l'autre. Toute la théorie du libéralisme moderne se résumait dans les deux mots de liberté et d'égalité : la démocratie s'est fait gloire de la conserver ; mais, sans bien s'en rendre compte, elle a renversé l'ordre des deux termes de la formule et s'est attachée de préférence au second. La notion de liberté est, pour elle, passée au deuxième rang, ou, ce qui revient au même, elle l'a entendue d'une tout autre manière, dans un sens grossièrement positif, réaliste, matériel, dans un sens plus économique que politique, comme l'affranchissement du joug de la pauvreté et du travail.

Il s'est trouvé que, dans les masses, le besoin de liberté, qui répond aux plus nobles instincts de l'esprit, était moins fort que le goût d'égalité qui flatte les moins nobles. Il s'est trouvé que ces deux idées, qui de loin paraissaient connexes, que ces deux sœurs jumelles, qui semblaient se devoir prêter un mutuel appui, ne faisaient pas toujours bon ménage, et que, lorsqu'il fallait faire un choix entre elles, le peuple ne se portait pas du côté de la liberté. Il s'est trouvé, en un mot, que, dans le programme du libéralisme moderne, comme dans la Révolution française, il y avait une sorte d'antinomie qu'ont fait apparaître les bouleversements du siècle, si bien que le nom même de libéralisme, conservé par les partis comme une devise ou une enseigne, a souvent pris dans la langue courante un sens équivoque : la notion de liberté s'étant affaiblie ou défigurée, libéral n'a pas toujours signifié ami de la liberté.

Par rapport au libéralisme, la démocratie peut être envisagée comme une force perturbatrice. Elle a été pour lui une cause de perversion ; elle l'a détourné ou fait dévier de sa route ; elle en a, simultanément, outré et mutilé les doctrines ; elle en a altéré et dénaturé les résultats. Or, plus les États se sont engagés dans les voies du libéralisme, et plus la démocratie a pris chez eux d'ascendant, plus, par là même, les maximes du libéralisme théorique sont exposées à être corrompues et défigurées. Le libéralisme aboutissait en quelque sorte à s'user ou à s'affaiblir par ses victoires, à se fausser, à se déformer lui-même en grandissant, sous l'action déprimante des forces populaires, qu'il mettait fatalement en jeu. Cette évolution, cette espèce de détérioration ou de péjoration, a d'autant plus d'importance que le développement de l'Europe et de la civilisation moderne dans le sens démocratique semble désormais une loi de l'histoire, et que, en dehors même du libéralisme, tout y pousse simultanément, et les progrès de l'industrie, et la facilité des communications, et la diffusion des connaissances. La démocratie a mérité d'être comparée aux agents géologiques qui, en la bouleversant, ont renouvelé la face du globe terrestre ; elle en a la puissance, la continuité, l'universalité. Tous les peuples civilisés sont en train de se transformer dans le même sens ; mais naturellement cela ne se fait pas sans oscillations ni secousses. Notre planète est définitivement. entrée dans l'âge démocratique ; c'est, pour l'humanité, comme un nouveau climat moral auquel les peuples se doivent faire, et ce qui ne pourra s'y acclimater est condamné à disparaître, tout comme ont. péri les plus anciens contemporains de l'homme dans notre hémisphère le mammouth, le mastodonte et les grands animaux de l'époque géologique antérieure à l'âge actuel.

Que l'on examine les différents problèmes soulevés dans les États civilisés, on verra que la plupart des agitations, des incertitudes, des souffrances des peuples modernes proviennent du laborieux enfantement de la démocratie. Partout, à travers le chaos apparent de la politique quotidienne, se retrouvent les mêmes luttes, les mêmes efforts, les mêmes tâtonnements, et presque partout, avec l'ascendant croissant. de la démocratie, se montrent les déviations, et, par suite, les déconvenues qu'elle inflige au libéralisme.

Anatole Leroy-Beaulieu

Les questions politiques agitées chez les peuples modernes peuvent, nous semble-t-il, se ramener à quatre chefs principaux, se classer sous quatre rubriques générales, embrassant tout le champ si complexe de la politique contemporaine. Ce sont, d'abord, les questions politiques proprement dites, qui touchent à l'organisation de l'État et des pouvoirs publics. Ce sont, ensuite, les questions nationales, ou, ce qui revient au même, internationales, concernant les rapports des différents États où des différents peuples entre eux. Ce sont, enfin, les questions religieuses, puis les questions économiques et sociales, dont les unes touchent à la conscience et à la vie spirituelle de l'homme, les autres à son bien-être et à sa vie matérielle. Ces quatre séries de questions sont posées presque partout à la fois ; elles constituent le fond, la trame variée de la politique, mais elles ne se présentent pas, chez tous les peuples, sous le même aspect ou dans le même ordre, et ce sont ces différences de forme ou de rang qui font. la diversité de la politique des divers États.

Considérons successivement ces quatre classes de questions, et nous verrons que, à chacun de ces domaines si différents, le libéralisme a prétendu appliquer les mêmes maximes, les mêmes solutions rationnelles, résumées dans les deux termes de liberté et d'égalité. Nous verrons que, presque partout, ces principes ont donné des résultats incomplets et souvent tout autres que ceux promis par la théorie. Nous verrons que, dans toutes ces sphères si diverses, le libéralisme s'est heurté aux mêmes écueils, aux mêmes résistances des choses et des hommes, aux mêmes prétentions et exigences de la démocratie. Dans le gouvernement intérieur des États, dans les relations des peuples entre eux, dans les luttes confessionnelles, jusque dans les rapports sociaux et le vaste domaine économique, nous aurons à constater une évolution analogue les mêmes espérances, la même foi dans la notion du droit et dans la liberté, les mêmes déceptions, les mêmes doutes, le même désenchantement, les mêmes découragements et souvent les mêmes révoltes, les mêmes volte-face.

## II

*Prétentions du libéralisme dans l'ordre politique. — Le gouvernement représentatif ; son excellence théorique. — Ses défauts pratiques : le gouvernement des partis. — A-t-il réussi à confier le pouvoir aux plus dignes ? — Le gouvernement représentatif et la séparation des pouvoirs. — Abus du parlementarisme, despotisme collectif. — Comment dans l'État moderne tout se trouve remis en question.*

Dans l'ordre politique, la prétention du libéralisme était de transporter l'axe du gouvernement des anciens pouvoirs traditionnels à la nation représentée par ses élus. Au vieux principe de la souveraineté personnelle d'un chef héréditaire, il tendait à substituer, sinon toujours en droit, du moins en fait, la souveraineté nationale, pratiquée à l'aide d'une sorte de sélection. Si l'on différait sur la manière d'entendre et d'appliquer le nouveau principe, sur la forme à donner aux institutions nouvelles, république ou monarchie, sur le mode de recrutement des élus du peuple et l'extension du droit de suffrage, on était d'accord sur la supériorité, ou mieux, sur l'excellence du régime représentatif. Vers 1830, par exemple, ce dogme essentiel du libéralisme comptait, dans toute l'Europe cultivée, bien peu d'incrédules. Ce régime représentatif, on ne le croyait pas seulement préférable à tout autre, on était porté à lui prêter, sinon toutes les perfections, du moins des vertus incompatibles avec les passions humaines.

On se flattait d'avoir ainsi un gouvernement plus national et à la fois plus compétent un gouvernement réunissant toutes les capacités politiques du pays et ne servant d'autres intérêts que les intérêts du pays. Tandis qu'un prince, isolé sur son trône, semblait hors d'état de découvrir, sur la vaste surface du territoire, les hommes les plus aptes à la vie publique, il semblait que la nation, directement consultée, dût sans peine les mettre d'elle-même en lumière. Tandis qu'un monarque, imbu de préjugés dynastiques, ou cédant à des influences de cour, paraissait enclin à faire prévaloir une politique de famille ou de caste, un pouvoir issu des entrailles de la nation semblait ne devoir s'inspirer, au dedans comme au dehors, que du bien public.

Anatole Leroy-Beaulieu

L'événement a, sur ces deux points, démenti les promesses du libéralisme, et ce ne sont pas les seuls sur lesquels la théorie ait été trouvée en défaut. Le gouvernement représentatif a, par le jeu même de ses ressorts, si bien trompé les calculs de ses premiers fauteurs, que le libéralisme a fini par lui demander tout autre chose que ce qu'il en attendait à l'origine : il s'est parfois résigné à regarder comme un bien ce qu'il eût de prime abord condamné comme un mal. Ainsi en est-il notamment du gouvernement des partis.

À quoi, là où il a le champ libre, aboutit le régime représentatif, le gouvernement fondé sur la volonté nationale ? Au règne des majorités, ce qui revient à dire au règne des partis, — et que de vices de toute sorte implique ce seul mot gouvernement de parti. Tel est, pourtant, en monarchie comme en république, le terme fatal de l'évolution constitutionnelle arrivée à son plein développement. Sur ce point essentiel, le régime représentatif a donné de tout autres fruits que ceux qu'on se croyait en droit d'en attendre. Il semblait, de loin, qu'en remettant le pouvoir aux délégués de la nation, on aurait un gouvernement plus dégagé de vues particulières, plus libre de l'esprit de coterie, plus ménager de la fortune publique ou n'en disposant qu'au profit de tous, un gouvernement, en un mot, uniquement préoccupé de l'intérêt général. Naïve erreur dont l'expérience a partout fait justice ! Le gouvernement de tous, ou mieux, le gouvernement au bénéfice de tous, est une chimère dont le régime représentatif éloigne plutôt qu'il n'en rapproche.

La nation être impersonnel et multiple, n'a pas une volonté ; elle en a, d'ordinaire, plusieurs en contradiction entre elles sur le même objet. La nation ne pense point, n'agit point, ne vote point en bloc ; elle est partagée en opinions diverses, en factions opposées qui ont chacune leurs tendances, leurs passions, leurs préjugés, leurs intérêts distincts. Dès qu'il est libre, un pays se trouve coupé en partis, sortes d'armées civiles sans cesse en campagne, qui, toutes, ont le même objectif, la conquête du pouvoir : victorieuses, elles s'y enferment et s'y retranchent comme dans une forteresse, en barrant les avenues et en murant les portes ; vaincues, elles ne reculent devant aucune violence, ou aucun stratagème, pour en reprendre possession. De loin, le régime représentatif apparaissait comme une ère de paix et de concorde ; de près, il aboutit plutôt à un état de guerre permanent ; plus ouverte est l'arène politique, plus nombreux sont les combattants qui s'y pressent, et plus acharnées et plus tumultueuses sont leurs batailles, plus vaste est le champ de leurs opérations, qui, avec l'extension de la franchise électorale, finissent par embrasser tout le territoire, de la capitale aux plus obscurs villages.

Ces luttes perpétuelles, tous les peuples libres ont dû s'y résigner. Ils ont dû, en monarchie non moins qu'en république, s'habituer au gouvernement des partis, gouvernement partial s'il en fut, mais le seul qui pût sortir du régime représentatif. Déçus de ce côté, les philosophes politiques ont tiré de leurs mécomptes mêmes une nouvelle théorie. Ils se sont avisés que ce gouvernement de partis, lequel les eût effrayés *a priori*, était le plus favorable au progrès, de même qu'à la liberté des peuples. Ils ont montré les partis obligés de rivaliser d'habileté et de talent, contraints, pour ne pas se discréditer au profit de leurs adversaires, d'éviter les fautes et les abus, se contrôlant et se contenant réciproquement. On a, savamment, exposé la double fonction du parti au pouvoir et du parti dans l'opposition qui, dans un État bien équilibré, se complètent en se faisant contrepoids.

Et cette théorie a une grande part de vérité. Avec tous ses défauts, le gouvernement des partis porte en lui-même le remède à beaucoup de ses maux. Heureux les peuples qui possèdent deux grands partis compacts, également légaux, en état de se succéder régulièrement au pouvoir ! mais ce bonheur n'est pas donné à tous. Tantôt les partis sont trop forts, trop dominants ; tantôt ils sont trop fractionnés, trop indisciplinés, trop peu homogènes. Parfois, ils n'ont pas de croyances communes, pas de terrain constitutionnel sur lequel ils puissent se rencontrer ; ils représentent des factions plutôt que des opinions légales. C'est là, sous une forme ou sous une autre, une des difficultés dont souffrent beaucoup d'États, l'un des obstacles à la marche régulière du gouvernement parlementaire et, par suite, un des motifs du discrédit où il tend a tomber. Cette difficulté est d'autant plus sérieuse qu'elle menace de s'aggraver avec les progrès de *la* démocratie et la participation d'un

Anatole Leroy-Beaulieu

plus grand nombre d'électeurs aux batailles politiques. Dans une démocratie., en effet, les courants d'opinions sont plus puissants, plus soudains, plus violents, ils ont une impétuosité torrentueuse à laquelle souvent rien ne résiste. C'est alors surtout que, au nom de la liberté et des droits du peuple, une moitié de la nation est exposée à être foulée par l'autre ; c'est alors que le gouvernement des partis se montre le plus inique.

Si, par sa constitution même, le gouvernement représentatif engendre le plus souvent un gouvernement partial et parfois un gouvernement oppressif, a-t-il au moins réussi à mettre le pouvoir aux mains des plus instruits et des plus probes, des plus intelligents et des plus dignes par l'esprit et le caractère ? De ce côté encore, le libéralisme a éprouvé de fréquentes déconvenues ; et ses mécomptes n'ont fait que grandir à mesure qu'est passée de la théorie dans la pratique l'une de ses maximes favorites, l'égal accès de tous à toutes les fonctions.

Plus s'est élargi le cercle où se recrutaient les hommes politiques et les fonctionnaires de toute sorte, plus leur niveau intellectuel semble avoir baissé. Cette détérioration du personnel gouvernemental a été plus fréquente et plus frappante encore au point de vue moral. Au lieu d'aller toujours en se purifiant, la politique a, de nouveau, tendu à se corrompre, à s'avilir, à souiller les mains qui y prennent part et les hommes qui en vivent. Les luttes en sont devenues trop âpres et trop grossières pour ne point répugner, par leurs violences ou leurs artifices, aux natures les plus élevées ou les plus droites. Loin de s'y sentir de plus en plus attirée, l'élite de la nation, chez plus d'un peuple déjà, tend manifestement à s'en écarter. La politique devient peu à peu un métier sur lequel se rejettent les hommes qui n'ont pas de quoi réussir dans les autres, ou les aventuriers qui veulent faire une fortune rapide. C'est une industrie où, pour prospérer, il faut moins d'intelligence ou de connaissances que d'intrigue et d'audace. Aussi, de toutes les carrières, est-ce déjà, en certains États, l'une des plus décriées. Pour la plupart de ceux qui s'y livrent, la politique n'est que l'art de faire ses affaires aux dépens du public. Un écrivain non moins clairvoyant que spirituel remarquait que les partis étaient des sociétés d'exploitation auxquelles la nation

Les mécomptes du libéralisme

était obligée d'abandonner la gestion de l'État [1]. Cela est vrai, et plus loin s'étend la sphère de la vie politique, plus bas se recrute le personnel des partis, et plus leur exploitation se montre éhontée.

Avec l'extension du suffrage et l'envahissement de la scène politique par la démocratie, l'Europe est menacée de voir se renouveler la plupart des abus que le libéralisme se flattait d'avoir supprimés à jamais. On risque de voir renaître, sous le manteau de la démocratie et le couvert de la liberté les pires défauts de l'ancien régime, le favoritisme, le népotisme, la vénalité, l'agiotage, la mendicité officielle, le pillage de la fortune publique, le trafic des places et des faveurs, en un mot, tout l'écœurant cortège des monarchies absolues. La grande différence, c'est que, au lieu de nourrir les aristocraties d'antichambre et les gens de cour, les abus repaissent des appétits plébéiens et engraissent les courtisans du peuple.

Le peuple, investi théoriquement de la souveraineté, a, en effet, tout comme le monarque de droit divin, ses courtisans, ses favoris, ses parasites de toute sorte. Ces flatteurs du nouveau souverain sont d'autant plus outrés dans leurs adulations et impudents dans leurs mensonges, que plus naïf et plus grossièrement crédule, plus ignorant et plus facile à duper est le maître du jour. Ils se montrent d'autant plus exigeants, d'autant plus cupides et rapaces qu'ils se trouvent plus nombreux et plus besogneux, que plus impérieux et voraces sont leurs appétits, que plus prodigue et insouciante est la main dont ils mendient les grâces. Parmi tous les rois fainéants et les princes de triste mémoire dont l'histoire est remplie, il serait difficile d'en trouver de moins clairvoyants et, en même temps, de plus infatués, — de plus capricieux et de plus entêtés, tour à tour, que ces souverains à millions de têtes auxquels la civilisation démocratique tend à remettre le pouvoir. Incapables de gouverner par eux-mêmes, ils ressemblent à ces princes de quinze ans officiellement proclamés majeurs. Incompétents pour toutes les affaires, sachant rarement distinguer leurs vrais serviteurs, ils sont exposés à devenir la proie des charlatans beaux parleurs. C'est ainsi que, chez les peuples en apparence les plus éclairés, le suffrage, universel ou censitaire, aboutit parfois au scandale de choix

1 M de Molinari, *l'Évolution politique et la Révolution*, 1884.

Anatole Leroy-Beaulieu

navrants ou grotesques ; c'est ainsi qu'une capitale comme Paris met au monde un conseil municipal comme le sien, où l'on ne rencontre peut-être pas un des noms qui font honneur à la France. Après de pareils exemples, il y aurait de l'ironie à dire qu'élection est synonyme de sélection.

Certes, le régime représentatif, même avec le suffrage universel, est loin d'être partout aussi vicié. De pareils choix se rencontrent surtout dans les grandes villes où s'amasse, comme dans un abcès, ce qu'il y a de moins sain dans le sang du pays. Contre les aberrations du scrutin on se flatte de se prémunir avec l'instruction. Une partie des erreurs ou des maux qu'on est tenté d'attribuer à la démocratie provient, sans conteste, de ce que les droits politiques ont grandi plus vite que la capacité pour les exercer. Par suite, l'instruction nationale est le premier besoin des peuples modernes, de ceux surtout qui vivent sous le régime du suffrage universel ; mais, sur ce point encore, à combien de mécomptes le libéralisme ne s'est-il pas déjà heurté ! Mainte fois déçu par les classes supérieures ou moyennes, comment peut-il se flatter de réussir, en une ou deux générations, avec les masses ? L'éducation des princes a, de tout temps, fait le désespoir des politiques et des philosophes. Or, quel souverain plus difficile à instruire que le peuple ? quel roi plus malaisé à dresser à l'art de régner ? Il n'a, pour cela, ni aptitude, ni temps, ni maîtres. L'éducation politique est essentiellement différente de l'enseignement que peut donner l'école, lequel risque parfois d'aggraver, au lieu de le corriger, l'un des principaux défauts du populaire, la présomption. L'éducation politique est bien plutôt le fruit des mœurs, des traditions, de l'expérience, que d'études tronquées et de vagues leçons de pédagogues, en cela, non moins ignorants que leurs élèves. Tant que cette éducation ne sera pas faite, et le sera-t-elle jamais ? — ce qu'on peut encore espérer de mieux pour les démocraties modernes, — c'est le règne de la médiocrité.

Si le libéralisme a, çà et là, réussi à éviter les plus durs de ces mécomptes, s'il a eu, plus d'une fois, l'honneur de procurer aux peuples un gouvernement probe et éclairé, l'invasion continue de la démocratie lui rend partout cette tâche de moins en moins aisée.

Les mécomptes du libéralisme

Alors même, il est vrai, qu'il serait contraint de s'avouer hors d'état de justifier sa devise " le pouvoir aux plus dignes ", le libéralisme n'aurait pas, pour cela, perdu tous ses avantages. Il serait en droit de revendiquer un mérite qui n'est pas mince la limitation avec la division des pouvoirs. Tel est peut-être son principal titre ; mais cet avantage, est-il réellement parvenu à se l'assurer, et n'est-il pas en train de le perdre ?

La théorie de la séparation des pouvoirs a longtemps possédé la faveur des libéraux. Ils comprenaient que, si la puissance publique était, tout entière, aux mains d'un seul corps, fût-il électif, la liberté n'aurait guère plus de garantie que sous le gouvernement d'un seul. Aussi, tout en s'efforçant de placer l'axe du pouvoir dans les assemblées électives, cherchaient-ils à le partager entre des chambres diversement recrutées, et prétendaient-ils réserver au pouvoir exécutif une sphère d'action distincte. Beaucoup même se fondaient sur ce motif pour maintenir, au-dessus des délégués du pays et en face du parlement, une autorité héréditaire. Cette séparation des pouvoirs semblait aux théoriciens le caractère propre du gouvernement constitutionnel. L'événement devait montrer combien, en réalité, le régime représentatif s'y prêtait peu.

Partout où il s'est librement développé, le gouvernement constitutionnel s'est transformé en gouvernement parlementaire, et ce dernier, au lieu d'équilibrer et de balancer les pouvoirs entre eux, a rétabli l'unité, avec l'omnipotence, de la puissance publique, au profit des élus directs de la nation. On est ainsi retombé dans le vice, ou le péril, qu'on croyait avoir évité la confusion ou la subordination des pouvoirs. L'on s'est aperçu qu'on n'avait fait qu'en déplacer le moteur. Loin de se contenter de légiférer et de contrôler l'administration, les assemblées électives ont étendu la main sur tous les rouages du gouvernement. Là même où l'autorité royale semble offrir un contrepoids aux assemblées délibérantes, la couronne, dans son impartialité théorique, est le plus souvent contrainte de s'effacer pour laisser le champ libre aux majorités. En tout pays parvenu à l'apogée du régime représentatif, le parlement, la chambre des députés notamment, tend à s'ériger en Convention omnipotente, réglant souverainement toutes les affaires de l'État. À

Anatole Leroy-Beaulieu

cette absorption parlementaire, que l'incompétence technique des chambres rend doublement nuisible, il n'y a guère d'obstacle que là où le chef de l'État est l'élu direct du peuple, et alors l'unification du pouvoir risque de se faire au profit de l'exécutif ; au lieu d'une Convention, on est menacé d'un César.

Cette concentration des pouvoirs aux mains d'une assemblée ou d'un homme, à laquelle aboutit involontairement le régime représentatif, l'avènement de la démocratie vient la rendre plus facile et plus redoutable. Moins étroit est le cercle des franchises électorales, moins restreint le nombre des citoyens admis à choisir les délégués du peuple, et plus les représentants de la nation, s'autorisant de leur origine, tendent à se confondre avec elle, à s'approprier sa souveraineté, à tout se croire permis au nom de ce peuple, qu'ils prétendent incarner. Érigeant, à leur profit, les volontés supposées de la nation en loi absolue et en vérité infaillible, ils ne tolèrent aucune résistance aux caprices passagers de majorités omnipotentes. Sous l'aveugle impulsion de la démagogie radicale, on peut ainsi voir le régime représentatif dégénérer, pratiquement, en absolutisme impersonnel, d'autant plus impérieux qu'il s'exerce au nom de la nation entière, d'autant plus dangereux et difficile à secouer qu'il conserve les formes extérieures des institutions libres et que, sous ce déguisement, il peut faire illusion aux yeux grossiers, se couvrant devant le peuple du masque du bien public et des intérêts mêmes de la liberté. " Quand une fois, dit Bossuet, on a trouvé le moyen de prendre la multitude par l'appât de la liberté, elle suit en aveugle, pourvu qu'elle en entende seulement le nom. " Trop souvent, en effet, l'apparence lui en suffit. Elle se vante de la posséder, quand elle n'en garde que l'ombre. Elle ne la comprend même pas. Elle identifie la liberté avec le pouvoir, et s'imaginant être libre dès qu'elle peut tout, elle traite en ennemis de la liberté les hommes assez osés pour braver sa puissance.

Contre ce despotisme du nouveau souverain collectif, contre cette menaçante absorption des pouvoirs publics, les pays les mieux prémunis sont naturellement les États à constitution fédérative, ou à forte vie locale. Ceux-là puisent dans les institutions, ou dans les mœurs, de quoi résister au joug niveleur des maîtres changeants que se donne la faveur populaire. J'oserai donc dire que, sous le gouvernement représentatif, tout comme dans les monarchies d'ancien régime, avec la démocratie non moins que dans les sociétés hiérarchiques, la première condition de la liberté, ou mieux, l'unique garantie quelque peu efficace des institutions libres, c'est encore la décentralisation et le renforcement de la vie locale. Or, cette vie locale, là même où elle a le plus de racines dans les traditions, la démocratie et son complaisant auxiliaire, le pseudo-libéralisme bureaucratique, semblent travailler d'instinct, à l'affaiblir, à l'énerver, à l'étouffer, comme si leur idéal, aussi bien que celui de nos anciens rois, était de tout abattre et de tout uniformiser, pour être mieux à même de tout régenter.

Il est vrai que, dans la démocratie contemporaine, on peut, à cet égard, distinguer deux courants en sens contraire , deux forces opposées qui en s'équilibrant semblent devoir assurer la liberté. En face ou au-dessous de la force centralisatrice et unitaire, de la force centripète, si l'on peut ainsi parler, qui pousse à l'exagération des droits de l'État et du pouvoir central, se manifeste chez la démocratie, dans ses couches inférieures notamment, une force centrifuge, parfois non moins énergique, qui réagit contre le pouvoir central et pousse à l'affaiblissement de l'autorité publique, non pas, d'ordinaire, au profit de l'individu et des droits individuels — la démocratie agit par masses et ne se soucie que des masses, — mais au profit de groupes sociaux ; naturels ou conventionnels, au profit des villes, des communes, des cantons, des corps de métiers, des associations ouvrières qui tendent à s'ériger en autant de petits États, et d'États souverains, réclamant vis-à-vis de leurs membres, c'est-à-dire vis-à-vis de l'individu, les mêmes droits que l'État, et souvent même les droits qu'ils dénient à l'État. C'est là un phénomène qui se produit presque partout où prévaut l'extrême démocratie. Les grandes communes et les agglomérations ouvrières, dans leurs appels à l'autonomie, cherchent inconsciemment à renouveler la cité antique, comme si une ville indépendante, avec une ceinture de banlieue ou de faubourgs, était le cadre naturel d'une démocratie souveraine. Et cela se comprend une fois arrivée à son dernier terme, la démocratie trouve le régime représentatif insuffisant, et tend à s'en affranchir. Non contente d'avoir dans ses représentants des commis dociles, elle est portée à revenir, peu à peu, au gouvernement direct du peuple par le peuple, et les petites agglomérations à territoire restreint se prêtent bien plus facilement à un pareil régime que nos grands États unitaires. C'est ainsi qu'en plusieurs des États les plus anciennement et. les plus fortement constitués, on voit la démocratie ultra-radicale incliner au sectionnement de la patrie en unités autonomes, en molécules communales ou cantonales, plus ou moins indépendantes du pouvoir central. Après s'être proclamée une et indivisible, la souveraineté du peuple, se retournant contre l'unité et reniant son ancien *credo*, menace de se déchirer de ses propres mains, de se mettre elle-même en pièces.

Mais, qu'on ne l'oublie point, ce penchant au fractionnement de la puissance publique et au morcellement de l'État, ce néo-fédéralisme démocratique, la liberté et les droits individuels, dont le respect est la mesure de toute vraie liberté, n'ont, contrairement à de spécieuses illusions, rien à en espérer. Comme la cité antique, la nouvelle commune autonome a une tendance marquée à confondre tous les pouvoirs et à se les arroger tous.

Elle s'ingénierait à tout courber sous l'autorité publique, et dans les murs d'une ville, dans l'étroit périmètre d'une commune ou d'un canton, un pareil joug serait d'autant plus tyrannique que plus mince serait le territoire, et plus voisin le souverain. À regarder aux réalités, et non aux apparences, ce que l'extrême démocratie revendique, sous le nom de franchises communales, ce n'est, le plus souvent, que la faculté d'établir, à son profit, une autorité absolue, sans contrôle comme sans limites.

Les deux forces opposées en lutte dans la démocratie, la tendance centraliste et la tendance autonomiste, sont donc loin d'être aussi divergentes qu'elles semblent l'être au premier abord. Elles diffèrent moins par le but que par les voies et moyens. Toutes deux en somme tendent, presque également, à l'accroissement de la puissance publique, à la restriction des droits individuels, par suite, à la diminution des libertés effectives. Despotisme de l'État, unitaire ou fédéral, nation ou commune tel est l'écueil sur lequel

Les mécomptes du libéralisme

l'un et l'autre de ces courants, en apparence contraires, poussent, sous nos yeux, les peuples modernes. La liberté est en danger d'un côté comme de l'autre. Les deux penchants qui se disputent, en son nom, la démocratie ne peuvent la servir qu'en se combattant et se faisant contrepoids.

Triste contradiction des choses humaines ! À quoi menace d'aboutir la démocratie, une fois parvenue à l'extrémité de son développement logique ? À la tyrannie, au nom des droits de l'État et des intérêts généraux ; à l'anarchie, au nom des droits de la commune, au nom des intérêts locaux ou des intérêts de classes. Après un siècle d'orgueilleuses promesses et de périlleuses expériences, le libéralisme se trouve en face de l'antinomie apparue dès la Révolution, et si fortement signalée par l'impitoyable logique de M. Taine. Despotisme et anarchie se succédant tour à tour, ou parfois coexistant simultanément, despotisme sans autorité dirigeante, et anarchie sans liberté, tel serait, si l'extrême démocratie était abandonnée à ses instincts, le terme suprême de l'évolution politique du monde moderne.

Heureusement pour nos sociétés qu'aucune force, si puissante qu'elle semble, n'agit seule, comme dans le vide, et n'a le champ entièrement libre. Heureusement que, en dépit des philosophes, l'histoire n'est pas un théorème qui se déroule conformément aux lois de la logique, l'humanité ayant toujours la ressource de l'inconséquence. Laissons donc ces perspectives trop sombres ; ne prétendons pas déterminer de loin la courbe inconnue des révolutions de la démocratie moderne. Aussi bien, les éléments nous en feraient défaut. Contentons-nous de voir quel aspect ont pris les données de ce vieux problème politique, dont la solution semblait autrefois si facile. — Un fait frappant, c'est que l'irruption de la démocratie a ébranlé la plupart des conquêtes du libéralisme, jusqu'aux droits, et aux axiomes qui paraissaient le mieux acquis. Combien de questions, que nos pères de 1830 eussent crues à jamais tranchées, sont de nouveau retombées, en théorie ou en pratique, au rang d'obscurs problèmes ! Dans l'État à base élargie du suffrage universel, tout se trouve remis en question, et la forme, et le fond, — et la matière, et le moule du gouvernement ; non seulement

Anatole Leroy-Beaulieu

la monarchie ou la république, choses, après tout, d'importance secondaire, mais le parlementarisme, mais le régime représentatif, mais les droits, les fonctions et l'existence même de l'État.

Le libéralisme se flattait de posséder un type de gouvernement capable de se prêter au développement indéfini des institutions libres, et ce type, le parlementarisme, faussé par l'inique prépotence des partis, déconsidéré auprès des gens paisibles par ses agitations trop souvent stériles, suspect à la démocratie pour ses lenteurs et ses complications, semble, à bien des esprits de tendances diverses, vieilli et usé avant d'avoir eu le temps de s'adapter au continent. Le nouvel édifice politique, élevé aux applaudissements de nos pères sur la base des principes rationnels, est à peine construit, qu'avant d'être achevé, il est sourdement miné par les forces sur lesquelles il repose. Le scepticisme se fait jour chez les plus confiants jadis. Dans leur désarroi, plusieurs en viennent à regretter l'ancienne société hiérarchique dont ils avaient célébré la chute, et se montrent disposés à prêter la main à sa reconstruction. De tous côtés, les penseurs se demandent avec inquiétude sous quel refuge abriter les destinées de la société nouvelle, sur quel plan rebâtir pour elle une demeure qui dure. On a conscience d'être dans une période de transition, de transformation dont on n'ose prévoir le terme. On sent vaguement que les peuples contemporains n'ont pas encore trouvé leur assiette, ni l'État moderne, sa forme définitive ; et les hommes qui ont voué leur foi à la liberté se demandent, avec angoisse, ce que deviendront, dans la refonte des institutions au creuset démocratique, l'État, la nation, la religion, la société, car tout cela est en cause à la fois.

### III

*Le libéralisme et les questions nationales. — Comment le libéralisme s'était flatté de réconcilier et de pacifier les peuples par le principe de nationalité. — Qu'est-ce, en réalité, que ce principe ? — Une application aux peuples des maximes du libéralisme. — D'où proviennent les déceptions apportées par le principe de nationalité ? — De ce qu'il a été faussé par les ambitions nationales. — Réaction contre le principe national : la démocratie et l'internationalisme.*

Après la patrie et l'État, le monde et l'humanité ; après la politique intérieure, la politique étrangère et les relations des peuples entre eux. Suivons-y le libéralisme ou, si l'on aime mieux, l'esprit moderne : il s'y montre avec les mêmes caractères, avec les mêmes ambitions, les mêmes présomptueuses espérances, et, finalement, les mêmes déceptions.

Ici encore, à travers toute la diversité des États et des peuples, apparaît l'unité morale de l'Europe et, avec elle, l'ascendant croissant de la démocratie. Ici encore, nous rencontrons des notions idéales à l'aide desquelles le libéralisme s'était flatté de résoudre, d'une manière rationnelle, les problèmes jusque-là livrés à la force et tranchés par l'épée.

Ici encore, le monde moderne a éprouvé la difficulté d'assujettir, aux idées abstraites et au droit spéculatif, le mobile domaine de la réalité. Ici encore, l'application des nouveaux principes s'est heurtée aux intérêts qu'elle prétendait concilier et aux passions qu'elle espérait pacifier. De la mise en pratique des maximes nouvelles sont sorties de nouvelles luttes, de nouvelles questions qui en ont entravé l'application, de nouvelles convoitises qui en ont altéré et dénaturé l'esprit. Ici encore, l'extrême démocratie a fini par renier les principes qu'elle avait acclamés et par abjurer les dogmes proclamés en son nom.

L'ambition du libéralisme, en ses heures de virile jeunesse, ne se confinait pas à l'arène étroite de la politique intérieure, elle débordait hardiment au delà des frontières, sur le vaste champ de la politique internationale, qu'il prétendait également renouveler. Il se flattait de changer, de fond en comble, la base des relations des États ; il ne désespérait pas de leur donner pour règle les mêmes principes de droit, les mêmes notions d'égalité et de liberté qu'il s'était promis de faire régner au dedans de chaque nation. Les vieilles et toujours renaissantes querelles de peuple à peuple, si longtemps, et si vainement, abandonnées à l'arbitraire jugement des armes dont chaque génération appelle à son tour, il s'était flatté de les soumettre à la Raison, au Droit, à la Liberté, dont la sentence serait spontanément acceptée de tous. En sa généreuse présomption,

Anatole Leroy-Beaulieu

il avait entrepris de pacifier le champ ensanglanté des rivalités nationales. Le XIX° siècle avait refait, à sa façon, le vieux rêve des philosophes couronnés et des politiques humanitaires, le rêve de la paix universelle ; mais il l'avait fait d'une manière nouvelle qui semblait devoir lui permettre, sinon d'atteindre l'antique chimère, du moins de s'en rapprocher.

Aux recettes enfantines ou surannées des philanthropes du passé, le libéralisme était fier de substituer une méthode rationnelle, inspirée d'un principe qui lui paraissait résoudre toutes les difficultés en conciliant tous les droits, le principe de nationalité. Rarement idée abstraite a été aussi puissante dans le monde concret, rarement notion théorique a aussi profondément remué le sol de l'Europe. On peut dire qu'elle a opéré des prodiges, rendu la parole aux muets, le mouvement aux paralytiques, la vie aux morts. Depuis les traités de Vienne fondés sur l'ancien droit dynastique, depuis la résurrection de la Grèce au son de la lyre des poètes, elle a transformé la face de l'Europe, enfanté la Belgique, ressuscité l'Italie, unifié l'Allemagne ; elle a rajeuni la Hongrie et infusé à l'Autriche un sang nouveau ; elle a ranimé l'Irlande expirante ; elle a, sur la Vistule, dressé le spectre de la Pologne, et, en Orient, elle a fait sortir de leur sépulcre des peuples ensevelis depuis des siècles. Ce concept politique a créé et détruit des États, dissolvant les uns, recomposant les autres, à la manière des agents chimiques qui décomposent les corps en en formant de nouveaux.

S'il a opéré de pareilles révolutions, c'est que le principe de nationalité n'était pas une pure théorie de cabinet ; que, derrière lui, il y avait une force vivante et vivace, jusque-là plus ou moins inconsciente, à laquelle les idées en vogue au XIX° siècle devaient donner, avec une pleine conscience, un élan sans précédent.

Qu'est-ce, au fond, que ce principe de nationalité, salué avec tant de confiance par les générations libérales, et, depuis, si souvent renié par ceux qui le proclamaient naguère ? C'est, en réalité, l'enfant de la Révolution et du libéralisme, qui, au vieux droit dynastique, ont prétendu partout substituer le droit des peuples, et, aux gouvernements fondés sur la légitimité et l'hérédité, les

Les mécomptes du libéralisme

gouvernements fondés sur la volonté nationale. C'est l'application aux rapports des États et aux nations, considérées comme des individualités vivantes, des principes préconisés dans les relations des citoyens entre eux ; l'application des deux idées de liberté et d'égalité à tous les peuples, regardés comme ayant un égal droit à l'existence, un égal droit à l'indépendance. C'est la suppression pour les nations, érigées en personnalités conscientes, de l'état de servage ou de vasselage, aboli par la Révolution pour les individus ; c'est sur les ruines de l'ancien droit féodal, le droit rendu aux peuples, comme aux particuliers, de disposer librement d'eux-mêmes. C'est, en quelque sorte, l'extension au droit des gens et au droit public de l'Europe des nouvelles maximes du droit privé.

Pourquoi les peuples, ou mieux, pourquoi les États se font-ils la guerre ? Pour étendre leurs frontières, pour s'enlever des provinces, pour se subjuguer les uns les autres. Comment les détourner de ces luttes séculaires et couper court à ces ambitions réciproques ? En mettant fin aux empiétements de peuple à peuple ; en cessant de considérer les territoires comme une propriété dynastique et une matière à trafic ; en faisant partout coïncider les États avec les peuples, et calquant les frontières des uns sur les limites des autres ; en proclamant, pour chaque nation, la faculté de se régir à sa guise ; en reconnaissant, aux petits comme aux grands, le droit à l'autonomie et à l'intégrité nationale. De l'égale liberté des nations devait, semblait-il, sortir la fraternité des peuples.

Quelle est la valeur pratique de ce principe nouveau ou de cette récente formule ? Question complexe et délicate que nous n'avons pas à trancher ici. Il nous suffira de remarquer que, en proclamant le droit national, l'on avait omis de le définir. On avait oublié de s'entendre sur ce qu'est une nation, sur les caractères et les éléments constitutifs de la nationalité. De là, une première raison des déceptions apportées au monde par un principe qui lui apparaissait comme essentiellement libérateur, éminemment pacificateur [1].

La nationalité, suivant les intérêts des divers peuples ou des divers gouvernements, a été comprise de manières diverses : les

1 Voir *Un Empereur, un Roi, un Pape ; Napoléon III et la Politique du second empire*. chap. II. Paris, Charpentier.

Anatole Leroy-Beaulieu

uns la faisant consister dans la race, les autres dans la communauté des traditions, ceux-ci dans la langue, ceux-là dans les frontières dites naturelles, en sorte qu'oubliant le droit des peuples et le véritable point de départ du nouveau principe, négligeant le libre consentement des intéressés qui en faisait la valeur morale on en a concurremment appelé, pour décider du sort des populations et des limites des États, à l'ethnographie, à la philologie, à l'histoire, à la géographie.

Entre les différents facteurs qui peuvent contribuer à former une nation, chacun a choisi le plus favorable à ses ambitions. L'on a vu des peuples rivaux réclamer, simultanément, les mêmes contrées au nom du même principe, chacun invoquant, pour soutenir ses droits nationaux, une science suspecte, et, au besoin, une érudition non moins pédante et non moins complaisante que celle des anciens généalogistes, chargés de procurer des titres aux convoitises des princes.

Ainsi entendu, ainsi faussé, le droit de nationalité, fondé arbitrairement sur la langue, la géographie ou l'histoire, sans se préoccuper de la conscience nationale, s'est pour ainsi dire retourné contre lui-même. Le principe d'où l'on attendait la réconciliation des peuples est devenu un nouveau ferment de guerre et un nouvel agent d'oppression. Il a ramené hypocritement l'Europe au vieux droit de conquête, en colorant les entreprises du vainqueur de prétextes comparables aux anciennes prétentions dynastiques, appuyées sur de confuses généalogies ou des chartes obscures. On l'a vu, dans le Slesvig du Nord comme dans l'Alsace-Lorraine, fournir aux héritiers de Frédéric II des titres, en réalité, analogues à ceux que l'ancien droit avait fournis à la Prusse sur la Silésie. La grande différence, c'est qu'au lieu d'invoquer les titres des princes, on invoque les droits des peuples. Au lieu de guerres dynastiques, on a des guerres nationales, plus rares, il est vrai, mais plus acharnées et plus opiniâtres. L'ère de la paix universelle et du désarmement général n'est pas encore ouverte. Aux vieilles milices monarchiques ont seulement succédé les énormes armées nationales, avec tout leur ruineux appareil.

En dehors même de la manière dont il a été dénaturé par les convoitises des gouvernements ou des peuples, le principe de nationalité ne pouvait donner tout ce qu'il promettait en théorie. Il eût été maître de refaire, à son gré, la carte des États de l'Europe, qu'il n'eût toujours pu offrir de solution rationnelle. Dans la presqu'île des Balkans, dans l'Autriche-Hongrie, dans les vastes *oukraines* russes, il ne saurait suffire, pour former des peuples, d'abandonner les éléments nationaux à une sorte de cristallisation naturelle. Dans tous ces pays, où les différentes nationalités restent mêlées ou superposées les unes aux autres, il est fréquemment impossible d'isoler les divers matériaux ethniques, ou, ce qui revient au même, impossible de les grouper tous d'après leurs affinités nationales.

Les mécomptes apportés à certains peuples par le principe de nationalité, les violences ou les convoitises dont il a été la cause ou le prétexte, l'ont fait contester des deux bords opposés. Rejeté par les partisans de l'ancien droit dynastique et par les politiques, avant tout préoccupés de l'équilibre, il s'est vu renier par l'extrême démocratie qui y avait applaudi à l'origine, et qui, sur ce point encore, en est venue à brûler ce qu'elle avait adoré. Elle a fini par aboutir à la négation de la nation, comme à la négation de l'État. Au principe national, qu'elle accuse d'isoler les peuples les uns des autres, la démocratie révolutionnaire a prétendu substituer l'internationalisme, qui promet de les pacifier en les confondant, et le communalisme ou le cantonalisme, qui, sous prétexte de progrès, ramèneraient les sociétés occidentales à l'émiettement antérieur à la constitution des états modernes.

## IV

*Le libéralisme et les questions religieuses. — Comment il se flattait de les résoudre à l'aide de la tolérance et du principe de liberté. — Raison des résistances et des échecs qu'il a rencontrés. — Influence de la démocratie. — Comment elle voit dans l'Église et la religion un adversaire. — De l'incompétence de l'État en matière religieuse. — Difficulté d'application du principe. — Comment il a souvent été faussé spécialement dans les lois sur l'enseignement.*

Une des choses qui étonneraient le plus, aujourd'hui, les hommes du XVIII° siècle et de la Révolution, c'est l'importance politique reprise, de notre temps, par les questions religieuses. On les rencontre dans presque tous les États, non seulement dans les pays musulmans, chez lesquels la religion tient lieu de nationalité ou se confond avec elle, mais dans la plupart des pays chrétiens, particulièrement dans ceux qui comptent une nombreuse population catholique. En beaucoup d'États, en Allemagne, en Italie, en Belgique, en Suisse, en France même, elles demeurent au premier rang. Le seul fait que de pareilles questions persistent à encombrer l'arène de la politique est un échec pour le libéralisme, qui s'était flatté de les en éliminer.

Aucune tâche, en effet, ne lui avait paru plus urgente, ni plus aisée.

Les querelles religieuses ont beau avoir longtemps déchiré l'humanité, elles ont beau avoir engendré des guerres civiles et des guerres internationales, les questions de religion semblaient de celles que l'esprit moderne pouvait, sans trop de présomption, se promettre de résoudre — politiquement — à l'aide de ses maximes favorites, à l'aide des deux idées de liberté et d'égalité. Le rôle de pacificateur, vainement attribué dans les relations de peuple à peuple au principe de nationalité, un principe au fond analogue, le principe de tolérance, semblait appelé à le jouer entre les différents cultes. Pour amener les diverses religions et confessions à vivre en paix côte à côte, ne devait-il pas suffire de les admettre toutes à une égale liberté ?

Telle était la théorie, et il faut reconnaître que, si elle n'a point partout réussi, c'est qu'elle est loin d'avoir été partout sincèrement pratiquée. Si, à cet égard, les espérances du libéralisme n'ont pas encore été réalisées sur le continent comme en Angleterre ou en Amérique, les deux pays les plus épris de controverses religieuses, c'est, en grande partie, que, sur le continent, le libéralisme s'est souvent montré infidèle à son propre principe, passant de la neutralité confessionnelle à l'aversion pour certaines Églises ou pour la religion même.

Les luttes religieuses du passé ayant été provoquées par

l'intolérance des sectes ou par l'ingérence de l'État dans leurs disputes, on était en droit de croire que, pour enlever à ces querelles tout caractère politique, il n'y avait qu'à en désintéresser l'État, qu'à dénouer les liens qui unissaient le pouvoir civil aux diverses Églises, qu'à faire cesser l'ancienne solidarité du temporel et du spirituel, en proclamant l'État incompétent en matière religieuse.

C'est ce qu'ont fait, successivement, avec plus ou moins de décision, la plupart des États contemporains. En aucun domaine, le courant des idées modernes ne s'est manifesté avec plus de force et plus d'unité. S'il reste encore des religions d'État, elles n'ont plus les mêmes privilèges qu'autrefois. Les Églises ont perdu leur ancien monopole ; aucun clergé, en dehors de la Russie et de l'Espagne, ne demeure à l'abri de la concurrence ; aucun ne peut compter sur l'appui du bras séculier. Des Pyrénées aux Carpathes, il y une tendance générale à la sécularisation ou, comme l'on dit chez nous, à la laïcisation de l'État et de la société.

Par malheur, si, en théorie, il est facile à l'État de se désintéresser des affaires religieuses, les faits ont prouvé que cela ne l'était pas autant dans la pratique. L'État laïque, l'État neutre ou, comme disent ses adversaires, l'État athée, provoque d'abord l'opposition de tous ceux qui prétendent que la religion, que l'Église doit continuer à inspirer les gouvernements. Mais, contrairement à toutes les prévisions, ce n'est pas là le seul obstacle à l'accomplissement des rêves de pacification religieuse. Heureux les pays où le nouveau dogme de l'incompétence de l'État en matière de foi ne rencontre d'autres résistances que le zèle des croyants et les prétentions des divers clergés ! En maintes contrées, il a fallu compter avec une intolérance d'un sorte nouvelle, avec le fanatisme inattendu des incrédules, qui, sous le couvert de la libre pensée, poursuivent la destruction de toute religion. À ceux-là, l'incompétence et la neutralité de l'État ne suffisent point. L'autorité publique, dont les religions ont si longtemps usé à leur profit, ils l'exploiteraient volontiers, à leur tour, contre les doctrines religieuses ; s'ils n'osent le faire ouvertement, ils le tentent par des voies détournées, employant les influences gouvernementales à la ruine ou à l'affaiblissement des cultes qu'ils ont en aversion, retournant hypocritement le mot

Anatole Leroy-Beaulieu

de liberté contre la première des libertés celle de la conscience.

L'État, ainsi poussé en sens contraire par les partisans et les adversaires de la religion, éprouve une difficulté croissante à demeurer enfermé dans cette sereine neutralité du haut de laquelle il devait planer au-dessus de toutes les querelles théologiques. À la séparation, presque partout effectuée, de la vie religieuse et de la vie civile, on prétend, en vain, substituer l'entière séparation de l'Église et de l'État. La séparation ne supprimerait pas tout contact, elle ne trancherait pas toutes les difficultés. Alors même qu'entre l'État et les différents cultes il n'y aurait plus de rapports officiels, l'État ne saurait ignorer la religion, ignorer la constitution et le fonctionnement des diverses Églises, le recrutement de leur assemblées des fidèles, les associations ou les congrégations des croyants des deux sexes, la police de leurs temples ou de leurs écoles, l'origine, l'emploi, la transmission de leurs biens, — autant de matières délicates sur lesquelles l'État ne peut toujours s'interdire d'édicter des lois ou des règlements. Aussi, pour ceux qui la réclament avec le plus d'insistance, la séparation absolue de l'État et des Églises n'est qu'un moyen détourné d'enlever aux Églises toute existence légale, de les priver de leurs organes essentiels, de les frustrer de leurs ressources matérielles, de leur rendre, en un mot, la vie impossible.

La sécularisation ou mieux la laïcisation, telle que la comprennent ou la pratiquent certains partis, ne tend à rien moins qu'à étouffer sourdement la religion en l'enfermant dans un cercle de plus en plus étroit, en lui interdisant tout mouvement, en lui retranchant les aliments qui la sustentent, en bouchant toutes les ouvertures par où elle peut respirer. Laïcisation finit par devenir synonyme de déchristianisation. Aux anciennes religions d'État menace de succéder l'irréligion d'État. Sans aller jusqu'à de pareilles extrémités, et, tout en les réprouvant avec une indignation sincère, le libéralisme, emporté par l'ardeur de la lutte contre les résistances du passé, on vient parfois, pour briser ces résistances, à s'en prendre à leur principe, aux clergés, aux Églises, à l'esprit religieux même, au risque d'aller à l'encontre de ses maximes les plus chères. On en arrive à se montrer intolérant au nom de la tolérance. On voit des libéraux mettre de côté la liberté " pour la mieux sauver " et ce qu'on

138

s'est permis aux heures de péril, dans l'inévitable entraînement de la bataille, on le maintient ensuite dans un intérêt de parti et de domination.

Ces inconséquences du libéralisme sont d'autant plus fréquentes et d'autant plus graves, qu'il cède davantage aux excitations de la démocratie. C'est là, en effet, une des sphères où la démocratie européenne agit sur les libertés modernes comme une force perturbatrice, où elle tend à mettre la puissance publique au service de ses instincts ou de ses passions. Se trouvant en guerre plus ou moins ouverte avec l'Église, elle est peu disposée à respecter la neutralité de l'État. Aussi l'Église et le christianisme sont-ils, en réalité, plus attaqués comme adversaires de la démocratie que comme ennemis de la liberté.

Le fait mérite d'être noté, d'autant que profondes et durables sont les causes de ce conflit. Il ne tient pas uniquement à l'espèce de duel engagé entre le néo-ultramontanisme et la Révolution qui, dans leurs outrances en sens contraire, sont comme la contre-partie l'un de l'autre, tant, avec leurs thèses également excessives et absolues, ils se correspondent et se reproduisent jusque dans leurs divergences, chacun offrant en quelque sorte l'image renversée de l'autre, et tous deux semblant se réfléchir en se déformant [1]. Entre la démocratie et le christianisme, il y a une mutuelle défiance, une antipathie réciproque fondée sur des aspirations inverses, sur une manière opposée de concevoir la vie humaine. Non seulement l'Église et la religion ont, aux yeux des démocraties, le tort de personnifier le principe d'autorité, mais en enseignant aux hommes que le but de leur existence n'est pas sur cette terre, le christianisme a, pour l'extrême démocratie, le défaut d'apprendre aux peuples à supporter les souffrances et les iniquités de ce monde, et, par là même, de les détourner des novateurs qui leur promettent la félicité ici-bas, avec le règne terrestre de l'Égalité et de la Justice.

Aux yeux de la démocratie radicale, la religion est une rivale dont elle refuse de tolérer la concurrence. L'extrême démocratie aboutit ainsi à la ruine de la religion, aussi bien qu'à la destruction de

1 Voir les Catholiques libéraux, l'Église et le Libéralisme, chap. III. Paris, Plon et Nourrit.

Anatole Leroy-Beaulieu

l'État et de la nation. La Révolution ne prétend a rien moins qu'à remplacer les vieux cultes, et à en tenir lieu. À plus d'un égard c'est bien une guerre de religion, une guerre de doctrines qu'elle fait au christianisme, et cette guerre au christianisme, elle la poursuit avec les procédés tour à tour violents et hypocrites, propres à toutes les luttes de ce genre.

Grâce à l'un des contre-courants si fréquents dans le monde moral, les attaques de la démocratie ont, en plus d'un pays, rendu à la religion et à l'Église la sympathie ou le respect des esprits, des classes, des pouvoirs qu'effrayent les prétentions et les envahissements de la démocratie. Considérée par les uns comme un joug pesant, par les autres comme un frein nécessaire, la religion, loin de disparaître des luttes de partis, y a pris une place de plus en plus large. Assaillie comme une barrière et détendue comme un rempart, elle est devenue, en plusieurs États, la position maîtresse et comme la clef des champs de batailles politiques. Cela est si vrai qu'en maintes contrées, chez tous les peuples catholiques notamment, on tend à classer les partis, moins d'après leurs sentiments politiques que d'après leur attitude vis-à-vis de l'Église. L'on fait de ce qu'on appelle le cléricalisme la pierre de touche des opinions.

Cette propension. si contraire à l'esprit et aux espérances du vrai libéralisme, s'expliquerait mal si la sphère des intérêts religieux n'était beaucoup plus vaste qu'elle ne le semble au premier abord. Les préoccupations religieuses, on l'a vu maintes fois dans les dernières années, compliquent et passionnent bien des questions diverses. C'est dans le champ de l'enseignement surtout que les partis politiques sont exposés à des conflits avec l'Église ; c'est sur ce terrain glissant que l'État est le plus souvent poussé à entrer en lutte avec elle, au nom de la Raison, au nom de la Science, au nom de l'unité morale de la nation.

Oubliant son incompétence en matière de doctrines, l'État se laisse parfois entraîner à faire, contre les idées religieuses, ce qu'il a longtemps pratiqué à leur profit. Il se laisse investir du rôle et des fonctions de la religion ; il a ses dogmes philosophiques ou scientifiques qu'il fait prêcher au peuple, et jusqu'à ses catéchismes qu'enseigne une sorte de sacerdoce laïque. Il tend à s'arroger le droit qu'il dénie à l'Église, le droit de façonner les générations à sa ressemblance et de couler les âmes dans un moule de son choix, en sorte que, si les prétentions de certains croyants nous ramèneraient au moyen âge, celles de certains démocrates nous feraient reculer jusqu'à l'antiquité, jusqu'à cette espèce de communisme moral où l'enfant, regardé comme chose publique, était la propriété de la cité.

Quelle déconvenue pour les libéraux, qui avaient proclamé le principe de l'incompétence de l'État et qui en attendaient la pacification religieuse ! L'idée de liberté faussée par les passions d'un fanatisme à rebours et les instincts autoritaires de la démocratie, semblait rayée du programme du libéralisme, qui, de déviation en déviation, finissait par aboutir à l'opposé de son point de départ, à la négation de son propre principe.

## V

*Le libéralisme et les questions économiques. — Comment il s'était promis de les résoudre à l'aide des principes de liberté et d'égalité. — Le " laisser-faire, laisser-passer " — Liberté du travail et libre concurrence. — Pourquoi ces maximes n'ont pas donné tout ce qu'on en attendait. — Comment la démocratie a pris le principe de liberté en dégoût. — Tendances à accroître les fonctions de l'État. — Socialisme d'État et socialisme révolutionnaire.*

Du domaine religieux au domaine économique, il y a, semble-t-il, tout l'intervalle du ciel à la terre, et cependant, entre ces deux ordres de questions si dissemblables, se manifeste, au point de vue politique, un parallélisme singulier. Les solutions préconisées pour les questions religieuses, le libéralisme a prétendu les appliquer, également, aux questions économiques. Là aussi, à l'inverse des errements anciens, il avait cru tout résoudre en proclamant l'incompétence de l'État, en s'en remettant, pour les besoins matériels des peuples, comme pour leurs besoins moraux, à l'initiative privée. Là aussi, il s'était vanté de suffire à tout avec un principe, et toujours le même principe, résumé dans les deux mots de Liberté et d'Égalité.

Anatole Leroy-Beaulieu

Tel était le vœu des économistes, qui ne faisaient, en réalité, qu'appliquer à la sphère des intérêts les maximes et les solutions du libéralisme. Tel était le sens de la fameuse devise " Laissez faire, laissez passer ", à l'aide de laquelle les initiateurs de la science s'étaient promis de féconder toutes les régions de cet immense domaine économique, tant agrandi de nos jours par l'industrie et le commerce. Liberté du travail, liberté de la propriété, liberté des échanges entre les peuples aussi bien qu'entre les individus, suppression des privilèges et des monopoles, renversement des barrières de classes, égalité devant la loi, égalité devant l'impôt : c'est avec ces formules, toujours inspirées d'une seule et même idée, que le libéralisme économique s'était fait fort de trancher toutes les questions sociales.

Ici encore, on sait que de déceptions devaient éprouver les apôtres des doctrines libérales ; mais, ici encore, beaucoup des mécomptes qu'on leur reproche viennent moins de l'application de leurs principes que des hésitations et des contradictions avec lesquelles ces principes ont été mis en pratique. La grande erreur, là comme dans les questions religieuses, ou les questions nationales, c'est de n'avoir pas assez compté avec les préjugés ou avec les passions, c'est de s'être imaginé que les hommes étaient assez éclairés ou assez conséquents pour obéir docilement aux conseils de la science et de la raison. Les intérêts nationaux, les intérêts de classes, les intérêts industriels, les uns et les autres toujours égoïstes et souvent aveugles, devaient tour à tour s'insurger contre les doctrines de liberté.

Dans ce domaine encore, la démocratie devait bientôt trouver insuffisantes ses premières conquêtes, se laisser séduire par les fallacieuses promesses de nouveaux prophètes, traiter en imposteurs et en ennemis les hommes de science et de liberté, qui s'étaient présentés à elle en émancipateurs. Non moins que les anciennes oligarchies, aristocratiques ou bourgeoises, elle a, elle aussi, ses passions, ses illusions, ses ambitions, et c'est à leur service qu'elle est tentée de mettre son pouvoir. Après avoir acclamé la liberté, du travail et l'égalité civile, elle devait finir par les prendre en dégoût, par se persuader que, pour elle, ce n'était qu'un leurre,

Les mécomptes du libéralisme

par réclamer, à son profit, des exemptions, des privilèges, des faveurs. Mécontente du jeu inflexible des lois naturelles, elle devait invoquer l'intervention de l'État, comme d'une sorte de Providence terrestre, et, à son tour, implorer, de cette vieille idole, des grâces et des miracles, lui demander de refaire la société au gré de ses rêves ou de ses appétits, et comme elle est plus jeune, plus ignorante, plus inexpérimentée, apporter dans ses revendications plus de naïveté et d'emportement.

De même qu'elle tend à en changer la forme, la démocratie tend à modifier le rôle de l'État, à en élargir les attributions. Cette extension des fonctions de l'État a beau se couvrir parfois du nom usurpé de liberté, elle est. en opposition manifeste avec l'esprit et les doctrines du libéralisme. Tandis que ce dernier prétendait restreindre au *minimum,* et, parfois, jusqu'à l'excès, l'ingérence de l'État, les nouvelles tendances démocratiques sont portées à l'étendre démesurément. Le libéralisme cherchait à agrandir le champ où les citoyens se pouvaient mouvoir librement, la démocratie travaille à le rétrécir. Plus soucieuse des intérêts de la communauté que des droits de l'individu, elle menace de sacrifier l'individu et la famille à la collectivité, État ou Commune ; elle ne se fait pas scrupule de recourir à la contrainte d'imposer l'obligation légale, là où le libéralisme se faisait honneur de s'en remettre à l'initiative privée. C'est ce qu'un penseur anglais dénonçait naguère comme la servitude prochaine : *The coming slavery* [1].

L'État, de son côté, devait, dans les questions économiques, plus encore que dans les questions religieuses, s'apercevoir qu'il ne lui est pas toujours facile de se désintéresser de ce qui ne semble pas rentrer directement dans sa sphère d'action. Ce désintéressement devait lui devenir d'autant moins aisé que, sous le règne de la bourgeoisie, et, plus encore, avec l'avènement de la démocratie, les questions économiques allaient prendre une importance croissante, importance qui est, elle-même, un signe des progrès de la démocratie, soucieuse avant tout des intérêts matériels, et cela, plus que jamais aujourd'hui que l'irréligion ou le grossier

---

1 Herbert Spencer ; articles de la *Contemporary Review* (1884), traduits en français sous ce titre : *l'Individu contre l'État.* — Cf. le livre de mon frère, Paul Leroy-Beaulieu *l'État moderne et ses fonctions.* Paris, Guillaumin, 1890.

Anatole Leroy-Beaulieu

positivisme des masses les laisse insensibles à tout intérêt spirituel.

L'État, du reste,. sauf peut-être dans les pays anglo-saxons (et, là même, il cède, de plus en plus, à la pression de la démocratie), l'État n'a jamais été grand partisan des maximes du laisser-faire et du laisser-passer, qui semblent restreindre sa puissance, en même temps que sa sphère d'action. Aussi l'avons-nous vu, dans les dernières années, incliner, en maint pays, à se servir des nouveaux penchants démocratiques pour agrandir son pouvoir, avec son domaine. C'est un des motifs de la politique sociale de M. de Bismarck et du nouvel empire germanique. Ainsi s'explique comment le socialisme révolutionnaire de l'extrême démocratie a rencontré, chez ses adversaires naturels, un auxiliaire et un émule dans ce qu'on a nommé le socialisme d'État.

Et ce qu'ont fait les gouvernements, obéissant à l'instinct envahissant du pouvoir, les partis fondés sur les traditions politiques ou religieuses inclinent à le tenter, à leur profit, se leurrant de l'espoir de faire servir les aspirations ouvrières à la restauration des influences traditionnelles et, sinon de l'ancien ordre social, d'un nouvel ordre hiérarchique. Chaque groupe, chaque parti, politique ou religieux, prépare son plan de refonte de la société. La fin du XIX° siècle aura vu ce spectacle inattendu : les papes et les empereurs offrant à la démocratie le concours de l'Église et de la monarchie, et les suprêmes pasteurs des peuples, au spirituel comme au temporel, invitant le monde à réformer les conditions d'existence des classes populaires. En face des différentes formes du socialisme démagogique : du communisme, du mutualisme, du collectivisme, surgissent le socialisme conservateur, le socialisme de la chaire, le socialisme protestant, le socialisme catholique, le socialisme antisémitique, tous ligués contre le dogme de la liberté et de la libre concurrence. Le libéralisme politique et économique se croyait si sûr d'une entière victoire qu'il avait déjà entonné les funérailles du socialisme, et voilà que, dans les pays les plus éclairés, ce mort importun ressuscite, sous des noms et sous des aspects nouveaux ; et les puissances qui semblaient devoir l'écarter s'ingénient à lui frayer les voies.

## VI

*Conclusion. — Comment le libéralisme n'a pas été seul à éprouver des déconvenues. — Quels ont été ses torts ? — Il a été trop dogmatique, trop optimiste. — Comment il reste en face de la démocratie. — Que le problème de l'avenir est la conciliation de ces deux termes démocratie et liberté. En dehors de là, il ne reste aux sociétés modernes que le choix entre deux modes de tyrannie.*

Ainsi, de quelque côté qu'il se tourne, le libéralisme est en butte à des mécomptes répétés. Dans aucun domaine, il ne l'a définitivement emporté. Nulle part, il n'a échappé aux revers et aux palinodies. N'est-ce pas là, pour les doctrines libérales, une condamnation d'autant plus grave quelle est, pour ainsi dire, portée par le temps et sanctionnée par les faits ? Ou pourrait la croire sans appel, si le libéralisme avait seul passé par les déboires et les échecs ; mais, M. Guizot le remarquait, il y a déjà un tiers de siècle [1] : si le libéralisme a eu ses mécomptes, l'absolutisme et les doctrines autoritaires ont eu les leurs, et plus fréquents et plus graves encore, non seulement en France, mais en Italie, mais en Espagne, mais en Autriche-Hongrie, mais en Russie, d'un bout à l'autre de l'Europe.

C'est pourquoi les adversaires du libéralisme nous semblent mal venus à s'armer contre lui de ses déceptions ; il serait trop facile de leur répondre par leurs propres déconvenues. Tout au plus, pourrait-on conclure, de ces expériences en sens contraire et de ces mécomptes mutuels, que l'événement a démontré, aux conservateurs comme aux libéraux, qu'aucune école ne possède de recette infaillible, que ni la liberté, ni l'autorité n'ont de formule pour résoudre tous les problèmes de la société moderne.

La vérité, pour en revenir à notre point de départ, c'est que, en politique, il n'y a pas d'ordinaire de solution définitive ; c'est que les doctrines absolues ne peuvent s'appliquer, dans toute leur intégrité, au monde mobile des faits. La vérité, c'est que, pour opérer un changement durable dans les mœurs et dans l'esprit public, il faut plus de temps, plus d'efforts, plus de luttes que ne l'imaginaient nos pères ; c'est que la fondation d'un gouvernement

1 *L'Église et la Société chrétiennes en 1861.*

Anatole Leroy-Beaulieu

libre est une oeuvre singulièrement plus longue et plus compliquée qu'ils ne l'avaient rêvé. La vérité enfin, c'est que le libéralisme, non moins que l'ancien dogmatisme autoritaire, a eu, lui aussi, des prétentions démesurées ; c'est qu'il a eu trop de foi dans les formes et dans les formules, qu'il a montré trop de dédain pour les droits historiques et les institutions traditionnelles, qu'il a trop cru à la facilité d'édifier un gouvernement sur des notions abstraites c'est, en un mot, ainsi que nous le disions en commençant, qu'il a trop présumé de l'Homme et de la Raison, et peut-être aussi de la Liberté, qui ne saurait être sa fin à elle-même, et qui ne possède pas toujours l'efficacité pratique ou la vertu créatrice que nous nous plaisions à lui attribuer ; car, si elle favorise le développement intellectuel et matériel des sociétés, la Liberté ne saurait suppléer aux doctrines morales, les seules dont une civilisation se nourrisse et vive.

La faute ou, mieux, l'erreur du libéralisme, c'est, en résumé, de s'être montré trop spéculatif, trop dogmatique, trop optimiste. Cette noble erreur, qui tenait à l'époque où il est né, aux parents dont il est sorti, il l'a durement expiée l'événement l'en a, d'habitude, assez corrigé. Pour avoir dans sa jeunesse donné sur un écueil, le siècle vieillissant serait mal inspiré de s'aller jeter sur l'écueil opposé. Après avoir eu trop de foi dans la force des idées et dans l'ascendant de la raison, il serait triste de se laisser choir, par découragement, dans le scepticisme, dans le pessimisme, dans l'empirisme, où trop de libéraux désabusés sont enclins à se précipiter.

Tout n'a pas été illusion dans les espérances du libéralisme, ni désappointement dans sa carrière sur plus d'un point, il a fait des conquêtes que l'avenir ne fera que consolider. Beaucoup de ses revers viennent de ce qu'il n'a pas assez tenu compte de la démocratie, des appétits, des prétentions, des ignorances, des susceptibilités, des jalousies de cette ambitieuse parvenue ; tantôt la regardant avec trop de complaisance ou de naïf abandon, comme s'il en dût toujours rester le maître et le tuteur ; tantôt lui témoignant une malveillance imprudente, la rebutant par des hauteurs blessantes et une mauvaise humeur dédaigneuse, an risque de s'en faire une ennemie. Il n'a pas su prévoir que, pour les masses populaires, la

Les mécomptes du libéralisme

liberté ne pourrait être qu'un but et non un moyen ; que, pour les millions de créatures humaines qui peinent sur le sillon ou sur la machine, il n'y aurait jamais de vraie liberté que celle qui soulage leurs bras du fardeau du travail ; que pour l'ouvrier, et pour le paysan, tous les droits abstraits ne sauraient valoir un morceau de pain ou un morceau de lard ; que toutes les facultés politiques que leur pouvait concéder la loi, ils s'efforceraient de les convertir en avantages effectifs, en repos, en bien-être, en jouissances.

L'avènement de la démocratie, tel est le fait capital qui a dérangé les calculs du libéralisme, et ce fait qu'il a été trop lent à reconnaître, il lui faut désormais s'y résigner et s'y accommoder, sous peine de déceptions nouvelles. Les libéraux qui ne le sentent point se condamnent à l'impuissance, car, quels qu'en soient les dangers ou les fautes, rien, sur le sol français, ne saurait longtemps prévaloir contre la démocratie.

Le grand problème des temps nouveaux, c'est en Europe, non moins qu'en Amérique, la conciliation de ces deux termes, démocratie et liberté.

Hors de là, il ne saurait y avoir qu'agitations et révolutions successives. Telle sera la tâche du siècle prochain — si un siècle y suffit, — car c'est là, manifestement, une oeuvre de longue haleine, au-dessus des forces d'une ou deux générations. Elle a beau paraître malaisée, en désespérer, ce serait désespérer de la civilisation. Le triomphe même de la démocratie rend le libéralisme plus nécessaire, car, si elle n'était pas conquise à la liberté, comme autrefois les barbares l'ont été au Christianisme, la démocratie nous vaudrait le despotisme le plus ignorant et le plus brutal qu'ait jamais vu le monde.

En dehors des solutions libérales, la démocratie ne peut nous offrir que le choix entre deux sortes de tyrannie, presque également pesantes et également humiliantes la tyrannie des masses, tyrannie de l'État ou de la Commune représentés par des assemblées omnipotentes ; — ou la tyrannie d'un dictateur, d'un maître civil ou militaire, incarnant la force populaire. De ces deux tyrannies,

Anatole Leroy-Beaulieu

il est difficile de dire laquelle serait la plus dure, laquelle serait la plus fatale à la France et à l'esprit français. Si nous ne savons nous en tenir aux idées de liberté, si nous ne savons mettre un terme aux empiétements continus de l'État, si nous lui sacrifions tous les droits des individus, des familles, des groupes vivants, nous n'échapperons point à l'une ou à l'antre de ces deux tyrannies, ou plutôt nous les subirons toutes deux, successivement, l'une engendrant l'autre, comme par une sorte de génération alternante.

## La Révolution et la séparation de l'Église et de l'État

### I

*Y a-t-il aujourd'hui, en France, union entre l'État et l'Église ? — En quoi la législation civile est-elle enchaînée par les prescriptions ecclésiastiques ? — Caractère des liens établis par le Concordat entre l'Église et l'État. S'il y a empiétement d'un pouvoir sur l'autre, c'est bien plutôt du pouvoir civil sur l'autorité religieuse. — Que poursuit-on sous le nom de séparation des Églises et de l'État ?*

Qu'entend-on par la séparation de l'Église et de l'État ? Comment la conçoit-on chez nous, et comment la pratique-t-on au dehors ? Quelles en seraient les conséquences dans notre France de la fin du XIX° siècle ? Autant de questions qu'il eût semblé oiseux d'aborder il y a quelques années. L'heure vient où ce qui paraissait du domaine de la théorie, pour ne pas dire de l'utopie, pourrait bien passer dans les faits. Les événements marchent, les événements nous poussent, et, loin d'avoir la prétention de les diriger, nos gouvernants se laissent humblement mener par eux là où souvent ils préféreraient ne pas aller. Des mesures que le pays ne réclame pas, auxquelles le pays, pris dans son ensemble, est manifestement contraire, sont votées par des majorités qui, en réalité, ne s'en soucient point, qui parfois même y répugnent, et qui les votent, parce qu'elles y sont entraînées par leurs votes antérieurs, parce qu'elles n'osent point revenir sur leurs pas et se séparer de minorités exigeantes qu'elles ont suivies trop loin pour ne pas craindre de les abandonner. Là est le péril pour la troisième république.

Cela semble particulièrement vrai des affaires religieuses. Le gouvernement et ses majorités s'y sont jetés en aveugles, se promettant de faciles victoires, et maintenant ils ne savent trop comment en sortir. La séparation de l'Église et de l'État peut, ainsi, être un jour prononcée par des hommes qui, hier encore, s'en proclamaient les adversaires résolus. Les ministres, dans leurs déclarations, l'agitent comme un épouvantail contre le clergé. Les commissions du budget, dans leurs rapports, se vantent de la préparer. De fait, il est vrai, ministres et députés lui demeurent en majorité opposés ; mais, aujourd'hui, nos Chambres et notre gouvernement ne font pas toujours ce qu'ils veulent, ou ne veulent pas toujours ce qu'ils font. Les ministres sont souvent étonnés de ce qu'ils proposent, les députés, affligés de ce qu'ils acceptent. Leur politique religieuse peut les entraîner jusqu'à une extrémité que la plupart redoutent. À la façon dont ils procèdent, ils risquent de s'y trouver bientôt acculés. Aussi la dénonciation du Concordat est-elle une éventualité qu'il est bon d'envisager, pendant qu'il en est temps encore. La France doit-elle s'y laisser conduire, que ce soit, au moins, les yeux ouverts, en voyant où on la mène.

On demande la séparation de l'Église et de l'État, mais peut-on dire que, dans la France du Concordat, l'Église et l'État soient réellement unis ?

Nos lois, ou nos mœurs politiques, consacrent-elles encore l'association de ce que nos pères appelaient les Deux Pouvoirs ? Qu'on se rappelle comment le moyen âge concevait l'union " des deux luminaires " destinés à présider de concert aux sociétés humaines. Trouve-t-on rien de pareil chez nous ? Nos juristes sont-ils les disciples des scolastiques, et enseigne-t-on, dans nos écoles, que la première condition d'un bon gouvernement est l'alliance et l'intime coopération de l'État avec l'Église ? Voit-on, dans les Chambres de la République française, comme autrefois dans les palais des républiques Italiennes, à Sienne, par exemple, des fresques symboliques, chargées de rappeler sans cesse, à nos législateurs, ce principe fondamental des sociétés chrétiennes ?

De nombreux États catholiques ou hétérodoxes ont, avec plus

Anatole Leroy-Beaulieu

ou moins de logique, poursuivi, durant des siècles, ce noble et décevant idéal. Or, nous le demandons de nouveau, que reste-t-il en France, aujourd'hui de cette ancienne tradition des âges de foi ? Où est, encore un coup, l'union entre l'Église et l'État ? Avant de la briser, il importe de savoir en quoi elle consiste.

Est-ce que, en France, les commandements de l'Église sont lois de l'État ? Est-ce que ses préceptes font autorité vis-à-vis de la législation ou des tribunaux ? Est-ce que le divorce demeure interdit au nom de la morale religieuse, et la loi de 1825 punit-elle encore le sacrilège ? Le repos du dimanche est-il consacré par la loi, comme il l'est encore en tant d'États contemporains ? La profession du christianisme, ou d'une religion quelconque, est-elle obligatoire pour remplir une fonction publique ? Impose-t-on, à nos députés ou à nos fonctionnaires, un serment religieux qui froisse la conscience des Bradlaugh français ? L'Église a-t-elle des tribunaux particuliers, comme chez nous jadis, comme en Russie encore aujourd'hui ? A-t-elle, de même que le Saint-Synode de Pétersbourg, sa censure pour les livres qu'elle juge pernicieux ? Le clergé forme-t-il encore un ordre dans l'État, comme en France autrefois, comme naguère en Suède et, aujourd'hui encore, ou Finlande ? Ses chefs, ses évêques sont-ils, de droit, au nombre des législateurs, s'asseyent-ils dans la chambre haute comme en Angleterre ou en Hongrie ? Les portes du sénat de la République s'ouvrent-elles spontanément devant la robe rouge des cardinaux ? Est-ce que les congrégations et les ordres religieux sont en possession de privilèges, et les vœux monastiques seraient-ils reconnus et sanctionnés par l'État ? L'instruction publique est-elle abandonnée aux mains du clergé, et la loi lui reconnaît-elle un droit de tutelle sur les écoles et les établissements d'enseignement ? Est-ce que la liberté de penser serait gênée par le Concordat, ou la philosophie universitaire réduite au rôle de servante, " d'ancelle " de la théologie ? Le mariage religieux est-il le seul mariage légal et, comme dans une moitié de l'Europe, le clergé est-il toujours juge de la valeur et de la durée du lien conjugal ? Les registres de l'état civil ont-ils été rendus aux mains des prêtres, et les maires placés sous la dépendance des curés ? Les pasteurs de l'Église, en un mot, détiennent-ils une part de la puissance publique ? Exercent-ils, au nom de la loi, une influence quelconque sur les affaires nationales, départementales, communales ?

Non, l'Église n'a aucun privilège politique ; elle ne possède aucun droit d'ingérence dans l'État ; elle ne jouit d'aucun pouvoir sur l'administration, la justice, l'enseignement sur tous ces points, dans tous les domaines de la vie publique, il y a, en fait, séparation, et séparation complète [1]. Pour tout cela, l'État est entièrement sécularisé, ou, selon le barbarisme du jour, il est laïcisé. Il ne demande même plus à l'Église ses prières. Loin que l'État ait un caractère confessionnel, il n'y a même pas en France, depuis 1830, de religion d'État. Les ministres de l'Église, et la religion avec eux, ont été relégués dans le sanctuaire. La société civile et la société religieuse sont entièrement distinctes. Cela est si vrai que cela fournit un argument pour réclamer la rupture des derniers liens entre l'État et l'Église. On reconnaît implicitement, on proclame avec fierté la sécularisation de la société et l'on dit que, dans une société laïque comme la nôtre, il ne peut subsister aucune attache, aucune relation officielle entre l'Église et l'État, entre l'Église confinée dans sa mission spirituelle et l'État laïque devenu neutre ou indifférent en matière de foi.

Quels sont les liens qui, en dépit d'un siècle de sécularisation, persistent entre l'Église et l'État ? Ils sont en somme très simples et très lâches ; ils n'ont rien des chaînes que, à d'autres époques, la puissance ecclésiastique a prétendu imposer à l'autorité temporelle ils n'ont rien de ce qui constitue une union effective, telle qu'elle subsiste encore en certains pays. Cette union, la Restauration a, en 1817, tenté de la renouer en cherchant, d'accord avec le Vatican, à rétablir le concordat de François Ier et de Léon X ; la Restauration n'y a point réussi. En réalité, ce qu'il y a entre l'Église et l'État, ce sont moins des liens proprement dits que des engagements mutuels. L'État et l'Église, en rentrant chacun dans sa sphère propre, se sont entendus pour conclure un *modus vivendi,* destiné non à restaurer leur ancienne intimité, mais à faciliter leurs nouveaux rapports et à leur permettre de vivre côte à côte, en dehors de l'union brisée par la Révolution. Ce *modus vivendi* est sorti d'un traité, conclu

1 Nous sommes heureux de nous rencontrer, sur ce point, avec M. E. Ollivier, dans son *Nouveau manuel de droit ecclésiastique* ; voir notamment pp. 357 et 375.

Anatole Leroy-Beaulieu

dans l'intérêt des deux parties, et où l'État n'a été guidé que par des considérations d'ordre politique et non d'ordre religieux. Ce traité, qui n'est autre que le concordat de 1801, a beaucoup moins été un traité d'alliance qu'un traité de paix ; le rompre serait une déclaration de guerre.

En quoi se résume, en réalité, l'acte de 1801 ? En deux clauses, l'une au profit de l'Église, l'autre au profit de l'État ; car, de même que la plupart des traités, le Concordat a été conclu sur le principe du *Do ut des*. L'Église, durant la tourmente révolutionnaire, avait été dépouillée de ses biens et de ses temples ; le Concordat lui a rendu ses temples et, en compensation de ses biens aliénés au profit de la nation, il a promis aux ministres du culte un traitement. L'État, en revanche, a reçu de l'Église le droit de désigner ses principaux pasteurs, droit qui concède au pouvoir laïque une sorte d'autorité dans le sanctuaire, car, en toute chose, et dans l'administration de l'Église spécialement, le choix des personnes est de haute importance. À bien regarder les faits, il résulte du Concordat que, s'il y a empiétement d'un pouvoir sur l'autre, ce n'est nullement de l'Église sur l'État, de l'autorité religieuse sur le pouvoir civil ; c'est bien plutôt du pouvoir civil sur l'autorité religieuse, de l'État sur l'Église. Et cela s'explique par la situation des deux parties au moment où elles ont traité ensemble. L'État, représenté par le Premier Consul, était alors à l'apogée de sa force, au dedans comme au dehors, tandis que l'Église, ébranlée par la Révolution, en Italie non moins qu'en France, était humainement plus faible qu'à aucune époque antérieure ou postérieure.

Si, entre l'Église et l'État, il subsiste des liens réels, c'est bien plutôt l'Église qui est liée à l'État que l'État qui est enchaîné à l'Église. Veut-on voir là une servitude, laquelle des deux, parties est asservie ? Est-ce la société civile, est-ce l'État qui nomme et qui paye, comme ses fonctionnaires, les ministres et les dignitaires de l'Église ? Évidemment non ; si un pareil contrat avait quelque chose de servile et d'humiliant pour quelqu'un, ce serait bien plutôt pour l'Église et pour ses ministres, choisis et payés par l'État. On sait que c'est ainsi qu'en jugeaient, vers 1830, nombre de catholiques, et non les moins illustres, Lamennais et Lacordaire ; ils voyaient, dans le régime inauguré en 1801, une sorte de servage ou de vasselage de l'Église. Ils prétendaient l'en affranchir au nom de la liberté, et comment ? Par la séparation. Quelque téméraires que fussent au point de vue pratique les vues de *l'Avenir*, Lamennais et Lacordaire étaient assurément plus logiques, en réclamant la séparation dans l'intérêt de l'Église, que les libres penseurs qui la réclament dans l'intérêt de l'État [1].

Juge-t-on trop étroits les liens qui rattachent encore l'État à l'Église, l'État n'a, pour les rompre, qu'à renoncer à la nomination des évêques et des curés, aussi bien qu'aux droits de police qu'il s'est arrogés par les articles organiques. Voilà vraiment ce que serait la séparation, et. on ne voit pas ce qu'y gagnerait l'État. Car, pour le traitement du clergé, dont Lamennais et Lacordaire faisaient volontiers fi, pour le budget des cultes, ce n'est là en somme, nous y reviendrons tout à l'heure, qu'une dette de la nation, dette reconnue solennellement par ses représentants et que l'État ne pourrait répudier sans une mauvaise foi manifeste. En dehors du traitement qu'il reçoit, et que l'on peut d'ailleurs justifier par des considérations d'intérêt public, on ne voit pas ce que le clergé perdrait à la dénonciation du Concordat.

Que trouve-t-on, en effet, dans cet acte fameux, en dehors des points que nous venons de résumer ? Rien, Si ce n'est la déclaration que la religion catholique " est la religion de la grande majorité du peuple français ". Mais ce n'est là que la reconnaissance d'un fait, assurément moins contestable aujourd'hui qu'au début du siècle. Il y a bien, dans le Concordat, un article 1°, garantissant à la religion catholique l'exercice public de son culte ; mais le même article a soin d'édicter que le culte ne sera publie " qu'en se conformant aux règlements de police que le gouvernement jugera nécessaires pour la tranquillité publique ". Et cette réserve, l'on sait comment l'entendent le gouvernement ou les municipalités. Dans une grande partie du territoire, le culte catholique est moins public qu'en des pays mahométans comme la Turquie.

On dira que le clergé, retire du système concordataire certains avantages indirects, qui ont leur prix, l'exemption ou la mitigation

1 Voir *les Catholiques libéraux, l'Église et le Libéralisme de 1830 à nos jours*, chap. 5.

Anatole Leroy-Beaulieu

du service militaire notamment. Nous n'y contredirons pas ; mats encore pourrait-on observer que pareille exemption avait été accordée au clergé dans un intérêt public, tout comme aux instituteurs et à maints fonctionnaires. En dehors même de cette considération, en dehors de l'obligation morale pour l'État de ne pas entraver le recrutement du clergé, nous nous permettrons de faire remarquer que, dans les pays où la séparation de l'Église et de l'État est complète, aux États-Unis, par exemple, on n'a jamais, pas même au moment des levées en masse, durant la guerre de sécession, prétendu imposer le service militaire aux ministres des différentes confessions. On eût vu là une atteinte manifeste à la liberté religieuse et au libre exercice du culte Pour songer à faire porter le mousquet aux curés ou aux séminaristes, il faut être en guerre plus ou moins ouverte avec l'Église, comme l'est aujourd'hui la République en France, ou la monarchie de Savoie en Italie. Et cette exemption du service militaire, si le régime concordataire l'implique moralement, le Concordat ne la garantit pas formellement. Pour se donner la satisfaction de faire passer les jeunes tonsurés du séminaire à la caserne, la dernière Chambre ne s'est nullement crue obligée de dénoncer l'acte de 1801. D'après nos législateurs, la seule immunité qu'on eût laissée au clergé peut ainsi être supprimée par une loi, sans rompre avec la politique " strictement concordataire ". Qu'ont donc en vue les partisans de la séparation, puisque, pour priver l'Église de la dernière apparence de privilège, ils affirment n'avoir pas besoin de supprimer le Concordat ? Ce qu'ils poursuivent, sous le nom de séparation de l'Église et de l'État, c'est tout bonnement la suppression du budget des cultes, c'est-à-dire la spoliation du Clergé.

## II

*Du budget des cultes au point de vue théorique. — Comment il est faux qu'un pareil budget soit le signe ou la condition de l'union de l'Église et de l'État. — Objections au principe du budget des cultes. — Dans quel camp se rencontrent la plupart de ses adversaires ? — Est-ce parmi les libéraux effrayés de l'extension des pouvoirs de l'État ? — L'ordre public et le sentiment religieux. — Intérêt qu'a l'État, pour l'accomplissement de sa propre fin, au maintien de la religion.*

Il y a là une confusion due en partie à l'ignorance, en partie à la mauvaise foi. L'Église et le clergé ayant chez nous perdu tout privilège public ou privé, ce que, par euphémisme, l'on réclame sous le nom de séparation de l'Église et de l'État, ce n'est, pour la plupart de nos radicaux, que la radiation du budget des cultes. On confond, pour emprunter le langage de nos voisins d'outre-Manche, le *disestablishment* avec le *disendowment*. On semble croire que, entre l'Église et l'État, entre un clergé et une nation, le principal trait d'union, ce sont les liens matériels et, pour tout dire, pécuniaires. Ce n'est pas là seulement un point de vue grossier, bien digne de démagogues avant tout préoccupés des intérêts matériels ; c'est un préjugé d'ignorants, une erreur historique, une hérésie politique. Un budget des cultes n'est nullement le signe ou la condition de l'union de l'Église et de l'État. Loin de là, cette union a duré des siècles en des pays où l'État ne servait aucun traitement au clergé, où l'Église vivait de ses propres ressources, tout comme de nos jours aux États-Unis, sous le régime de la séparation. Bien mieux, dans le pays de l'Europe où l'Église et l'État sont, aujourd'hui, le plus intimement associés, en Russie, l'Église d'État ne recevait, naguère encore, presque rien de l'État [1]. C'est tout récemment qu'a commencé à s'introduire, dans les finances russes, une sorte de budget des cultes ou, mieux, du culte dominant. Jusque-là le clergé séculier " le clergé blanc " vivait des libres redevances des fidèles, du casuel et de la vente des cierges. Cela n'empêchait pas l'Église orthodoxe d'être légalement revêtue d'une sorte de monopole religieux ; cela ne l'empêchait pas d'être en possession de nombreux privilèges, de conserver ses tribunaux et même sa censure spirituelle ; privilèges qu'elle payait naturellement. au pouvoir en déférence et en dépendance.

Rien donc de plus erroné que de réduire le problème de la séparation de l'Église et de l'État à une question de budget, à une question d'argent. S'il semble en être ainsi en France, c'est que, comme nous le constatons tout à l'heure, il n'y a plus en France d'Église d'État ; c'est que, depuis la Révolution, il n'y a pas de véritable union entre l'Église et le pouvoir civil ; qu'en fait, le *disestablishment* est accompli, la séparation des deux pouvoirs

1 Voir *l'Empire des tsars et les Russes,* t. III (*la Religion*), liv. II, chap. IX (Hachette, 1889).

Anatole Leroy-Beaulieu

presque entièrement effectuée. Puisque, en France, la séparation se borne, pratiquement, à la suppression du budget des cultes, examinons, un instant, la nature de ce budget, les raisons que l'on fait valoir pour le supprimer, les raisons qu'on leur oppose pour le maintenir.

L'État, disent les partisans de la séparation — et c'est là leur argument le plus fréquent, aussi bien que le plus sérieux, — l'État ne doit employer les deniers publics que pour des services publics. Or, l'entretien du culte et de ses ministres n'est pas, à proprement parler, un service public. La religion relevant de la conscience individuelle, chaque citoyen étant libre de croire ou de ne pas croire, c'est à l'individu, c'est au croyant de pourvoir aux besoins de son Église. L'État ayant renoncé à s'immiscer dans les querelles religieuses et se proclamant lui-même incompétent en matière de doctrine, l'État n'a pas à se mêler de l'entretien des temples, pas plus qu'à s'immiscer dans la nomination des dignitaires ecclésiastiques. Cela est en dehors de sa sphère naturelle ; s'il continue à s'occuper de pareils soins, c'est un reste de l'alliance surannée de ce qu'on appelait les deux pouvoirs, un reste de l'ancienne confusion du temporel et du spirituel. Dans une société tout entière sécularisée, chez un peuple qui ne reconnaît d'autre pouvoir et d'autre souveraineté que l'État, un budget des cultes est une anomalie. Cent ans après la Révolution, cela devient un anachronisme. Il faut biffer, du budget, le chapitre des cultes, ou renoncer à tous les principes de la Révolution, pour revenir, franchement, à une Église d'État ; car le régime actuel n'est qu'un compromis bâtard entre les préjugés ou les traditions de l'ancienne société et les principes essentiels du droit moderne. Si, comme vous le dites, la séparation est aux trois quarts effectuée, c'est une raison de plus pour l'achever résolument, sous peine de contradiction, sous peine d'illogisme.

Vulgaire ou savante, telle est, en résumé, l'objection la plus souvent dirigée contre le régime concordataire. Il serait puéril d'en contester la valeur. Elle s'appuie sur des idées dont est pénétrée toute notre société moderne. Elle a, pour elle, l'autorité toujours si grande des théories absolues, avec le prestige de la logique qui impose à la masse des intelligences. Elle aurait, par cela seul, la faveur de la démocratie, partout éprise des idées simples et des solutions tranchées, parce qu'elle n'a ni assez de lumières, ni assez de réflexion, pour saisir la complexité des choses.

Sur les esprits cultivés, au contraire, sur les esprits politiques, en particulier, médiocre est la recommandation de la logique. Ils savent que, en politique, rien n'est dangereux comme d'aller à l'extrémité des principes. Pour les gouvernements, les maximes spéculatives sont loin d'être toujours des guides sûrs ; mieux vaut parfois l'empirisme. La logique est l'opposé de la politique, et l'homme d'État habite aux antipodes du géomètre. Aussi l'accusation d'inconséquence ne suffit-elle pas, en pareille matière, à motiver une condamnation, ou bien il est permis d'appeler de la sentence.

L'inconséquence est-elle, cependant, aussi manifeste qu'elle le parait à certains esprits ? Est-il interdit de s'inscrire en faux contre la contradiction ? Nous n'avons pas en vue, en ce moment, les partisans de l'union intime de l'Église et de l'État, les théologiens ou les philosophes pour lesquels l'alliance du spirituel et du temporel est la règle, la norme éternelle, dont les sociétés ont le devoir de ne pas s'écarter. À ceux-là, nous ne disputerons pas le droit de déclarer le régime actuel essentiellement inconséquent et illogique. Nous parlons ici des hommes qui, avec la plupart des publicistes modernes, sont convaincus de l'incompétence de l'État en matière de doctrine. Pour ces derniers, pour ceux qui ne croient pas que l'État ait charge d'âmes, y a-t-il contradiction à lui laisser le fardeau de l'entretien du culte, en lui refusant le droit de choisir la doctrine ? Est-il vrai que, s'il subventionne les ministres de la religion, l'État doit s'ériger en juge de la religion ; et que, s'il renonce à imposer un dogme, il doit renoncer à l'entretien de tout culte ?

Pour résoudre la question, il faudrait, d'abord, s'entendre sur ce qui est du domaine naturel de l'État, en d'autres termes, sur les attributions et les limites de la puissance publique. Or, quel problème plus complexe, plus délicat ! Quel problème a jamais reçu des solutions plus diverses selon les époques, selon les écoles,

Anatole Leroy-Beaulieu

selon les intérêts des partis ? Quels sont les devoirs et quels sont les droits de l'État, ce serait là, en vérité, la première question à trancher, et tout homme de bonne foi, confessera que ce n'est point là une besogne aisée. Nous la laisserons provisoirement à de plus hardis, nous bornant ici à une ou deux remarques.

À d'autres époques, il a pu être facile de raisonner sur ce terrain, tout le monde étant, à peu près, d'accord en principe. Il n'en est plus de même aujourd'hui ; jamais les hommes n'ont plus discuté sur la nature et les fonctions de l'État, et jamais ils ne se sont moins entendus. Les uns, fidèles aux traditions politiques ou économiques de l'école libérale, redoutent l'extension démesurée des pouvoirs publics aux dépens de la liberté et de l'initiative

Les autres, cédant aux penchants autoritaires et aux impérieuses exigences de la démocratie, tendent à élargir, en tous sens, les attributions des pouvoirs publics [1].

Or, dans lequel des deux camps se recrutent la plupart des tenants de la séparation de l'Église et de l'État  ? Il semble que ce devrait être surtout parmi les libéraux enclins à resserrer les limites de l'action de l'État. Est-ce là ce que nous voyons ? Chacun sait que c'est précisément le contraire. Si, parmi les libéraux, il se rencontre encore quelques partisans théoriques de la séparation, tels que naguère M. Laboulaye, ou M. de Pressensé, c'est là, en France, une exception. Les plus nombreux comme les plus bruyants avocats de la séparation appartiennent, sans conteste, à la démocratie radicale, dont toutes les doctrines poussent à l'extension de la sphère des pouvoirs publics. Les hommes qui réclament hautement de nouvelles et multiples fonctions pour l'État, ou pour la commune, sont précisément ceux qui dénient, le plus catégoriquement à la commune, ou à l'État, le droit d'entretenir le culte. Il y a là une logique *sui generis* qu'il n'est pas inutile de signaler, et dont les déviations s'expliquent, non pas par les principes, mais par les passions.

Quelles facultés, en effet, ne revendique pas, pour l'État, une certaine démocratie, et quelles charges, en même temps, n'a-t-elle

1 Voir, ci-dessus, *les Mécomptes du libéralisme*, pp. 182, 184.

La Révolution et la séparation de l'Église et de l'État

pas la prétention de lui imposer ? À l'État, suivant elle, non seulement l'administration, la justice, la police, mais l'enseignement, sous toutes ses formes, mais la bienfaisance, mais les assurances, mais le crédit et les monopoles financiers ou industriels, avec la tutelle de tous les citoyens. À l'État, érigé en Providence terrestre, de veiller au bien-être de chacun, de satisfaire à tous les besoins physiques et moraux de l'humanité. Et les démocrates, qui prêchent cette extension de la vigilance et de l'activité de l'État à toute la vie matérielle et intellectuelle du citoyen, ne songent pas que, pour certains esprits, le sentiment religieux puisse être au nombre de ces instincts de l'humanité que l'État a mission de satisfaire.

L'instruction, l'éducation des générations nouvelles est proclamée comme une des fonctions essentielles de l'État. Pour la lui faire mieux remplir, on n'hésite pas à lui faire enseigner, dans ses écoles, une morale officielle, dite laïque et scientifique, qui tient la place de l'ancien catéchisme ; et l'on ne pense point que nombre de chefs de famille peuvent voir dans la religion un moyen d'éducation et une maîtresse de morale, un peu plus efficace que les meilleurs manuels de morale civique. De tous les procédés d'éducation auxquels puisse recourir la pédagogie, on oublie que la religion est encore le plus simple et le mieux adapté a l'enfance, le plus pratique et le plus démocratique, car il est à la portée de tous, et l'on ne voit pas que, dans l'intérêt même de l'État, il doit rester à la portée de tous. On admet que l'État doit encourager tout ce qui assure l'ordre public, tout ce qui peut contribuer au progrès des mœurs ; et l'on ne sait pas que, pour nombre d'esprits, les bonnes mœurs n'ont pas de meilleur garant que les idées religieuses, que l'Évangile et le christianisme. Libre à chacun de ne voir dans le prêtre, selon une expression de la Révolution, qu'un officier de morale ; mais, pour combien de millions de Français de tout âge et de tout sexe, cet officier de morale ne vaut-il pas le gendarme ou le sergent de ville ? N'est-ce point Montesquieu qui écrivait : " Moins la religion sera réprimante, plus les lois civiles devront réprimer [1] ".

Pour le véritable homme politique, de même que pour le penseur uniquement soucieux du bien public, c'est là le point de vue le plus simple, aussi bien que le plus sûr. Quelque opinion qu'on ait de

1 *Esprit des lois*, Liv. XXIV, chap. XIV.

Anatole Leroy-Beaulieu

la valeur intrinsèque des différentes formes religieuses, la religion demeure incontestablement aujourd'hui, tout comme à l'enfance des sociétés, un agent de moralisation, un agent d'éducation. Sur le roc de l'égoïsme, sur le sable de la frivolité, elle sème gratuitement la vertu et le dévouement, et, pour les maux de l'existence, elle a des consolations dont nul autre ne possède le secret. Elle dresse le pauvre à la patience et à la résignation, le riche à la charité et à l'humilité. Elle enseigne l'égalité et la fraternité. À ce titre, l'État et le gouvernement ont tout profit à l'encourager et à en subventionner les ministres. La religion reste, en somme, la plus profonde, comme la plus ancienne assise des sociétés humaines.

Telle est la vérité, tel est, pour tout homme sans préjugés, le point de vue pratique, et, en politique, rien, encore une fois, ne vaut le point de vue pratique. À cet égard, il ne saurait, en dehors des fanatiques de la libre pensée, y avoir de doute pour personne. L'intérêt social est évident, et l'État n'a pas le droit de s'en désintéresser. C'est là un tel lieu commun qu'insister serait faire injure au lecteur ; nous nous le permettrons d'autant moins que nous l'avons fait ailleurs [1]. On a le droit de se demander s'il peut y avoir un peuple libre, sans foi à Dieu et à la liberté morale ; il n'est pas permis d'imaginer que la société et la morale publique aient à se féliciter du déclin du sentiment religieux.

Nous sommes, pour notre part, de ceux qu'effraye l'extension croissante des fonctions que s'arroge l'État. Nous sommes aussi de ceux qui professent l'incompétence de l'État en matière de foi, et refusent au pouvoir le droit d'imposer un dogme religieux ou philosophique. À ce double égard, nous serions résolument opposés à ce que l'État s'ingérât dans les affaires de la conscience individuelle ; à ce qu'il prétendit s'ériger en maître et en directeur des âmes. Si nous déniions à l'autorité publique le droit de violenter les consciences, ou de prendre parti dans les querelles théologiques, nous croyons que, au point de vue du bien de la société et du véritable patriotisme, l'État a tout avantage au maintien et à la diffusion des idées religieuses qui, pour nombre de créatures

1 Voir les *Catholiques libéraux, l'Église et le Libéralisme de 1830 à nos jours*, chap. I. Paris, Plon, 1885. — Cf. l'ouvrage de mon frère, Paul Leroy-Beaulieu, *l'État moderne et ses fonctions*, liv. V, chap. II.

La Révolution et la séparation de l'Église et de l'État

humaines, se confondent avec l'idée même du devoir. Cela seul, à notre sens, l'autoriserait à subvenir aux frais du culte, ce qu'il peut faire, pour son propre bien et pour sa propre fin, sans devenir le champion d'aucun dogme, en conservant même la neutralité entre les diverses doctrines. N'est-ce pas ainsi, du reste, que les choses se passent en France ? En pareil cas, qu'on veuille bien le remarquer, si l'État prête à la religion un concours pécuniaire, c'est en vue d'avantages temporels, et non pour des considérations théologiques ; c'est dans l'intérêt moral et matériel de la société, et non dans l'intérêt d'une Église. Cela est particulièrement manifeste lorsque, ainsi qu'en France, l'État, dans son impartialité, subventionne à la fois des cultes différents.

Qu'un théologien blâme cette indifférence doctrinale, qu'il se scandalise de voir ainsi la vérité et l'erreur mises officiellement sur le même rang, le théologien peut être dans son rôle ; mais qu'on ose soutenir qu'une pareille conduite froisse la liberté de conscience ou blesse les droits individuels, quel homme de bonne foi saurait l'admettre ? Je n'ignore pas que, en certaine école, il est de mode de dire que c'est aux dévotes qui fréquentent la messe, de payer les curés ; aux Français qui ont du goût pour le plain-chant ou pour le parfum de l'encens, d'entretenir les autels. Ce raisonnement est devenu banal, et il n'en vaut pas mieux pour cela. Ceux qui le tiennent oublient qu'il pourrait s'appliquer à bien d'autres choses qu'à la religion. En le prenant à la lettre, ce ne serait pas seulement le budget des cultes qu'il faudrait supprimer, ce serait bien d'autres budgets, celui de l'instruction publique d'abord, à commencer par l'enseignement supérieur, qui, pour la plupart de nos paysans ou de nos ouvriers, n'est qu'un luxe inutile. Ce serait ensuite le tour de l'agriculture, du commerce, des travaux publics, puis de la justice et des tribunaux civils, car, au lieu de fournir des juges aux plaideurs, l'État ne pourrait-il les laisser s'arranger entre eux ? Avec ce raisonnement on pourrait tout supprimer de proche en proche, et de préférence tout ce qui fait l'éclat et la fleur de notre civilisation. On a souvent cité comme exemple les musées, les théâtres, qui reçoivent des subventions de l'État ou des communes, bien que tous les citoyens n'en profitent pas, que plusieurs même les condamnent par principes. On a souvent demandé pourquoi l'État s'interdirait d'entretenir des églises, alors qu'il entretient des écoles d'actrices et de danseuses, qui, si elles servent aux mœurs, y servent d'une tout autre manière. Ne pourrait-on pas aussi bien dire, par ce temps d'instruction obligatoire et de laïcisation à outrance, que c'est aux partisans de la laïcité de payer les écoles laïques, et que les familles qui n'y veulent pas envoyer leurs enfants sont en droit de refuser leur argent.

C'en est assez de ce grossier argument ; il est trop aisé de le retourner contre les apôtres du laïcisme. En traitant la religion comme un service public, l'État, dès qu'il respecte la liberté des croyances, ne nous paraît ni empiéter sur les droits de l'individu, ni sortir de ses fonctions naturelles ; il travaille simplement à l'accomplissement de sa fin, c'est-à-dire au bon ordre de la société. Il est temps, du reste, de quitter le terrain du droit abstrait, qui, de loin, semble uni et facile, et qui n'en est souvent que plus glissant et dangereux. Il est des questions dans lesquelles la lointaine et douteuse lumière des principes spéculatifs ne vaut pas les clartés de l'histoire et du droit positif. En pareille matière, la méthode historique est encore, croyons-nous, la moins trompeuse. Rappelons-nous l'origine du budget des cultes en France, les circonstances et les conditions dans lesquelles il a été établi ; c'est la meilleure façon de juger de son maintien ou de sa suppression.

### III

*Du budget des cultes au point de vue historique. — La Révolution et le budget des cultes. — Comment, en 1789, l'entretien du culte était considéré comme un service public. — Engagement pris par la nation en mettant la main sur les biens du clergé. — Comment le traitement du clergé faisait partie de la dette nationale ". — En quoi consisterait la véritable séparation ? — Protestants. juifs et musulmans. — Ce qu'était à l'origine le budget des cultes. — De ses augmentations successives. — Comment la plus grosse partie du traitement du clergé a longtemps figuré à la dette publique.*

Où remontent, chez nous, le budget des cultes et le salaire du clergé ? À la Révolution et à 1789. Les partisans de la séparation de l'Église et de l'État prétendent s'appuyer sur les principes de la

Révolution ; ils oublient que le régime qu'ils prétendent détruire a précisément été imaginé par la Révolution. Nous pourrions en tirer parti pour soutenir que c'est le seul conforme aux principes de 1789. Nous ne le ferons point les principes sont, de leur nature, vastes et vagues ; ils recèlent souvent des conséquences qui n'apparaissent qu'après coup et échappent à ceux qui les proclament. Ainsi en est-il particulièrement de la Révolution et des principes de 1789. Bien présomptueux qui prétendrait en limiter la portée, bien clairvoyant qui discernerait tout ce qui en doit sortir. Pour notre part, nous nous contenterons de remarquer que, la Révolution ayant elle-même inventé de salarier le clergé, il est malaisé de persuader que cela soit en contradiction manifeste avec ses principes. Il faut, à tout le moins, distinguer entre la révolution abstraite, impersonnelle, que chaque génération ou chaque école se représente à son gré, et les idées, les conceptions des hommes mêmes de la Révolution.

Or, pour ces derniers, aucun doute. Aux yeux des plus grands ou des plus marquants, de Mirabeau jusqu'à Danton et à Robespierre, l'entretien du culte était essentiellement un service public. Je ne crois pas que jamais on ait proclamé ce principe plus haut qu'à l'Assemblée constituante. Ses orateurs soutenaient que, l'entretien du culte étant un service public, c'était à l'État, et non aux particuliers ou aux fondations privées, de s'en charger. Mirabeau affirme à mainte reprise que " l'État doit à chacun de ses membres les dépenses du culte ; que le service des autels est une fonction publique ; que, la religion appartenant à tous, il faut que ses ministres soient à la solde de la nation, comme le magistrat qui juge au nom de la loi, comme le soldat qui défend, au nom de tous, des propriétés communes [1] ". Et, de fait, l'une des erreurs de la Révolution, en pareille matière, est d'avoir si bien regardé le culte comme une fonction publique, qu'elle a fini par ne voir dan. le prêtre qu'un fonctionnaire public. De là le vice radical, de là le fatal malentendu de la constitution civile du clergé, l'une des choses qui ont le plus contribué à jeter la Révolution dans la voie de la violence et du sang [2].

---

1 Discours de Mirabeau à l'Assemblée constituante, 30 octobre 1789.
2 L'article 1° de la constitution civile du clergé, décrétée le 15 Juillet 1790, était ainsi libellé : " Les ministres de la religion exercent les premières et les plus importantes

Aux yeux de Mirabeau et de la Constituante, " le service des autels est une dette de l'État ". Et dans quel sens est-ce une dette ? Aujourd'hui, par exemple, les catholiques disent la même chose ; et ils le disent, comme nous le rappellerons tout à l'heure, dans le sens propre du mot, l'État étant devenu le débiteur de l'Église en s'emparant de ses biens. Le raisonnement de Mirabeau est tout autre ; il est en quelque sorte inverse et bien autrement explicite sur l'obligation de l'État vis-à-vis de la religion. L'orateur de la Constituante s'appuyait sur ce que l'entretien du culte était une dette de l'État pour revendiquer, au profit de la nation, la propriété des biens du clergé. Si singulière que nous semble cette argumentation, elle vaut la peine d'être signalée, ne serait-ce que pour montrer combien, sur ce point, les vues des hommes de 1789 étaient différentes des vues de ceux qui se donnent comme leur continuateurs. L'État devant à ses membres les dépenses du culte, les princes, les corporations, les particuliers qui avaient enrichi le clergé n'avaient fait, disait-on, que " pourvoir à une dépense publique ". Par suite, la nation avait, selon Mirabeau, le droit de reprendre les biens donnés en son nom, à condition de se charger elle-même d'une dépense qui lui incombait naturellement. Peu importe la valeur de ce raisonnement, il a été sanctionné par les votes de la. Constituante, et l'on voit qu'il n'a rien de commun avec le système des laïcisateurs contemporains, pour lesquels la religion est un objet essentiellement privé que le législateur doit ignorer.

Pour Mirabeau et pour la Constituante, l'entretien du culte était ainsi une obligation de l'État ; mais combien cette obligation n'est-elle pas devenue plus stricte depuis que l'État s'est approprié les biens ecclésiastiques, et qu'en le faisant, l'État s'est engagé solennellement à fournir au clergé et aux églises les ressources qu'ils tiraient jusque-là de leurs terres ? C'est là un fait sur lequel nous ne pouvons passer légèrement ; car, est-il permis de discuter *in abstracto* si l'entretien du culte incombe ou non à l'État, il n'est pas permis d'oublier que, en France, l'État s'en est chargé par un engagement formel, et que cet engagement, qui n'avait rien de gratuit, rien ne l'autorise à s'en délier.

 En mettant les biens du clergé " à la disposition de la nation ", fonctions de la société... ; ils seront défrayés par la nation ".

La Révolution et la séparation de l'Église et de l'État

la Constituante, par l'organe de Mirabeau, tenait à se défendre du reproche d'usurpation de la propriété. Sur ce point, elle était loin d'être insensible aux objections de l'abbé Maury et. de Cazalès. Elle sentait fort bien que violer une propriété, de quelque ordre qu'elle fût, c'était menacer toutes les autres. Si Mirabeau et l'Assemblée constituante s'élevaient contre la perpétuité des fondations, c'était, avaient-ils soin d'assurer, dans la forme où ces fondations avaient été établies. En en transmettant la gestion a l'État, ils prétendaient ne pas les détourner de leur objet ; ils ne s'en attribuaient même pas le droit. Que ces fondations provinssent des largesses des princes, des corporations ou des particuliers, Mirabeau soutenait " qu'en se les appropriant, sous la condition inviolable d'en recueillir les charges, la nation ne portait aucune atteinte au droit de propriété, ni à la volonté des fondateurs ", deux choses que la Constituante prétendait respecter, sentant bien que, autrement, la sécularisation des biens de l'Église n'eût été qu'une pure et simple confiscation. D'après Mirabeau et les hommes de 1789, la nation, en mettant la main sur les biens du clergé, ne faisait en quelque sorte que reprendre l'administration de ces biens, sans aller contre l'intention de ceux qui les avaient donnés à l'Église " pour la religion, pour les pauvres et le service des autels ". Selon le grand tribun, les ecclésiastiques n'étaient réellement pas propriétaires des biens de l'Église ; ils n'en étaient même pas, à proprement parler, usufruitiers, comme l'admettait Talleyrand ; ils en étaient simplement les dispensateurs, les dépositaires, point de vue trop oublié du clergé, et plus encore de la cour et des princes, qui si longtemps avaient distribué les biens d'Église à leurs créatures. Les revenus ecclésiastiques avaient, sous l'ancienne monarchie, été si souvent détournés de leur destination première, par les rois et par le clergé même, qu'en en rendant la gestion à l'État, en lui donnant le droit d'en user pour certaines nécessites publiques, on pouvait se persuader qu'on en disposait d'une manière plus conforme aux vœux des fondateurs.

Quels que fussent leurs mobiles secrets, les Constituants étaient unanimes à reconnaître le droit du clergé et des édifices religieux à être entretenus à perpétuité sur le produit des biens de l'Église, devenus biens nationaux. Mirabeau insistait, vis-à-vis de la droite

Anatole Leroy-Beaulieu

de l'Assemblée, sur ce que son objet n'était point de demander que le clergé " fût dépouillé pour mettre d'autres citoyens à sa place ". Il déclarait même n'avoir nulle intention de soutenir " que les créanciers de l'État. dussent. être payés sur les biens du clergé, parce qu'il n'y a pas de dette plus sacrée que les frais du culte, l'entretien des temples et les aumônes des pauvres [1] ". À l'heure même où elle s'emparait des terres du clergé, en lui déniant le titre de propriétaire, la Révolution proclamait le droit de l'Église de France à vivre du revenu des biens qu'on lui enlevait [2]. Les décrets de la Constituante du 11 août et du 2 novembre 1789 doivent être considérés comme des mesures d'expropriation, et, pour l'Assemblée qui vota cette expropriation, le budget du culte, institué par elle, eut le caractère d'une indemnité.

Voilà quels arguments ont décidé l'Assemblée constituante à séculariser la fortune du clergé ; voilà les principes qu'on mettait en avant en 1789. Est-on curieux de voir en quels termes la Constituante a procédé à la sécularisation des biens de l'Église ? Voici le texte de son décret du 2 novembre 1789, décret dont presque tous les termes étaient empruntés à la rédaction de Mirabeau : " L'Assemblée nationale déclare que tous les biens ecclésiastiques sont à la disposition de la nation, à la charge de pourvoir d'une manière convenable aux frais du culte, à l'entretien de ses ministres et au soulagement des pauvres [3]. "

1 Discours du 30 octobre 1789.

2 Dans un second discours, le 2 novembre 1789, Mirabeau était peut-être plus explicite encore. Il déclarait que les biens ecclésiastiques avaient été " *irrévocablement donnés*. non point au clergé, mais à l'Église, mais au service des autels, mais à l'entretien des temples, mais à la portion indigente de la société ".

3 Pour montrer ce qu'elle entendait par traitement convenable, l'Assemblée constituante votait en même temps, toujours sur la proposition de Mirabeau, l'article suivant : " Que, dans les dispositions à faire pour subvenir à l'entretien des ministres de la religion. il ne puisse être assuré à la dotation d'aucun curé moins de 1200 livres par année, non compris le logement et les jardins en dépendant. Le titre III de la Constitution civile du clergé déterminait les traitements des évêques, des curés, des vicaires, proportionnellement à la population des localités. Ainsi établie, la dotation du clergé fut fixée au chiffre de 153.847.600 livres ; et, cette somme, autrement considérable que notre budget des cultes, on la déclare " consacrée par la nation à ce qu'elle n'a cessé de regarder comme le premier de ses devoirs ". Voir, dans les *Annales de l'Ecole libre des sciences politiques,* une étude de M. Léouzon Le Duc (15 avril 1889).

La Révolution et la séparation de l'Église et de l'État

Cela est-il assez net, et l'engagement est-il assez solennel ? Comment, après cela, s'étonner que le clergé ose prétendre que son traitement n'est qu'une indemnité et que son maigre salaire constitue une véritable dette ? Comment contester que, en bonne justice, il a, vis-à-vis de l'État et de la nation, une créance que le pays ne peut nier qu'en violant la parole donnée, en son nom, par la Constituante et en se mettant dans l'obligation morale de restituer au clergé les biens qui le faisaient vivre ? Est-ce au moment où la France s'apprête à fêter le centenaire de la Révolution qu'elle ira oublier de pareilles promesses ? Ce serait une singulière manière de célébrer 1789 que de manquer à tous ses engagements. Supprimer le modeste traitement du clergé, en gardant tout le revenu de ses biens sécularisés, ce ne serait pas seulement faire banqueroute à l'Église, ce serait faire banqueroute à la Révolution.

Car, encore une fois, c'est la Révolution, bien avant Napoléon, qui a reconnu le droit du clergé à un traitement. Le Concordat n'a fait que reprendre, après la tourmente de la Terreur et le chaos du Directoire, l'œuvre de la Constituante. En traitant avec l'Église, en rétablissant le budget des cultes, tout comme en rédigeant le code civil, Napoléon n'a fait qu'exécuter un legs de la Révolution, qu'achever la tâche entreprise par elle [1]. Il l'a fait avec plus de sens pratique ou plus de connaissance des choses, éclairé par les erreurs et les mécomptes des auteurs de la constitution civile du clergé. Il l'a fait d'accord avec l'Église, de façon que ce qui était un engagement de l'État est devenu un contrat entre l'État et la Papauté. Ce n'est qu'à ce titre, du reste, en échange du traitement promis à ses ministres, que l'Église, dûment représentée par le souverain pontife, s'est désistée de toute revendication de ses biens confisqués [2]. Le budget des cultes constitue ainsi, devant l'histoire, une véritable dette, et cela est si vrai que la Révolution l'avait elle-même formellement considéré comme tel [3].

1 Bonaparte était si bien, à cet égard, l'héritier et le continuateur de la Constituante que le Concordat, article 14, reproduit les termes mêmes du " décret " de la Constituante du 2 novembre 1789, et, comme ce dernier, promet aux ministres du culte un traitement " convenable ", *sustentationem quæ deceat* dit le texte latin.
2 Articles 13 et 14 du Concordat. Le rapprochement de ces deux articles ne saurait être considéré comme fortuit.
3 " Sous aucun prétexte, les fonds nécessaires à l'acquittement de la dette nationale ne pourront être refusés ni suspendus.... Le traitement des ministres du culte

Anatole Leroy-Beaulieu

On se plaît souvent à comparer les rapports actuels de l'Église et de l'État à un mariage mal assorti, dont les deux conjoints ont intérêt à rompre les chaînes. Dans ce cas, le Concordat est le contrat de mariage des deux époux. Ils ne peuvent se séparer sans renoncer aux avantages qu'ils se sont assurés par ce contrat ; et, pour l'État, l'un de ces avantages est la paisible jouissance des biens ecclésiastiques. On prétend, pour le bénéfice mutuel des deux intéressés, prononcer le divorce. Très bien ; mais en cas de divorce, il est d'usage de rendre à la femme la fortune apportée par elle. Or, ici, la dot, ce sont les biens de l'Église auxquels l'Église n'a renoncé, par l'organe de Pie VII, qu'en échange d'une indemnité. Garder la dot et renvoyer la femme sans même lui faire de pension, c'est un procédé qui, dans tous les pays du monde, passerait pour peu correct.

Veut-on effectuer quand même la séparation qu'on abandonne à l'Église ce qui lui revient légitimement, ce que l'État a, en 1801, comme en 1789, juré de lui conserver ; qu'on capitalise à son profit le budget des cultes et qu'on lui en remette le montant en titres de rente, ou bien, si on le préfère, qu'on lui en serve à perpétuité les intérêts en les inscrivant au chapitre de la dette. Voilà quelle serait la séparation équitable qui ne violerait aucun droit.

Elle consisterait à rendre à l'Église sa liberté, en lui laissant ses revenus. C'est à peu près ce qu'ont fait nos voisins de Belgique mais ce n'est pas du tout ce qu'on paraît vouloir faire chez nous. Et, en vérité., nous sommes, pour notre part, trop préoccupés des intérêts de l'État et de la société civile pour conseiller une pareille solution. Si l'on exige le divorce, c'est, pourtant, la seule manière honnête de divorcer. Tout autre procédé, de quelque nom qu'on le décore, ne serait toujours qu'une spoliation, c'est-à-dire ce que la Révolution elle-même a prétendu éviter.

Il a beau être de mode, dans certaine école, de faire fi des droits historiques les mieux établis, on comprend que l'Église n'oublie pas des titres aussi authentiques, et persiste à se considérer comme créancière de l'État. Pour nier son droit, il faut, avec les courtisans catholique fait partie de la dette nationale. " (Constitution de 1791, titre V, art. 2.)

La Révolution et la séparation de l'Église et de l'État

du bon plaisir populaire, regarder comme non avenus, non pas les legs obscurs de siècles lointains, mais les engagements les plus solennels de la France moderne ; il faut nier toute solidarité entre les diverses générations et répudier sans façon les dettes des pères, quand elles gênent les fils.

Les protestants et les israélites ne sauraient, il est vrai, faire valoir, à cet égard, les mêmes droits que les catholiques. Entre eux et l'État, il n'y a ni les mêmes engagements ni les mêmes contrats [1].

Est-ce à dire que l'État français, l'État qui a commis tant de violences sur leurs personnes et d'usurpations sur leurs biens, n'ait aucune dette vis-à-vis d'eux ? Juifs et protestants ne pourraient-ils, en un sens, être regardés comme ayant, eux aussi, sur la France, une sorte de créance morale ? Pourquoi le modique budget qui leur est alloué ne serait-il pas considéré comme une indemnité, comme une mince réparation pour les persécutions et les spoliations, dont les uns et les autres ont été si longtemps victimes ? Quand on se remémore les traitements infligés aux réformés, de la révocation de l'édit de Nantes à la veille de la Révolution, leurs temples rasés, leurs ministres traqués et envoyés aux galères, leurs communautés dispersées sous peine de mort, leurs propriétés corporatives ou privées confisquées, il semble de la plus vulgaire équité de les aider à rouvrir leurs églises, fermées par Louis XIV " en violation de la foy publique " et de la parole royale, l'édit de Nantes ayant été déclaré " perpétuel et irrévocable " par le plus moderne de nos anciens rois. Qu'on lise les éloquentes revendications de Jurieu, de Du Bosc, de Claude, d'Abbadie, de Saurin [2], et qu'on dise si les coreligionnaires de ces proscrits, si les héritiers des pasteurs du désert, si les descendants des huguenots qui, malgré toutes les persécutions, ont assez aimé la France pour ne pas la quitter, n'ont point autant de droit à une indemnité de la nation que les victimes du 2 décembre ?

1 Encore, Henri IV, en signant l'édit de Nantes, s'était-il engagé, par un article particulier, à payer annuellement aux églises réformées, sur les deniers royaux. une somme de 43.333 écus ou 130.000 livres, sur lesquelles furent d'abord imputées les dépenses de l'institution de deux académies protestantes pour la formation des ministres du culte.

2 Voir notamment Claude, *les Plaintes des protestants,* ouvrage réimprimé an 1885, par les soins de M. F. Puaux.

Anatole Leroy-Beaulieu

Et ce qui est vrai des protestants l'est non moins des juifs, eux aussi, frappés en dépit des promesses qui les avaient attirés [1], des juifs asservis, rançonnés, pillés, exilés, brûlés, non plus durant une centaine d'années, mais pendant des siècles entiers. Si la Révolution française s'est fait gloire de réparer les erreurs et les crimes de l'ancien régime, rien n'était plus digne de la France nouvelle que de ne point oublier les protestants et les juifs ; rien n'était plus d'accord avec ses principes que de subventionner les cultes de la minorité, aussi bien que la religion de la majorité. Pour tous ceux qui croient à la solidarité des générations dans une même patrie, le budget des cultes, tel qu'il a fonctionné au XIX° siècle, est fondé sur l'équité historique, non moins que sur l'intérêt bien entendu de l'État. C'est un devoir de justice, autant qu'un acte de haute politique [2].

Quant à l'inconséquence d'un gouvernement qui subventionne à la fois des doctrines contradictoires, nous laissons aux partisans des religions d'État le soin de s'en scandaliser. Au point de vue politique, le seul qui puisse trouver place ici, nous ne voyons là qu'une marque d'impartiale tolérance, une application du principe d'égalité devant la loi. Cela prouve simplement que, pour salarier les ministres du culte, l'État ne s'est fait ni le serviteur, ni l'agent d'une doctrine. Cela prouve que, alors même qu'il pourvoit aux besoins de la religion, l'État n'est guidé que par des considérations d'ordre temporel, les seules qui soient de sa compétence. Cela montre que, d'accord avec la notion de l'État moderne, l'État, en tant qu'État, n'est ni catholique, ni protestant, ni juif ; mais cela montre aussi qu'en dépit des axiomes de certains logiciens, malgré les prétentions des uns et les préventions des autres, l'État laïque n'est pas forcément athée, ni, encore moins, antireligieux.

À côté des hommes qui prétendent supprimer le budget des cultes et dénoncer le Concordat, il s'en rencontre de moins francs, ou de moins hardis qui se contentent de tourner le Concordat en rognant le budget des cultes. Si la France a pris l'engagement de salarier le

---

1 Voir, par exemple, M. Th. Reinach, *histoire des israélites,* p. 168 et *passim.*
2 On peut appliquer le même raisonnement aux subventions accordées au culte musulman en Algérie. Le fait même de la conquête, l'attribution à l'État de biens destinés à l'entretien du culte, sans parler des promesses de la capitulation d'Alger, nous constituent une dette vis-à-vis de la religion de nos sujets mahométans.

La Révolution et la séparation de l'Église et de l'État

clergé, l'État, disent-ils, ne doit au clergé que ce que Bonaparte lui avait alloué au lendemain du Concordat. Or, du Consulat à la fin du second Empire, la dotation de l'Église n'a cessé de s'accroître. La vraie politique concordataire consisterait à ramener le budget des cultes à ce qu'il était à son origine.

Les hommes qui raisonnent ainsi ne songent pas que, si le budget des cultes a notablement augmenté, il en est ainsi de tous les autres budgets, et de l'ensemble même du budget de la France. Ils ne songent pas que, ici encore, leur raisonnement pourrait s'appliquer à bien d'autres choses qu'à la religion, s'appliquer par exemple aux travaux publics, à l'administration, à la marine et à l'armée.

En fait, le rapide accroissement du budget des cultes est moins réel qu'apparent. Ceux qui s'en plaignent sont dupes d'une confusion. Ils répètent que, d'après les articles organiques annexés par Napoléon au Concordat, l'État ne devait salarier que les évêques et les curés de canton. Ils ne savent pas que, d'après ces mêmes articles organiques (art. 68), les autres curés, les desservants, devaient être pris parmi les ecclésiastiques pensionnés par l'État en vertu des décrets de la Constituante [1]. Pour n'être pas inscrit au budget des cultes, leur traitement n'en était pas moins soldé par le Trésor public.

Lors donc qu'on affirme que les desservants ne recevaient pas d'indemnité de l'État, on commet une erreur grossière. On oublie les décrets de la Constituante qui avait érigé le clergé en créancier de la nation et assuré à ses membres une dotation supérieure à tout ce que lui ont alloué depuis les gouvernements français.

De même, lorsqu'on prétend que, sous le fondateur du régime concordataire, sous Napoléon, le budget des cultes ne montait qu'à un ou deux millions, on choisit, à dessein, le moment où ce budget, rétabli par le Premier Consul, n'était pas encore constitué, et l'on omet, par calcul ou par ignorance, les pensions ecclésiastiques alors inscrites à la dette publique, pensions qui formaient le plus

1 " Les vicaires et desservants seront choisis parmi les ecclésiastiques pensionnés en exécution des lois de l'Assemblée constituante. Le montant de ces pensions et le produit des oblations formeront leur traitement. "

Anatole Leroy-Beaulieu

clair des revenus du clergé.

Les hommes assez légers pour répéter de pareilles assertions n'ont jamais ouvert le *Moniteur* des premières années du siècle. Ils n'ont pas daigné prendre la peine de feuilleter les budgets du Consulat et de l'Empire.

Prenons les Comptes rendus des finances, trois ou quatre ans après la signature du Concordat, alors que le service des cultes est à peine constitué. Examinons, par exemple, dans le *Moniteur,* le budget de l'an XIII. Qu'y lisons-nous ?

Nous y lisons ceci :

### MINISTÈRE DES CULTES

| | |
|---|---|
| Service du ministère | 13 millions |
| Pensions ecclésiastiques | 22 millions |
| | ——— |
| | 35 millions |

Et, qu'on le remarque bien, ce total de 35 millions est donné, sous cette rubrique, *Ministère des Cultes,* par le *Moniteur* lui-même [1]. De plus, on voit, par les documents officiels, que cette somme ne s'appliquait qu'aux départements de l'ancienne France, les pensions ecclésiastiques des nouveaux départements étant inscrites à part. On voit encore, par ces mêmes comptes rendus officiels, que le nombre des pensions ecclésiastiques s'élevait alors à près de 100.000, dont un tiers environ attribué à des femmes, aux religieuses des communautés dont la Révolution avait saisi les biens.

Ainsi, avant même que la France eût abandonné le calendrier révolutionnaire, 60.000 ecclésiastiques émargeaient au budget, et le service des cultes était officiellement porté aux états du Trésor pour 35 millions. Comment, après de pareils chiffres, oser soutenir que l'État ne subventionnait que les évêques et les curés de canton ?

---

1 *Moniteur,* an XIII, p. 578 : les chiffres sont en gros.

L'ignorance ou la mauvaise foi ont beau répéter que le budget des cultes s'est, depuis l'origine, démesurément accru, les documents officiels montrent qu'en fait, c'est, de tous les budgets, celui qui a le moins grossi.

D'où vient que le préjugé contraire est si répandu ? Cela vient, en partie, de ce que les pensions ecclésiastiques ont été, depuis lors, reportées au chapitre de la dette publique, ce qui n'empêchait nullement l'État de continuer à les solder, et le clergé de continuer à les toucher.

À mesure que les titulaires des pensions votées par la Constituante venaient à disparaître, les sommes inscrites en leur faveur, sous le titre de pensions ecclésiastiques, au chapitre de la dette, étaient rayées de ce chapitre, et une somme équivalente était portée au budget des cultes, pour le traitement des ecclésiastiques qui succédaient aux prêtres pensionnés.

Il en résultait que le budget des cultes augmentait, chaque année, d'une somme égale à la somme dont diminuait le chiffre des pensions ecclésiastiques ; mais il n'y avait là qu'un procédé de comptabilité, une sorte de compte d'ordre. L'État n'en payait pas un sou de moins, et le clergé n'en recevait pas un sou de plus [1].

Que si, en dehors de là, le budget des cultes a légèrement grossi d'année en année, quel est le ministère dont les dépenses sont restées stationnaires, depuis le commencement du siècle ? Quelle est la catégorie de fonctionnaires dont le nombre et le traitement n'ont pas augmenté ? Il serait à souhaiter, pour nos finances, que les traitements civils de toute espèce ne se fussent pas plus accrus que la dotation du clergé.

Aujourd'hui encore, les curés de campagne ne touchent pas un

---

1 Voici comment cette augmentation apparente du budget des cultes était mentionnée dans les budgets de la Restauration et de la Monarchie de Juillet.
" Augmentation résultant chaque année, au budget des dépenses des cultes, *sans accroissement au budget général de l'État,* des sommes nécessaires pour payer le traitement complet des jeunes ecclésiastiques qui remplacent les curés et desservants décédés. dont les pensions étaient déduites du traitement. La même somme était précédemment payée à ceux-ci, comme pension, sur le budget de la dette publique. (Voir, par exemple, le projet de budget des cultes pour l'exercice 1833.)

Anatole Leroy-Beaulieu

traitement. égal à celui que leur avaient voté les constituants de 1789 et 1791. La grande Assemblée de la Révolution avait fixé à 1200 francs, non compris le logement et le jardin, le traitement des curés de village, et l'on sait qu'avec 1200 francs on était alors plus riche qu'avec 2000 francs aujourd'hui.

## IV

*La question des édifices du culte. — Par qui et pour qui ont été bâties les églises ? — Comment on ne saurait les enlever au clergé sans une véritable spoliation. — Comment les églises ne peuvent être que des églises. Intérêt de l'art et de la science à ce qu'elles soient conservées au culte.*

Le traitement du clergé n'est pas seul en cause dans la séparation des Églises et. de l'État. L'État, en effet, ne pourvoit pas uniquement à l'entretien des ministres de la religion ; l'État, ou, à son défaut, les communes pourvoient également à la construction ou à l'entretien des édifices du culte, des églises, des presbytères, des séminaires. De là, dans l'hypothèse de la séparation, un second problème, en réalité, peut-être plus ardu que le premier. En séparant l'Église de l'État, que fera-t-on des cathédrales catholiques, des temples protestants, des synagogues israélites, des mosquées musulmanes, aujourd'hui attribués par la loi aux cultes reconnus par l'État ? C'est là une des premières questions à poser aux partisans de la séparation, car elle n'intéresse pas seulement le culte, mais une chose, à nos yeux, non moins sacrée que la liberté religieuse, une chose dont, libre penseur ou athée, aucun Français n'oserait encore faire fi : l'art, l'histoire, la civilisation nationale.

On sait quelle est, en droit, la situation des églises. Quelques-unes, les cathédrales, par exemple, font partie du domaine de l'État ; la plupart, les églises paroissiales notamment, sont censées appartenir aux communes [1]. Mais, quand l'État, le département ou la commune

---

1 L'article 12 du Concordat s'exprime ainsi : " Toutes les églises métropolitaines, cathédrales, paroissiales et autres non aliénées, nécessaires au culte, seront mises à la disposition des évêques ". M. E. Ollivier, *Nouveau manuel de droit ecclésiastique,* p. 548, fait remarquer que si l'on donne à ce mot : mises à la disposition, la même signification que la Constituante, lors de l'expropriation des biens du clergé, cela implique la propriété.

auraient légalement la propriété des édifices religieux, l'Église et les ministres des différents cultes en ont légalement la jouissance [1]. Le propriétaire des édifices consacrés au culte, c'est-à-dire l'État ou la commune, a-t-il, en bonne conscience, le droit d'en changer la destination ? Est-il libre d'en évincer l'usufruitier ? Nous parlons ici du droit moral, et non pas naturellement du droit légal, créé et modifié à volonté par des législateurs changeants, passionnés, qui, dans l'intérêt de leurs haines ou de leurs convoitises, peuvent aller jusqu'à méconnaître les titres de propriété les plus authentiques. Pour être votées par la majorité d'une Chambre ou d'un conseil municipal, certaines " désaffectations " n'en constitueraient pas moins une confiscation.

Veut-on procéder en bonne justice, conformément aux notions de l'équité la plus élémentaire, on ne saurait décider de la propriété et du sort des églises sans se demander par qui, et pour qui, les églises ont été construites. La première question est-elle douteuse, la seconde ne l'est point.

Par qui ont été édifiées les cathédrales ? par qui, les églises paroissiales des villes ou des villages ? Est-ce bien, toujours, par l'État et par les communes, qui s'en attribuent la propriété ? Cela peut être, mais ce n'est assurément pas là une règle générale. Beaucoup d'églises, de tout âge et de toutes dimensions, ont été construites par les évêques, beaucoup par les moines, d'autres par des confréries, d'autres par des particuliers. Un grand nombre d'édifices religieux, parfois les plus vastes et les plus beaux, ne sont que d'immenses *ex-voto* de pierre, érigés au sortir des guerres ou des pestes du moyen âge. Le plus souvent, la cathédrale, l'église a été élevée, à la fois, par le clergé et par les laïques, par les princes et par les communes ; les générations s'en transmettant l'une, à l'autre l'achèvement et l'embellissement, sans que, dans ces oeuvres collectives, si fréquemment reconstruites et sans cesse remaniées, où l'œil de l'archéologue a peine à reconnaître l'apport de chaque siècle, on puisse déterminer la part de chaque main, ou de chaque bourse.

Des exemples contemporains peuvent nous donner une idée de

1 Tel nous paraît être le sens de l'article 12 du Concordat.

Anatole Leroy-Beaulieu

la manière dont se sont bâties les églises, car, jusqu'en notre âge de scepticisme et d'effacement individuel, beaucoup ont été érigées, ou relevées, par l'initiative privée. En dehors des nombreuses églises de campagne, restaurées ou refaites à neuf par le zèle toujours entreprenant des curés ; en dehors des grands sanctuaires de pèlerinage, élevés, sous nos yeux, d'un bout de la France à l'autre, de Boulogne-sur-Mer à Lourdes et à Notre-Darne-de-la-Garde, on peut, à Paris même, trouver des exemples de la façon dont s'est fondée mainte église du passé. Pour s'en rendre compte, il n'y a, selon le conseil d'un de nos anciens ambassadeurs auprès du Saint Siège [1], qu'à faire l'ascension de la butte Montmartre et à visiter la basilique du Sacré-Cœur. Regardez ces murailles dressées, au-dessus du Paris incrédule, par les offrandes des fidèles. Vous y verrez inscrit le nom des localités, des associations, des particuliers qui ont contribué, de leurs deniers, à l'érection de la basilique. Si, comme le demanderont, peut-être bientôt, le Palais-Bourbon ou l'Hôtel de Ville, on voulait exproprier le Sacré-Cœur du mont des Martyrs, il faudrait, pour rendre aux fondateurs ce qu'ils ont chacun apporté au nouvel édifice, le démonter pièce à pièce, pierre à pierre.

Ainsi en serait-il de la plupart des monuments sacrés, si, par un sentiment d'impersonnelle humilité, les donateurs, comme les artistes eux-mêmes, n'avaient laissé, le plus souvent, des oeuvres anonymes, satisfaits de savoir leur nom connu de celui qui a dit, à la main gauche, d'ignorer ce que donne la main droite. À certaines époques, cependant, à partir de la fin du moyen âge, lorsque l'art fut devenu plus individuel et plus mondain, au XV° et au XVI° siècle, notamment, les princes et les particuliers se sont plu à faire sculpter leur chiffre ou leurs armes, et souvent même à faire représenter leurs traits périssables, sous les voûtes des églises qu'ils enrichissaient de leurs dons. Les reliefs trop souvent mutilés, les peintures pâlies et à demi effacées, les verrières, heureusement plus durables dans leur fragilité, en fournissent d'innombrables exemples ; et clercs ou séculiers, nobles ou bourgeois, les fidèles, dont la piété ou la vanité ornaient les murs de la maison du Seigneur, le faisaient pour la gloire du Christ, pour Notre-Dame la Vierge et pour les saints, non pour les communes ou l'État laïque, qui devaient, un

1 M. le marquis de Gabriac, *l'Église et l'État.* 1886.

La Révolution et la séparation de l'Église et de l'État

jour, s'en arroger la propriété, et encore moins pour les barbares caprices des fanatiques de la laïcisation.

Ignore-t-on, le plus souvent, par quelles mains a été posée la première pierre des églises, on sait, d'ordinaire, comment elles ont été entretenues et réparées à travers les âges. Aujourd'hui encore, quels soins y pourvoient, si ce n'est le zèle fertile en ressources du clergé et les aumônes des fidèles ? On sait surtout pour qui les églises ont été construites, à qui elles ont été destinées et léguées. Pour le savoir, il n'est besoin ni de charte scellée d'un sceau gothique, ni d'inscriptions latines ou vulgaires sur les murs de l'édifice. L'intention des fondateurs est écrite dans le monument lui-même, en termes non moins formels que dans un testament authentique, ou dans les actes enregistrés par les notaires. La volonté des fondateurs, elle est proclamée par leur oeuvre ; elle éclate en traits ineffaçables dans le plan de l'église, dans les bras de la croix du transept, dans les mystérieuses arcades du chœur, dans les voussures du portail, dans la crypte sombre qui s'ouvre sous l'autel, dans les nefs hardies qui montent comme une prière et les tours aériennes qui s'élancent vers le ciel. On en expulserait les anges ou les saints dont, en dépit des iconoclastes de la Révolution, l'image, peinte ou sculptée, en peuple encore les murs, que du porche au chevet, et des dalles qui la pavent aux arceaux de ses voûtes, la destination de Notre-Dame resterait inscrite dans chacune de ses parties, dans chacun de ses détails, qui tous ont un sens symbolique. Riche ou pauvre, jeune ou vieille, l'église a été vouée au culte du Christ l'enlever au Christ, ce serait être infidèle à la volonté de nos pères, soustraire une part de leur héritage à ceux auxquels nos aïeux l'ont légué.

Ogivales ou romanes, renaissance ou pseudo-classiques, la destination des églises est si claire que, le plus souvent, on n'en saurait faire autre chose sans les défigurer, sans les mutiler. Églises elles sont, églises elles resteront. Comme au clergé qui les dessert, on peut leur appliquer le *Sint ut sunt, aut non sint*. Pour la plupart, à commencer par les plus belles — que tous ceux qui gardent quelque souci de l'art et de l'histoire y songent, — il n'y a pas d'autre alternative que de demeurer des églises, ou de n'être plus. L'église

Anatole Leroy-Beaulieu

répugne à être laïcisée ; on ne se représente pas une cathédrale
" désaffectée ".

Les Turcs le Mahomet II ont pu travestir Sainte-Sophie en
mosquée. Ils ont eu beau en renverser la croix grecque et en
badigeonner les mosaïques, on sent toujours, à Sainte-Sophie, que
l'Islam n'est pas chez lui. Et encore, la basilique de Justinien n'a fait
que passer d'un culte à un autre ; sa vaste coupole d'azur continue à
abriter la prière mais nous, le jour de la séparation de l'Église et de
l'État, quand on aura prononcé la sécularisation des édifices sacrés,
que ferons-nous des centaines, des milliers d'églises, cathédrales,
paroissiales, succursales de toute sorte, byzantines, gothiques,
italo-grecques, qui sont la parure architecturale de la France et, à
tous égards, l'une des gloires du génie français ? Qu'en fera-t-on, à
moins qu'on ne substitue une religion à une autre, et qu'on ne les
érige en temples de la Raison ou de l'Humanité ? Ira-t-on toutes
les convertir en Panthéon ? et chaque ville, chaque bourgade aura-
t-elle, pour ses notables ou ses magistrats municipaux, le temple
de ses gloires ou de ses vanités locales ? Aimera-t-on mieux en
faire des musées ; mais de quelles oeuvres d'art remplir leurs larges
nefs ? Les conservera-t-on désertes et nues, aux frais de l'État ou
des communes, pour la curiosité des archéologues ou le plaisir des
artistes ? pour laisser l'oisiveté des touristes en faire résonner les
dalles vides sous les voûtes muettes ?

Que proposent d'ordinaire les partisans de la séparation ?
D'abandonner aux départements et aux communes la disposition
des édifices du culte ; de leur permettre de les convertir, à leur gré,
en halles, en magasins, en usine, en manège, en salle de concert ou
en préau de foire. Les plus libéraux autoriseraient les municipalités
à laisser les églises au culte, en les louant au clergé, sauf à concéder
le soir la chaire de l'Évangile aux apôtres démocratiques ou aux
conférenciers de passage. Beaucoup, s'inspirant des pittoresques
souvenirs de la Commune de 1871, aiment à se représenter le club
succédant, le soir, à la messe du matin comme si l'Église, qui consacre
les murs de ses maisons de prières, avec les mêmes onctions que
les membres de ses fidèles, pouvait jamais s'accommoder d'une
telle promiscuité. L'intolérance du clergé ne sachant se résigner

an partage, le club resterait le maître du sanctuaire et, de fait, une fois " désaffectées ", bien des églises, aujourd'hui, comme sous la Révolution ou sous la Commune, finiraient en clubs. Selon l'expression de Cambon, en 1794, alors que, par le décret du 2° jour des sans-culottes de l'an II, la Convention enleva les églises au culte après avoir fomenté les superstitions, elles serviraient de lieux de réunion pour former l'esprit public [1] ".

Un orateur populaire, vantant les bienfaits de la séparation et de la désaffectation des églises, faisait naguère, à Reims, le calcul des ménages que le gouvernement de l'avenir pourrait, un jour, loger sous les voûtes de la cathédrale où la France de Jeanne d'Arc faisait sacrer ses rois. C'était, pour lui, une manière de trancher la question des logements à bon marché. Et, en effet, à prendre leurs dimensions en largeur et en hauteur, que de milliers ou de millions de familles un statisticien ne pourrait-il abriter dans les églises de France ! car, avec les ascenseurs et les calorifères, pourquoi, dans ces immenses ruches de pierre, les cellules ouvrières ne monteraient-elles point jusqu'aux arceaux des nefs et à la plate-forme des tours ? Si ridiculement puérils que semblent de tels projets, on n'a qu'à voter la séparation et à laisser aux communes la libre disposition des édifices religieux, pour voir ce siècle utilitaire enfanter, et parfois mettre a exécution, des projets non moins bizarres et non moins barbares. Pendant que, à l'instar des juifs de Jérusalem, pleurant sur les murailles du Temple, les fidèles, chassés du lieu saint, pleureraient sur la profanation du sanctuaire, l'artiste et le poète auraient, eux aussi, à verser des larmes sur la profanation de la beauté, de l'art et de l'histoire, immolés, tout comme la vieille religion, au dieu nouveau, au dieu vulgaire, au dieu jaloux, s'il en fut, l'utilitarisme.

L'État, dira-t-on, l'État prendra sous sa garde les monuments historiques ; l'État se fera honneur d'entretenir, à ses frais, les églises qui méritent de survivre, les cathédrales notamment. En fait, l'État serait bientôt débordé, il se lasserait promptement d'entretenir des centaines d'édifices " qui ne serviraient à rien ". Notre France est si prodigieusement riche en monuments religieux de tout âge que l'État ne suffirait pas à une tâche pareille. Voudrait-il la remplir,

1 Décret de la Convention du 17 septembre 1794.

Anatole Leroy-Beaulieu

que les futures commissions du budget lui rogneraient bientôt des dépenses d'autant plus suspectes qu'elles s'appliqueraient aux monuments de la superstition. Il en serait bientôt de la plupart des cathédrales, comme de nos plus célèbres abbayes. Il n'a pas fallu un siècle pour que leur beauté ne fût plus qu'un souvenir. Heureuses encore celles auxquelles on a permis de tomber en ruines, et dont le lierre et la clématite sauvage ont pu envahir librement les cloîtres déserts ! On sait ce que sont devenues les autres. De Clairvaux à Fontevrault, qu'a-t-on fait des plus nobles monastères de l'ancienne France ? — Des prisons ou des haras.

Il me revient à la mémoire une gravure du siècle dernier représentant une église de Paris, " l'église ci-devant Saint-Nicolas ", convertie en atelier de menuiserie. Et la légende du temps se félicitait, en vers dignes du sujet, d'une pareille métamorphose [1]. Que de gens aujourd'hui, tout comme il y a cent ans, applaudiraient à une semblable transformation et se réjouiraient, en bonne conscience, d'entendre, au lieu des *oremus* du prêtre, le rabot du menuisier ou le marteau du maréchal ferrant ! pour des milliers de nos compatriotes, rien ne serait plus digne d'un siècle de lumières. Laissez ordonner la désaffectation et, si elles ne deviennent toutes des clubs, les églises dont on ne fera point des granges seront converties en forges, en filatures, en usines, à la grande édification des philosophes de village et des grands esprits de cabaret, fiers de voir la vapeur remplacer l'inutile fumée de l'encens. Car ce qui, aux yeux de maint électeur, condamne ces monuments de la religion, ce qui en fut le crime et leur vaut beaucoup de leurs ennemis, c'est, précisément, qu'ils ne servent à rien, qu'on n'y fabrique et n'y produit rien. N'est-ce pas là, pour des hommes de progrès, un abus dont il serait temps de faire cesser le scandale ? Ils ne sentent pas, ces apôtres du progrès. qu'en face du culte triomphant des intérêts matériels, il est bon que dans chaque village, au milieu des hommes les plus accablés par les soucis de l'existence, il y ait un monument

---

1 Voici, autant qu'il m'en souvient, avec leurs fautes mêmes de prosodie. quelques-uns de ces vers :

> Dans le temple où régnait la molle oisiveté
> Vous voyez aujourd'hui briller l'activité,
> Les arts, la science, le génie
> Et l'utile talent de la menuiserie.

La Révolution et la séparation de l'Église et de l'État

en apparence inutile, qui n'abrite qu'un hôte invisible, qui ne rapporte rien, qui ne serve à rien, si ce n'est, chose fort dédaignée de quelques-uns, à former des hommes honnêtes et des filles chastes. Or, c'est là précisément ce qui, en dehors de toute considération religieuse, fait le prix et l'honneur de nos plus humbles églises de campagne ; c'est que leurs clochers d'ardoises ou de tuiles rouges protestent contre l'envahissement de la vie matérielle et l'abject utilitarisme du jour ; c'est que la voix aérienne de leurs cloches rappelle, aux plus grossiers, que la destinée de l'homme peut ne pas se borner à la production et au travail quotidien. Et cela, nos paysans en gardent eux-mêmes parfois un vague sentiment, et c'est pour cela qu'indépendamment de toute foi chrétienne, bien des villages tiennent encore à leur église.

## V

*Comparaison avec l'étranger. — Comment procède-t-on à la séparation dans les pays anglo-saxons ? — Le Disestablishment dans la Grande-Bretagne. — Sous quel aspect il se présente. — Richesses de l'Église anglicane. — Comment les Anglais ont effectué la séparation en Irlande. — De la faculté de posséder et de recevoir des legs. — L'exemple des États-Unis. — Comment. en prétendant imiter les États-Unis, on veut, en réalité, nous faire faire tout l'opposé.*

Un des meilleurs moyens d'élucider un problème politique, c'est de chercher les cas analogues au dehors. Rien ici de plus instructif que la comparaison. Laissons donc un moment la France et nos théories, nos préjugés ou nos passions ; voyons comment on entend la séparation de l'Église et de l'État, là où elle existe ; comment on prétend l'effectuer, là où on la prépare. Examinons les modèles, puisqu'il y a des modèles qu'on propose sans cesse à notre imitation. Que nous apprend l'exemple de l'Angleterre, qui a récemment opéré la séparation en Irlande, et qui songe à l'essayer dans la Grande-Bretagne ? Que nous enseignent les États-Unis, la terre classique de la liberté religieuse, où l'État et les diverses Églises vivent sans liens et sans querelles, n'ayant jamais fait meilleur ménage que depuis leur divorce ?

La question si intempestivement posée en France ne nous est

Anatole Leroy-Beaulieu

pas particulière ; la démocratie contemporaine l'agite en d'autres pays de l'Europe, chez nos voisins d'outre-Manche notamment. L'Angleterre nous offre, à cet égard, un curieux parallèle. Chez elle aussi, un parti, dont l'ascendant semble aller croissant, réclame impérieusement la séparation de l'Église et de l'État. L'on ne saurait s'en étonner, alors que, sous la conduite de M. Chamberlain ou de M. Morley, les nouvelles couches électorales semblent avoir pour ambition de détruire pièce à pièce la vieille Angleterre. Comment des hommes qui ne craignent pas de porter la main sur les bases de la propriété s'arrêteraient-ils longtemps devant l'antique et gothique édifice, où tout rappelle le moyen âge ou l'époque, déjà presque aussi lointaine et aussi démodée, des Tudors et des Stuarts ? L'Église établie, à la fois privilégiée et asservie, deux choses qui en pareil cas vont d'ordinaire ensemble, ne parait qu'un anachronisme à ces Anglais, revenus de leur longue superstition nationale pour le passé. Elle a contre elle sa longévité et sa conservation même ; plus elle est demeurée intacte et plus on la trouve surannée. Si l'on compare les deux pays et les deux Églises dominantes, il n'est pas douteux qu'en Angleterre la séparation semble autrement urgente et autrement facile qu'en France.

En Angleterre, le Parlement ne se trouve point en face d'une grande Église de 200 millions d'âmes, dont le chef réside à l'étranger ; il a, devant lui, une Église nationale , insulaire qui, loin d'être antérieure à l'État, est, à bien des égards, une création et une créature de l'État ; une Église qui, selon le terme anglais, est un " établissement " essentiellement politique et. par bien des côtés, aristocratique, devant à sa situation officielle une bonne part de son prestige. En Angleterre, l'État n'est point lié à l'Église par une convention bilatérale, par un concordat, puisque l'Église a toujours été soumise à la suprématie royale ; que le Parlement a toujours eu le droit de légiférer sur elle ; que son *credo*, que sa liturgie ont été fixés par des lois ; que ses évêques sont à la nomination de la couronne , sans immixtion d'autorité étrangère, " le congé d'élire " n'ayant jamais été qu'un vain simulacre ; qu'en somme l'Église n'a d'autre chef que le chef même de l'État, la reine, qui porte encore officiellement le titre de défenseur de la foi. Dans le Royaume-Uni enfin, l'Église établie ne saurait revendiquer comme son troupeau la majorité de la population. En Irlande, la séparation, le *disestablishment*, est déjà effectuée. En

Écosse, s'il y a une Église établie, ce n'est pas l'Église épiscopale anglicane, c'est une Église presbytérienne sans évêques. Dans le pays de Galles, Si l'anglicanisme garde les privilèges d'une Église d'État, il a perdu tout ascendant sur la plus grande partie des habitants, qui désertent la *church* pour les *chapels* des dissidents. Dans l'Angleterre saxonne elle-même, les non-conformistes contestent obstinément que l'Église officielle compte parmi ses fidèles la majorité des Anglais [1]. Il est oiseux de montrer quels arguments et quelles facilités cela seul offre aux partisans de la séparation, ou de " la libération ", comme disent les non-conformistes, qui, en réclamant le *disestablishment,* font profession de réclamer l'affranchissement de l'Église dont ils combattent les privilèges. Moins l'Église établie compte de membres, et moins le *disestablishment* froisserait de consciences, moins il blesserait d'intérêts, moins le gouvernement, en rompant les liens actuels, doit craindre de former un État dans l'État.

Ce ne sont pas là les seules différences entre les deux pays et les deux Églises de France et d'Angleterre. À l'inverse du catholicisme en France, l'anglicanisme est une véritable religion d'État, en possession de privilèges politiques et d'avantages matériels qui fournissent à ses adversaires une double base d'attaque. Si elle n'a plus, de même que les communes et les lords, ses assemblées, ses *convocations,* l'Église a ses représentants au Parlement. Ses évêques ont gardé leur banc à Westminster ; ses curés, ses *parsons* jouissent de certaines prérogatives honorifiques. L'anglicanisme a, jusqu'en 1880, régné en maître dans les universités. C'est la main de ses évêques qui sacre les rois. Ce sont ses ministres qui sont les aumôniers de l'armée et de la flotte ; ce sont ses prières que l'on récite au Parlement, devant les représentants de la nation, car les lords et les communes, tout comme naguère nos écoles, ouvrent encore leurs séances par une prière. Tous ces privilèges, déjà bien amoindris depuis un demi-siècle, lui seraient peut-être pardonnés si l'Église ne possédait des revenus qui lui valent bien des ennemis.

1 Il n'y a pas de statistique officielle des confessions religieuses, les dissidents s'y étant toujours opposés.

Anatole Leroy-Beaulieu

Ce que l'Église anglicane a surtout contre elle, ce sont ses richesses, qui offrent un appât aux convoitises des politiciens ; ses richesses dont rien, sur le continent, ne saurait plus donner idée. Elle ne reçoit pas, comme l'Église de France, de parcimonieuses allocations de l'État ; elle a ses biens, conservés et grossis à. travers les siècles, de façon que, au lieu d'un traitement d'une quinzaine de mille francs, elle sert annuellement à ses évêques, 200.000 ou 300.000 francs de rente. Et ces biens, compromis par leur énormité même, on peut lui objecter que, pour une bonne partie, elle n'en a pas hérité légitimement, beaucoup avant été légués à la mère contre laquelle l'anglicanisme s'est révolté, à l'Église catholique, à ses évêques ou à ses moines, dont Henri VIII et ses successeurs ont partagé les dépouilles entre leur noblesse et leur clergé. En outre de ses biens, l'Église anglicane perçoit encore la dîme, restée, dans la tenace mémoire des paysans français, le plus impopulaire de tous les impôts de l'ancien régime, et ses dîmes, elle les fait payer aux non-conformistes, aussi bien qu'à ses propres fidèles [1].

Que de griefs dans ce seul fait, alors même qu'il serait toujours justifié par des donations et des chartes authentiques ! En France, il n'en faudrait pas davantage pour que la séparation, le *disestablishment* et le *disendowment* fussent votés à une énorme majorité. S'il n'en a pas encore été de même en Angleterre. cela tient à ce que les Anglais ne se sont pas encore entièrement défaits de leur ancien respect pour les traditions historiques. Puis, aux raisons qui semblent militer en faveur de la séparation , s'en opposent d'autres qui plaident contre elle. On sait par exemple, que les pauvres et les déshérités de toute sorte ont leur large part des richesses de l'Église et pleureraient sa ruine. L'Angleterre, enfin, n'a pas encore perdu le sentiment de ce que sa grandeur doit à la foi chrétienne. Beaucoup d'Anglais craignent que, à travers l'Église officielle, le *disestablishment* n'atteigne le christianisme et l'idée religieuse même, au profit du grossier matérialisme des foules ou du froid agnosticisme des lettrés, au détriment de la moralité et de l'énergie nationales.

Nous n'avons, du reste, en ce moment, ni à peser les arguments

1 De là, durant les dernières années, une vive agitation contre les dîmes ecclésiastiques dans le pays de Galles, où la *majorité* de la population semble non-conformiste.

La Révolution et la séparation de l'Église et de l'État

des deux parties, ni à prévoir l'issue de ce grand procès ; c'est encore là une cause qui ne semble pas devoir être prochainement jugée. Ce que nous tenons à montrer aujourd'hui, c'est combien, à travers d'apparentes ressemblances, les facteurs du problème sont différents en Angleterre et en France. L'Angleterre en est encore, à cet égard, en 1789. La situation de l'Église anglicane a plus d'analogie avec la situation de l'Église de France, avant la Révolution, qu'avec celle de la même Église sous le régime concordataire actuel. La différence est telle qu'on pourrait fort bien être partisan du *disestablishment* en Angleterre, et être opposé à la séparation en France. Cela est si vrai que l'argument favori de nos voisins contre l'Église établie n'aurait aucune valeur de ce côté de la Manche. Quel est le principe sur lequel s'appuie la *liberation league* ? C'est, avant tout, celui de l'égalité religieuse. Or loin de violer ce principe, le système français en est une scrupuleuse application, puisqu'il subventionne, concurremment les divers cultes professés en France et en Algérie. À ce titre, nous l'avons déjà remarqué, notre budget des cultes est manifestement inspiré des principes de la Révolution et du droit moderne. Pourquoi les non-conformistes anglais, qui sont au premier rang des *liberationists* ne demandent-ils pas qu'en Angleterre, de même qu'en France, l'État pourvoie également à l'entretien des différentes confessions ? Est-ce uniquement que les dissidents sont, de longue date, habitués à ce que les Anglais appellent le *voluntary system* ? Ne serait-ce pas que les différentes sectes, les diverses " dénominations " sont si nombreuses et si mobiles que, pour l'État, il serait singulièrement compliqué d'en subventionner tous les ministres et d'en distinguer toutes les nuances ?

Dans les pays tels que l'Angleterre, tels que les États-Unis surtout, où les sectes pullulent, où chaque génération en voit naître de nouvelles qui en enfantent d'autres à leur tour, où la religion est une sorte de Protée sans cesse en transformation, " le système volontaire ". la séparation des Églises et de l'État peut être ce qu'il y a de plus simple, de plus rationnel, de plus pratique. Et cela d'autant que la multiplicité même des formes religieuses rend leur entière indépendance inoffensive qu'elle enlève, au moins, à la séparation la plupart de ses inconvénients vis-à-vis de l'État. À ce double

Anatole Leroy-Beaulieu

égard, au point de vue civil, comme au point de vue religieux, le régime de la séparation nous parait à la fois plus difficile et plus dangereux dans les pays catholiques, orthodoxes ou même luthériens, dans les contrées où domine une grande Église à forte hiérarchie, que dans les pays protestants où la réforme de Calvin aboutit à l'émiettement des sectes. Ce qui réussit dans ces derniers peut être périlleux dans les autres ; car il est fort différent, pour l'État, de se trouver en présence d'une multitude d'Églises et de congrégations rivales qui, politiquement, se neutralisent les unes les autres, ou d'être en face d'une grande Église unitaire à laquelle rien ne fait contrepoids. C'est là une distinction essentielle. L'erreur capitale de nos théoriciens anti-concordataires est de ne point le voir. Leurs doctrines le leur défendent, le propre des écoles radicales étant précisément de ne pas reconnaître les distinctions nécessaires. Imbu de spéculations *a priori,* on prétend appliquer la même formule à des situations absolument différentes ; on confond les époques, les pays les religions ; on rêve naïvement de mettre la France catholique au même régime que les congrégations presbytériennes ou baptistes des États-Unis.

La situation de l'Église anglicane, avons-nous dit, est fort analogue a celle de l'Église de France avant 1789, avec cette importante différence qu'elle a depuis longtemps en face d'elle, des sectes qui lui font contrepoids De quelle manière les Anglais entendent-ils pratiquer le *disestablishment,* et spécialement le *disendowment,* la sécularisation des immenses revenus dont jouit aujourd'hui l'Église établie, ces revenus qu'on capitalise à 3 ou 4 milliards de francs ? De quelles ressources vivra l'Église une fois " désétablie " ? sous quel régime légal seront placés son clergé, ses évêques, ses paroisses, ses écoles ? C'est là, pour nous, le point le plus intéressant, puisqu'à cet égard, la comparaison est parfaite entre les deux côtés de la Manche, comme entre les deux rivages de l'Atlantique.

À Westminster comme au Palais-Bourbon, il se rencontre bien quelques radicaux, dignes émules ou élèves des nôtres, qui se proposent d'ôter purement et simplement à l'Église tous ses biens et revenus pour en doter les services publics, les écoles populaires notamment. De pareils projets ont peu de chance d'être adoptés du Parlement ; ils sentent trop manifestement la spoliation et la violence. Les partisans du *disestablishment* consentent, en général, à laisser à l'Église, non seulement une rente viagère pour tous ses ministres, mais une sorte de dotation, de fonds de premier établissement, qui lui permette de s'adapter à sa nouvelle situation en attendant qu'elle se crée des ressources nouvelles [1].

C'est ainsi qu'on a procédé, en 1869, avec l'Église d'Irlande. Il y a là un précédent, encore récent, dont le Parlement britannique, toujours respectueux des précédents, ne manquerait point de tenir grand compte. À l'Église d'Irlande on a laissé ses temples et ses cimetières. À ses évêques et à ses ministres, on a garanti, pour leur vie durant, un traitement égal aux revenus dont ils jouissaient. En outre, et c'est là le trait capital de la manière dont nos voisins pratiquent la séparation, l'Église d'Irlande a reçu une indemnité de 5 millions de livres, soit 125 millions de francs ; et il s'agit, qu'on le remarque bien, d'une Église qui comptait moins de six cent mille fidèles. Bien donc d'étonnant si elle a vaillamment supporté le nouveau régime. On a calculé qu'en suivant les mêmes règles pour l'Angleterre, l'Église anglicane devrait, en cas de *disestablishment*, toucher une indemnité d'environ 70 millions de livres, soit 1 milliard 750 millions de francs, somme à elle seule suffisante pour lui assurer un revenu bien supérieur à tout notre budget des cultes. Et cela, chose à noter, pour une Église qui n'a qu'une douzaine de millions d'adhérents, soit trois fois moins que l'Église catholique en France.

Ce n'est point tout, les ressources que lui laisserait le *dîsestablishment*, l'Église anglicane pourrait les augmenter indéfiniment grâce aux donations et aux legs qu'elle serait autorisée à recevoir. Cette faculté, l'Église d'Irlande, naguère " désétablie ", la possède, et déjà elle en a fait un large usage si la loi fixe une limite à ses acquisitions partielles, elle ne fixe pas de maximum à leur ensemble. Cette faculté d'acquérir et de posséder, personne. en Angleterre, ne la conteste à l'Église et aux associations religieuses serait-on aussi unanime en France ? Nos radicaux sont-

---

1 Nous pouvons, à cet égard, renvoyer le lecteur à une substantielle étude de M. L. Ayral : *Annales de l'École libre des sciences politiques*, janvier 1886. — Cf. *the Quarterly Review*, janvier 1886, et la *Contemporary Review*, décembre 1885.

Anatole Leroy-Beaulieu

ils prêts à reconnaître la personnalité civile aux diocèses, aux paroisses, aux consistoires ? Nos législateurs auraient-ils dépouillé leur traditionnelle antipathie pour la mainmorte ; et la troisième république va-t-elle rendre à l'Église et au clergé le droit de reconstituer les biens que leur a enlevés la Révolution ? C'est ainsi que se pose la question, et l'équité, d'accord avec la liberté, n'admet qu'une manière de la résoudre. Lorsque la Révolution a sécularisé les biens ecclésiastiques, la Révolution a garanti au clergé un traitement ; le jour où l'on supprime ce traitement, on doit rendre aux Églises le droit d'acquérir et de posséder [1].

Voilà comment la séparation a été comprise, voilà comment elle a été effectuée dans tous les pays où l'Église et l'État sont séparés, dans ceux que l'ignorance de nos démocrates nous donne comme modèles, les États-Unis notamment. Dans la grande République américaine, de même qu'en Angleterre, les Églises ont le droit d'acquérir, et, de fait, les différentes confessions, l'Église catholique en particulier, y possèdent des biens considérables. S'il y a, non sans raison, une limite à leurs acquisitions d'immeubles, il n'y en a point à leur fortune mobilière. la richesse mobilière étant de sa nature indéfinie. Et, non seulement les Églises ont la faculté de posséder ; mais d'ordinaire les temples et les édifices voués au culte ou aux soins des pauvres, jouissent de certaines immunités, de l'exemption d'impôts spécialement, ce qui, dans l'hypothèse de la séparation, serait encore un point à considérer. Est-ce là, encore une fois, le régime que veulent, introduire chez nous les hommes qui se sont pin à inventer des taxes pour les hôpitaux des Petites-Sœurs des pauvres ?

Avec la faculté d'acquérir, de recevoir des donations et des legs sous le régime des *trustees,* les différentes Églises, en Amérique, tout comme en Angleterre, sont en possession de toutes les libertés : liberté d'enseignement, liberté de la presse, liberté de la parole dans la chaire comme sur la place publique, droit de réunion, droit d'association pour les ecclésiastiques comme pour les fidèles, pour les moines comme pour le clergé séculier. Dans ce système on ne connaît ni articles organiques, ni décrets de mars, ni restrictions

1 Cela est d'autant plus manifeste que le Concordat, article 15, garantit déjà aux catholiques la faculté " de faire en faveur des églises des fondations ".

La Révolution et la séparation de l'Église et de l'État

aux réunions des évêques ou à leurs rapports avec le pape. On ne connaît qu'une chose, la liberté en tout et pour tout. Tels sont les modèles, et puisqu'on prétend les imiter, qu'on les imite assez pour leur ressembler. Ce ne sont pas les catholiques qui s'en plaindront.

Mais, est-ce ainsi qu'on entend la liberté au Palais-Bourbon ou à l'Hôtel de Ville ? Est-ce ainsi que comprennent la séparation les amis de M. Clémenceau ou les collègues de M. Floquet, qui, pour la préparer, comptent sur " le rayonnement des idées " ? Quand on va chercher des exemples ailleurs, en Amérique notamment, on a l'air de faire la satire des projets mis en avant chez nous.

Demandez aux plus sincères partisans de la séparation comment ils entendent la liberté des cultes. Ils vous répondront par des projets de loi contre le clergé, contre les congrégations et les associations religieuses, par des lois d'exception contre les ministres du culte, ne comptant les soumettre au droit commun que pour avoir la satisfaction de les voir porter le képi.

Demandez-leur s'ils ne craignent pas de rendre au clergé la faculté de posséder, au risque de reconstituer la mainmorte. Ils vous répondront, unanimement, que telle n'a jamais été leur pensée que, si les Américains et les Anglais trouvent bon de laisser aux Églises le droit de posséder et d'acquérir, ce n'est pas ainsi que la République opérerait en France. En France, on enlèverait au clergé son chétif traitement sans lui donner en échange ni indemnité, ni dotation, sans même lui concéder le droit d'acquérir. On ne lui reconnaîtrait qu'une faculté, celle de vivre d'aumônes, au jour le jour, et encore aurait-on soin de l'empêcher de tendre la main, et de limiter les largesses dont il pourrait être l'objet.

Des deux côtés de l'Atlantique et de la Manche, la séparation de l'État et de l'Église a, ainsi, un sens absolument différent. Quand on nous cite l'exemple de l'Amérique ou de l'Angleterre, c'est avec l'intention de faire tout l'opposé. Il n'y a là qu'une équivoque grossière.

Une Église sans ressources, incapable de recruter son clergé et

Anatole Leroy-Beaulieu

hors d'état de l'entretenir ; une Église enserrée dans l'étroit réseau de chaînes légales et fiscales de toute sorte ; une Église, en un mot, mendiante et esclave, tel est, chez nous, l'idéal de la plupart des hommes qui réclament la séparation. La liberté dans leurs programmes n'est qu'une menteuse enseigne.

En vérité, il ne s'agit pas, pour eux, de séparation, mais simplement de spoliation et d'oppression. Aussi, quelles que soient ses préférences théoriques, aucun vrai libéral ne saurait accepter une pareille séparation ; car, pour être vraiment équitable et pour porter des fruits de liberté, le divorce de l'Église et de l'État doit s'accomplir à une époque de calme, dans un pays accoutumé au respect de toutes les libertés, avec une législation sincèrement tutélaire du droit d'association, respectueuse des fondations et de toutes les formes de propriété corporative. En dehors de là, comme nous le disions récemment ailleurs, la séparation n'est pas la liberté mais la tyrannie. Ce n'est, pour la plupart de ceux qui la réclament, qu'un moyen détourné d'enlever à l'Église toute existence légale, de la priver de ses organes essentiels, de la frustrer de toutes ses ressources matérielles, de lui retrancher les aliments qui la sustentent, en un mot, de lui rendre la vie impossible [1].

## VI

*Comment se ferait la séparation ? — La séparation progressive et par option de M. Y. Guyot. — Conséquences de la séparation pour l'État. — Le clergé séculier serait pratiquement transformé en congrégation non reconnue. — Au profit de qui s'exercerait son influence ? — Comment la séparation de l'Église et de l'État serait, pour la France et la République, le signal d'une crise violente. — Pourquoi la crise finirait de la même façon qu'après la grande Révolution.*

La séparation, telle que l'entendent la plupart de ses promoteurs, ne serait pas une solution. Dans la situation des esprits et des partis, la dénonciation du Concordat serait simplement une déclaration de guerre à l'Église et à la foi chrétienne ; et cette guerre, le gouvernement qui l'engagera a toute chance d'y succomber.

---

1 Voir *les Catholiques libéraux, l'Église et le Libéralisme de 1830 à nos jours.* pp. 99, 100.

La Révolution et la séparation de l'Église et de l'État

Les radicaux ont bruyamment, et parfois justement, reproché aux opportunistes leur politique d'aventures au loin. Eux, ils sont pour les aventures au dedans. De toutes celles où ils veulent précipiter la France, la séparation de l'Église et de l'État serait peut-être la plus périlleuse. Les difficultés religieuses sont de leur nature inextricables ; une fois qu'on s'y est enfoncé, on ne sait plus comment en sortir : c'est une sorte d'enlisement. Que la République proclame la séparation, il y a bien à parier que la République y périra.

Comment s'y prendrait-on ? La plupart de ceux qui réclament la dénonciation du Concordat n'ont pas de plan. Tout, pour eux, se réduit à biffer le budget des cultes. S'ils songent au lendemain c'est, uniquement, pour empêcher l'Église de se refaire des revenus. Leur politique ressemble aux procédés d'un détrousseur de grand chemin, qui, en dépouillant les voyageurs, les laisserait nus sur la route, avec injonction de ne plus porter que des haillons de mendiants.

Entre ces plans de séparation, ou mieux de spoliation, il en est un qui mérite un moment d'attention, non qu'il soit plus équitable que les autres, mais simplement parce qu'il est plus habile, ou plus perfide. C'est celui de M. Yves Guyot, ce qu'on pourrait appeler la séparation par persuasion et par séduction. Une grande partie de la France tenant encore au service du culte, M. Yves Guyot reconnaît qu'il serait imprudent d'effectuer la séparation sur tout le territoire à la fois. Au lieu de l'appliquer, d'un coup, à nos 36.000 communes, il préfère la rendre facultative, au profit des communes et des contribuables qu'il y croit disposés.

Cette idée s'inspire d'un livre fort ingénieux du reste, qu'on eût pu intituler : De l'art de dissoudre une nation et de décomposer les États [1]. L'auteur y vante une méthode de législation empruntée aux procédés des physiologistes, qui, pour mieux étudier les fonctions des êtres vivants, en séparent artificiellement les organes. Il propose de traiter la France comme un lapin ou une grenouille de laboratoire. Alors même qu'ils n'auraient nulle répugnance pour cette sorte de vivisection nationale, un peuple, un État, sont des êtres vivants qui ne sauraient impunément se prêter

1 *La Politique expérimentale,* par M. L. Donnat.

Anatole Leroy-Beaulieu

aux expériences des physiologistes politiques. Si M. Yves Guyot préconise cette méthode pour la séparation de l'Église et de l'État, c'est manifestement que, à ses yeux, le succès de l'expérience est certain ; les sujets qui auront le bon esprit de s'y soumettre ne sauraient que s'en bien trouver.

Tel n'est pas notre sentiment. Remettre la solution d'un pareil problème au caprice des municipalités ou des communes, ce serait introduire la guerre dans chaque conseil municipal et dans chaque famille. On propose d'allouer aux communes, pour le dégrèvement de leurs centimes additionnels, les fonds jusqu'ici affectés au budget des cultes. Bien mieux, d'après le projet de M. Guyot, la question serait posée par le percepteur à chaque contribuable, de façon que chacun se sentit personnellement intéressé à refuser le traitement de son curé. N'est-ce pas là un procédé qui ferait honneur à un pays et à un parti ? Donner une prime au paysan qui renoncerait à contribuer à l'entretien du culte ; mettre " l'émancipation de la pensée et de la conscience " sous le patronage de la cupidité, voilà vraiment une méthode pratique bien digne de la façon dont certains radicaux comprennent la démocratie. Que diraient-ils si les contribuables prétendaient appliquer cet ingénieux système à l'enseignement, à la justice, à la police, à l'armée, voire à l'éclairage ou au balayage des villes.

C'est là, pourtant, ce qu'au fond proposent la plupart des tenants de la séparation. Ayant presque tous en vue la suppression du budget des cultes, leur tactique commune est de représenter aux électeurs ce que chacun d'eux gagnerait à cette répudiation d'une dette nationale. Ils sont si flatté. d'enlever au clergé son traitement, que, partisans décidés ou partisans éventuels de la séparation, intransigeants ou radicaux de gouvernement, ne voient plus guère dans ce grave problème que la grossière question d'argent. Leur matérialisme politique ne comprend pas que, en matière de conscience, les considérations pécuniaires sont fort secondaires. Ils ne sentent point que, si l'État peut gagner à la séparation quelques millions de francs, la République y peut perdre des millions d'adhérents.

C'est pour l'État, c'est pour la société civile qu'on prétend faire la séparation, et l'on ne veut pas voir qu'elle tournerait presque infailliblement contre l'État et contre la société civile. On imagine assurer ainsi le triomphe de la République, et l'on ferme les yeux sur les avantages qu'en tireraient les ennemis de la République. De quelque manière qu'on procède à la séparation, tout serait changé dans le clergé et parmi les catholiques de France, mais changé au détriment de l'État et la composition de l'épiscopat, et l'esprit du clergé, et. sa manière de vivre, et ses relations avec les fidèles, et ses attaches avec les partis.

Loin de corriger les défauts plus ou moins justement reprochés au régime issu du Concordat, la séparation ne ferait que les outrer. On peut adresser deux reproches au régime actuel : le premier, c'est qu'il a placé la plus grande partie du clergé paroissial dans l'absolue dépendance des évêques ; qu'il a créé, ce qu'ignorait l'ancien régime, des desservants révocables ou amovibles à merci ; qu'il a fait, en un mot, du clergé de chaque diocèse un régiment marchant au commandement de son colonel. Le second, c'est qu'en enlevant au clergé tous ses biens, tout son patrimoine séculaire pour le faire vivre d'un traitement de l'État, on a involontairement coupé la plupart des liens qui le rattachaient à la société civile, on l'a pratiquement dépouillé de tout intérêt temporel ; le prêtre, détaché du monde et du sol, a été pour ainsi dire spiritualisé, volatilisé. Qui ne voit combien ces deux inconvénients seraient l'un et l'autre accrus par la séparation de l'Église et de l'État ?

Le jour où l'État cesserait d'intervenir dans le choix des évêques et des curés, ces derniers seraient plus que jamais livrés à l'arbitraire épiscopal ; les curés inamovibles risqueraient fort de tomber au rang de simples desservants ; le clergé deviendrait, plus que jamais, une armée manœuvrant à la voix de ses généraux, sous le commandement suprême d'un chef étranger. Le jour où l'État supprimerait le traitement des curés, les prêtres des villes et des campagnes, isolés de l'administration civile et de la société laïque, bannis du presbytère qui les abritait, sans moyens d'existence réguliers, se verraient, en quelque sorte, transformés en moines, et en moines mendiants. L'État, qui, de tout temps, a montré tant

Anatole Leroy-Beaulieu

de défiance pour l'habit monastique, convertirait, pratiquement, le clergé séculier en clergé régulier, vivant d'aumônes et obéissant religieusement à des supérieurs sur lesquels le gouvernement n'aurait aucune prise. Faire de tout le clergé une vaste congrégation non reconnue, voilà le premier résultat de la suppression du budget des cultes.

Et quels seraient les chefs de cette milice spirituelle soutenue, d'un bout de la France à l'autre, par les millions de Français qui ne veulent pas encore se passer de tout sacrement ? Les évêques sont aujourd'hui nommés par l'État, qui a soin d'appeler à l'épiscopat des hommes prudents, modérés, enclins à réprimer les écarts de zèle de leur clergé. Avec la séparation, il en serait tout autrement. Les mitres seraient distribuées par le Saint-Siège seul ; la voix des catholiques risquerait de désigner au choix du Vatican les plus ardents, les plus entreprenants, les plus militants des ecclésiastiques. Il n'y aurait, pour l'épiscopat, d'autre garantie de modération que le caractère du souverain pontife. Avec un pape tel que Pie IX, l'ultra-montanisme le plus belliqueux risquerait fort de dominer tout le clergé et toute l'Église de France. Et, à quel moment l'État abandonnerait-il à la curie romaine la nomination de toute la hiérarchie épiscopale ? À l'heure même où le gouvernement romprait toute relation avec le Saint-Siège, car je ne suppose point que, une fois la séparation prononcée, la France maintienne un ambassadeur près du Vatican, alors que, par le fait même de la dénonciation du Concordat, la République entrerait en guerre ouverte avec la papauté.

Certes, ce serait là, en France, une politique toute nouvelle, dégagée de toutes les traditions monarchiques. La démocratie radicale pourrait se vanter d'avoir rompu avec tous les préjugés de l'ancien régime. Ce n'est point assurément lorsqu'il subsistait encore chez nos légistes un levain de gallicanisme, que, pour mieux résister aux empiétements du cléricalisme, on eût imaginé de couper tous les liens qui rattachaient l'Église au pouvoir civil, et d'enlever à l'État toute immixtion dans la nomination des dignitaires ecclésiastiques. On eût cru alors livrer le clergé et la France catholique à l'ultramontanisme. Ou eût cru, selon la formule en vogue, créer, des mains mêmes de l'État, un État dans l'État. Tout cela, parait-il, est changé. Ce qu'autrefois on eût appelé trahir les intérêts de l'État et de la société civile s'appelle aujourd'hui servir la cause de l'émancipation laïque.

En est-on bien sûr ? A-t-on bien pesé les forces de l'ennemi intérieur avec lequel on se plairait à mettre la République aux prises ? — Vous oubliez, nous dira-t-on, qu'avant de couper les liens qui rattachent le clergé à l'État, nous aurons eu soin de le dépouiller, de le laisser sans ressources, de lui refuser le droit d'acquérir ou d'hériter ; de plus, en l'astreignant au service militaire, nous aurons pris la précaution d'en rendre le recrutement de moins en moins aisé. — On se flatte, en effet, dans le nouveau monde officiel, de voir le clergé avec l'Église périr d'inanition. L'idéalisme n'est pas le défaut des démocrates du jour ; pour eux, tout se résout en questions d'argent et de force matérielle. Ils ne voient point que plus les prêtres seront rares, plus ils seront vénérés et acquerront d'ascendant. Ils ne comprennent point que, pour être pauvre, le prêtre n'en sera que plus redoutable, car, pour prêcher l'Évangile, la pauvreté peut être une puissance.

Est-il certain, du reste, que, même privé des droits que lui reconnaît la libre Amérique, le clergé tombe tout entier dans la misère ? Il est permis d'en douter. En bien des contrées, dans le Nord, dans l'Ouest, dans le Midi, le paysan, qui n'est pas encore habitué à se faire enterrer par le garde champêtre, se résignera difficilement à voir sa commune sans prêtre et ses enfants sans catéchisme. Presque partout, les classes élevées, les classes riches, qui sont revenues à l'amour ou au respect de la religion, se feront un devoir de soutenir le clergé. En mainte paroisse, le curé, ne recevant plus de traitement de l'État, tombera dans la dépendance des grands propriétaires. Il deviendra en quelque façon l'aumônier du château. On verra se rétablir une sorte de droit de patronat sur les églises ; et ces influences ne s'exerceront point au profit des institutions actuelles. Les caisses des diocèses et des paroisses étant alimentées par les adversaires du gouvernement, le clergé deviendra plus que jamais un instrument politique aux mains des ennemis de la République. Si les laïques prennent plus d'influence dans l'Église, leur ascendant s'exercera, presque partout, dans le

Anatole Leroy-Beaulieu

sens opposé au pouvoir, contre les hommes qui leur auront mis dans la main une pareille arme de guerre.

— Rassurez-vous, disent les partisans de la séparation. Entre l'Église et l'État nous aurons soin d'élever des fortifications assez hautes pour mettre la société laïque à l'abri de tout assaut du clergé et des " cléricaux ". En rendant à l'État sa liberté, nous n'aurons garde de rendre à l'Église la sienne. Si, pour la réduire à l'impuissance, il ne suffit pas de la pauvreté, nous forgerons, à son usage, de bonnes lois de fer qui en auront raison. — Mais alors, ce que vous offrez à la France, ce n'est plus la liberté religieuse, c'est tout bonnement la persécution. Nous n'étions pas sans nous en douter ; mais, si nous en sommes effrayés, c'est encore moins pour la religion, et pour la liberté de conscience, que pour l'État et pour la paix sociale, car, du très Auguste Dioclétien au prince de Bismarck, l'histoire montre comment tournent les persécutions, et il faut avoir dans la force matérielle une confiance bien grossièrement naïve pour ignorer que, devant la conscience, la force n'est pas toujours la plus forte.

En résumé, sous prétexte d'achever l'œuvre de la Révolution, nos radicaux, ministériels ou non, sont jaloux de recommencer, sous une autre forme, une des grandes erreurs de la Révolution. On a comparé, non sans raison, le Concordat à l'édit de Nantes. La séparation de l'Église et de l'État serait, pour la république, sa révocation de l'édit de Nantes. Quand Louis XIV abrogeait le plus grand acte du plus politique de ses prédécesseurs, Louis XIV avait un pouvoir incontesté, et, en s'attaquant au protestantisme, il ne s'en prenait qu'à une minorité déjà affaiblie par de nombreuses défections. On pourrait demander si la République a le même pouvoir et le même prestige que le grand roi. Une chose certaine, c'est que le catholicisme en France, est autrement fort et redoutable que ne l'était le protestantisme, il y a deux siècles ; cela seul suffirait à juger une pareille politique.

Ainsi, nous aboutissons toujours à la même conclusion. Entendue comme elle l'est par ceux qui la proposent, la séparation de l'Église et de l'État ne serait qu'une déclaration de guerre ; et c'est parce qu'ils y voient une mesure de guerre que les radicaux la préconisent, et que nos ministres en menacent le clergé. La dénonciation du Concordat serait, pour la France, le signal d'une guerre civile, plus étendue et plus acharnée que celles des camisards et des huguenots de Coligny ou de Rohan. Or, ceux qui, au nom des principes, veulent ainsi *entamer* contre l'Église une campagne à fond se sont-ils demandé si la France contemporaine avait le goût de pareilles guerres civiles ? si le paysan, si le bourgeois, si l'ouvrier même ne s'en lasseraient pas, et, s'ils venaient à s'en lasser, comment finiraient les hostilités ? aux dépens de qui se ferait la paix ?

On n'a qu'à se rappeler le passé pour prévoir quel tour prendrait cette nouvelle guerre de religion ; il n'est nul besoin du don de prophétie pour prédire le dénouement. La séparation de l'Église et de l'État est de ces mesures qui, dans un pays comme la France, ne sauraient demeurer isolées. Par le caractère d'acuité qu'elle donnerait aux luttes politiques, par la force d'impulsion qu'elle communiquerait au radicalisme, par l'opiniâtreté des résistances qu'elle susciterait dans certaines classes et dans certaines contrées, la séparation précipiterait presque fatalement le pays dans une série de mesures violentes qui s'appelleraient les unes les autres.

À cet égard, les radicaux et les révolutionnaires de toute sorte savent ce qu'ils font en poursuivant la dénonciation du Concordat. C'est le meilleur moyen de provoquer une révolution, ou mieux, une série de révolutions politiques. économiques, fiscales, qui feraient de la fin du XIX° siècle le pendant de la fin du XVIII° siècle. Mais, comme il n'y a plus d'ancien régime à renverser, comme la France travailleuse a, par-dessus tout, besoin de repos, une crise violente ne saurait, de nos jours, durer longtemps.

Imaginons la France livrée, entre les mains du radicalisme, à une série d'expériences ouverte par la séparation de l'Église et de l'État. Supposons le budget des cultes supprimé, le clergé dispersé, les moines en exil ou en prison, les églises fermées et la messe, de nouveau, célébrée dans les granges par des prêtres errants. Après les violences, sanglantes ou non, d'une Convention sans Vergniaud ni Carnot, après la licence et les coups de force intermittents d'un directoire sans Hoche ni Bonaparte, il viendrait, tôt ou tard, sous

Anatole Leroy-Beaulieu

une forme ou sous une autre, un pouvoir réparateur auquel le pays ne demanderait qu'une chose : de l'ordre.

Or, l'un des premiers actes d'un pareil pouvoir, quelle qu'en fût. l'origine et quelle qu'en fût l'étiquette, serait d'imiter le premier consul, de rendre au clergé ses temples et à l'Église une situation légale, de conclure lui aussi, un concordat ; non point uniquement pour assurer la paix religieuse, sans laquelle il n'y a pas de paix véritable, mais pour donner à l'État et. au pouvoir nouveau l'appui et le contrôle de la seule force restée vivante au milieu des ruines accumulées sur la patrie.

À une semblable restauration quelle serait la principale difficulté ? Ce ne serait pas, croyons-nous, l'opinion publique, ni la répugnance du pays ou de l'armée ; là où Bonaparte ne put se faire applaudir, un imitateur sans génie aurait bien des chances de l'être. L'obstacle, ce serait le budget, ce serait la pénurie d'argent ; car, malgré les économies faites sur le clergé, malgré la proverbiale richesse de la France, il y aurait longtemps que les expériences du radicalisme auraient détruit ce qui reste de nos finances. Que ferait-on ? Quelque chose d'analogue à ce qu'avait fait le premier consul, en partie, pour les mêmes raisons. Faute d'argent, on commencerait par n'attribuer au budget des cultes qu'une dotation de quelques millions, de moins peut-être, sauf à l'augmenter, peu à peu, avec l'accroissement des ressources.

Qu'on vote la séparation, que la république rompe avec le Vatican, et il surgira, de son sein ou de ses ruines, un gouvernement pour négocier avec le successeur déctouronné de Pie VII et rouvrir, en grande pompe, les nefs de Notre-Dame à la chape d'or des archevêques mitrés et à la monotone psalmodie latine. Qu'on dénonce le Concordat : quand MM. Floquet et Clémenceau feraient supprimer le budget des cultes, ils n'auraient pas besoin de vivre les années de La Reveillère-Lépeaux ou de Cambon, pour le voir rétabli [1].

---

1 Ces lignes étaient écrites avant le mouvement boulangiste. (Voir la *Revue des deux Mondes* du 15 avril 1886, p. 180.) L'homme qui eût pu rendre les églises au culte, si on les avait enlevées à la religion, la France l'a entrevu. Il eût suffi de la dénonciation du Concordat pour assurer son succès. Les radicaux n'ont qu'à mettre

## Nos hôtes de 1889 [1]

7 novembre 1889.

L'Exposition est close. Je suis allé la voir une dernière fois pour en garder dans mes yeux l'image vivante. Quelle image en ont emportée les millions de passants de toute langue qui chaque jour défilaient sous les grands arcs de la Tour Eiffel ?

Des plates-formes de la Tour tous les yeux ne découvraient pas le même spectacle. L'horizon change avec les yeux. Nous ne voyons guère dans les choses que ce qui est déjà en nous. Nous regardons le monde à travers nous-mêmes, à travers notre âme plus encore qu'à travers notre oeil. Des savants ont soutenu que les Grecs d'Homère ne percevaient point toutes les couleurs que notre rétine distingue dans la nature. Qui sait si parmi les éphémères colons de l'Esplanade des Invalides, beaucoup en cela ne ressemblaient pas aux Proto-Hellènes ? Combien dont les sens obtus sont demeurés insensibles à ce qui réjouissait notre oeil, ne goûtant guère plus notre peinture que notre musique ! Quand tous les yeux verraient de même, les esprits n'auraient pas même vision. Les merveilles qu'étaient, devant eux, notre civilisation de fin de siècle, les hommes de toute race et de toute culture, qui se pressaient au Champ de Mars, ne les voyaient qu'à travers leurs coutumes nationales et leurs notions religieuses. Les civilisations différentes sont impénétrables et comme opaques les unes pour les autres. Les chefs-d'œuvre d'art et d'industrie que nous leur montrions avec orgueil, nous imaginant les éblouir, je crains que nombre de nos visiteurs les aient jugés barbares. Les hommes de la Renaissance traitaient bien de gothiques nos cathédrales du moyen âge. Nous sommes quatre ou cinq peuples aujourd'hui, ou mieux, nous sommes quelques milliers d'hommes en Occident qui, pour comprendre autrui, savons sortir de nous-mêmes ; nous le faisons avec complaisance, si bien que parfois nous avons

leur programme à exécution, et il se trouvera, pour en profiter, quelque Boulanger mieux trempé qui saura reprendre, vis-à-vis de l'Église, le rôle à bénéfice du Premier Consul.

1 Ces pages ont paru, pour la première fois, dans la *Nouvelle Revue* (15 décembre 1889).

Anatole Leroy-Beaulieu

peine à nous retrouver. Mais cela est encore propre à l'Occident. L'Africain et l'Asiatique sont venus chez nous apportant leurs impressions sous le capuchon de leurs burnous, ou sous le chignon de leurs cheveux relevés à la tonkinoise. Ils ont assisté à la grande fête parisienne, comme un marchand de la rue Saint-Denis entrait au théâtre annamite ou à la pagode des bonzes bouddhistes. Et ce qui est vrai de l'Exposition l'est bien plus encore de nos mœurs, de notre état social, de notre gouvernement. Beaucoup ne savent point ce que la France a fêté cette année ; 1789 n'existe point pour eux. Si les ondulations en doivent s'étendre jusqu'aux extrémités du monde habité, la grande vague de la Révolution n'a pas encore atteint leurs rivages On l'a dit avant nous : " pour la plupart de nos hôtes, l'on s'abuserait en espérant qu'ils s'en iront émerveillés de notre grandeur, illuminés par nos idées " [1]. Le tirailleur tonkinois ou sakalave, le cipaye hindou, le pagayeur okandais s'est amusé des objets nouveaux à ses yeux, comme l'enfant prend plaisir à une féerie, admirant la variété et l'imprévu des décors, sans se préoccuper des trucs du machiniste.

Et, quant aux spectateurs de race ou de culture assez vieille pour réfléchir, la même pièce n'a pas pour tous le même sens. Quel sens a eu l'Exposition pour ceux de nos visiteurs qui lui en ont trouvé un ? Qu'a dit la Tour Eiffel aux rois nègres du Sénégal, ou au cheik nomade du désert ? Et qu'ont entendu, à la galerie des Machines, les princes annamites ou l'ancien samouraï japonais, honteusement déguisé en vulgaire bourgeois ? Qui ne s'est fait cette question, en face de quelque touriste exotique, ou devant les figurants orientaux de l'Esplanade ? Plus d'une fois je me suis amusé à les suivre ou à les épier, essayant de saisir quelque réflexion sur leurs lèvres ou de surprendre quelque impression dans leurs gestes. Faute de pouvoir lire sur le masque mobile du noir ou sur la face impassible du jaune, je me les représentais écrivant, ou dictant péniblement une lettre, à leurs amis demeurés au pas. De là, les pages qu'on va lire. Les impressions que nous leur faisons noter, les idées ou les sentiments qu'ils ont, à leur insu, suggérés à notre rêverie, nos visiteurs d'Orient ou d'Occident ne seront plus là pour les démentir. Ils sont déjà loin ; ils ont quitté cette France hospitalière qui à tous, blancs, noirs ou jaunes, leur faisait également fête. Ce

1 M. E.-M. de Vogüé, *Remarques sur l'Exposition du Centenaire.*

Nos hôtes de 1889

qu'ils ont vu dans Paris, l'Asiatique et l'Africain le racontent à leurs frères accroupis en cercle, sous la tente de toile ou de feutre ou sous l'auvent sculpté de la maison de bois. Que si, par hasard, ces feuilles, qui volent au loin, tombent sous les yeux de quelques-uns, qu'ils nous pardonnent, alors même qu'ils ne se reconnaîtraient point ! Peut-être, eux aussi, seront-ils curieux de savoir quelle idée nous nous faisons d'eux, et quelle impression nous a laissée leur passage.

## 1- Fragments du journal du Shah de Perse

*31 juillet.* — Visité la galerie des Machines. C'est ici le sanctuaire de la civilisation moderne, le mystérieux palais des fées qui ont promis à l'Occident l'empire du monde. Les fées, ce sont les machines, c'est elles qui accomplissent tous les prodiges par où l'Europe nous charme et nous terrifie, elles qui font travailler pour l'homme l'eau et le feu, et les forces cachées de la terre et des airs.

J'ai pénétré dans leur palais avec une sorte de respect et de tremblement, comme dans la demeure de divinités redoutables. Rien ne montre mieux la puissance de l'homme, et cependant la vue en attriste. Qui croirait que ces monstres d'acier, à l'aspect menaçant, sont les amis et les bienfaiteurs de l'homme ? Qu'ils ressemblent peu aux génies et aux péris de nos poètes ! À entendre leurs grincements et leurs sifflements, à voir tourner leurs lourds cylindres et leurs roues aux dents de scie qui semblent vouloir vous déchirer, à voir s'allonger leurs bras de métal ou de cuir qui ont l'air de vouloir vous saisir, on croirait ces merveilleuses machines inventées par des esprits malfaisants ; on s'étonne presque de ne pas les voir maniées par des démons. On s'épouvante, malgré soi, de les voir ainsi fonctionner seules, comme si elles avaient en elles une vie indépendante de l'homme ; on souhaiterait de savoir quelque parole qui pût soudainement les arrêter. À vrai dire, c'est comme une vision diabolique, un enfer plus terrible et plus raffiné que l'autre. Odieuse m'est la trépidation de ces machines. Je plains les malheureux obligés de vivre avec elles ; et pourtant, c'est elles qui ont le secret de la force de l'homme ; c'est en elles qu'est la vertu de la civilisation moderne.

Anatole Leroy-Beaulieu

En sortant, du côté des échoppes de Juifs, de Levantins, d'Arméniens qui bordent ce qu'on appelle ambitieusement la rue du Caire, j'entendis tout à coup, sur une flûte aiguë, une monotone mélodie orientale à trois notes. À ces sons familiers, les galeries du vaste bazar parisien tombèrent autour de moi. Je revis les chaudes collines de la Perse, les platanes de nos jardins, les fontaines jaillissantes dans nos maisons aux murs fermés et je sentis, plus que jamais, la douceur reposée de notre vie orientale. Laissons à d'autres les machines grinçantes et grimaçantes, dussent elles leur donner l'empire du monde ! Nous avons encore le meilleur lot. Rien ne vaut une molle rêverie sur les tapis de Recht et le sommeil, à l'heure de midi, au murmure des fontaines sur l'émail des briques d'Ispahan.

*1er août.* — Visité l'Esplanade des Invalides, le *souk* tunisien, les pagodes annamites, le *kampong* javanais, le campement touareg, le village sénégalais. Quelle confusion d'impressions pour l'œil et pour l'oreille ! Quelle dissonance de sensations discordantes ! Au milieu de ces fragments de pays et de peuples, entassés sur une place, entre ces échantillons de civilisations disparates, que n'a-t-on pu jeter un morceau de désert ou un bras de mer ! Puis, comment des cabanes ou des boutiques, rangées sous des ormes et des marronniers, peuvent-elles rendre l'Asie ou l'Afrique ? À défaut du ciel de l'Orient et de l'atmosphère des tropiques, n'eût-on pu les surmonter du mince parasol des palmiers ou du large éventail des grandes fougères ? Une pareille exhibition eût dû être faite dans de hantes serres, sous une forêt de bambous, de bananiers, de baobabs ; et, comme l'homme ne peut être isolé de la nature vivante, j'aurais voulu voir, à côté des Annamites ou des Javanais, des éléphants blancs caparaçonnés d'argent, et, sinon des tigres accroupis dans le fourré de la jungle, des singes gambadant dans les cocotiers . Avec le Jardin des plantes et. le Jardin d'acclimatation, Paris avait de quoi nous offrir une Asie ou une Afrique autrement vraie et vivante. Ce sera, sans doute, pour l'Exposition prochaine.

Devant cette confuse cité de l'exotisme se dresse comme une menace, le Palais de la Guerre. " Ceci tuera cela ", murmurait à demi-voix, derrière moi, un des fonctionnaires qui m'escortaient.

Nos hôtes de 1889

On dirait en effet, qu'en face de ces maigres simulacres de la vie extra-européenne, cette orgueilleuse civilisation occidentale s'est plu à placer le temple des armes par lesquelles l'Europe doit asservir le monde. Pauvres petits villages du Congo ou du Sénégal, intrépides Touaregs, paresseux Malais nègres du Soudan, Canaques ou Polynésiens du Grand Océan, voici vos maîtres. Ils vous admettent à l'honneur de venir les distraire ; mais ils ne vous laisseront de choix qu'entre la sujétion et l'anéantissement. Et nous-mêmes, héritiers des grandes monarchies de l'ancienne histoire, sommes-nous sûrs d'échapper au joug de cette envahissante Europe ? Puisse la main de Dieu ne pas se retirer de dessus notre tête ! Ces armes, ces machines, ces inventions de toute sorte qui nous émerveillent sont une menace pour nous. L'Orient est venu ici admirer les instruments de sa servitude, et la vieille Asie vient en curieuse assister aux apprêts de ses funérailles. Nous essayons d'emprunter à l'Europe ses armes et ses inventions, mais nous en laissera-t-elle le temps ? Si Allah ne vient à notre aide, que restera-t-il, avant un siècle, du génie oriental et de la vie de l'Asie ? L'esprit de l'Orient, l'âme même de l'Asie auront péri sous le pesant rouleau de l'uniforme civilisation occidentale.

*4 août.* — C'est aujourd'hui, paraît-il, l'un des anniversaires de la Révolution française. J'ai assisté aux fêtes du Champ de Mars. Il faut, pour cela, un souverain asiatique. Les rois de l'Europe se garderaient bien d'honorer de leur présence ces solennités républicaines ; ils sont trop près du feu. Mais à nous Orientaux qu'importent les révolutions de l'Occident ? De tous les produits que les Européens cherchent à introduire dans nos bazars, l'esprit révolutionnaire est celui qu'ils auront le plus de peine à faire pénétrer en Orient. Les Français prétendent que leur Révolution a été faite pour le monde, et, à la façon dont il l'exalte ou la réprouve, l'Occident m'a l'air d'être de leur avis. C'est peut-être qu'il a oublié la variété des races et des civilisations. Une révolution universelle me semble supposer plus d'unité qu'il n'y en a dans l'espèce humaine. Il y a des siècles et des siècles que l'Europe a d'autres notions politiques que l'Asie. Les grecs contemporains de Darius et de Xerxès ne différaient guère moins de nos ancêtres perses que les Français ou les Anglais ne diffèrent de nous. Entre Athènes et Suse

Anatole Leroy-Beaulieu

ou Persépolis, le contraste n'était guère moindre que, aujourd'hui, entre Paris et Téhéran. À quoi tient cette opposition ? Au Climat ? Mais, sauf plus de sécheresse, le climat de la Perse est presque celui du sud de l'Europe. À la race ? Mais les savants de l'Europe. sont les premiers à nous dire que les Iraniens appartiennent à la même race que les grandes nations de l'Occident. D'où, alors, ce contraste entre la vieille Asie et l'Europe ? Par quelle immunité du ciel, des idées contagieuses en Occident trouvent-elles nos peuples d'Orient ? Les Français affirment que leurs principes de 1789 et ce qu'ils appellent les Droits de l'homme ne sont qu'une application de la raison ; pourquoi notre raison ne raisonne-t-elle pas comme la leur, quand notre tête semble faite de même ? Peut-être est-ce que leur Révolution est, avant tout, le produit de leur histoire, de leur littérature, de leur science, de leur religion. Toujours est-il que, jusqu'à présent, elle n'a de prise que sur les peuples chrétiens, quoiqu'on la dise rebelle au Christianisme. La Révolution de l'Orient a été l'Islam. Grâces en soient rendues au Tout-Puissant ! le Prophète nous a donné une autre conception de la liberté, d'autres notions de la vie et du bonheur. Nous ne sommes pas rongés par des idées destructives qui ne laissent rien durer. — " Quand Votre Majesté visitera l'Exposition de Paris, me disait, à Berlin, le prince de Bismarck, qu'elle demande aux Français s'ils ont exposé leurs quinze constitutions depuis 1789.

*6 août.* — Visité les galeries des arts industriels. On m'a montré des imitations de la frise des archers de Darius que j'avais l'autre jour admirée au Louvre. Paris copie les murs de l'Apadana des Achéménides, et ses artistes n'égalent point les émailleurs de Suse. Où est ici le progrès dont les Occidentaux sont si fiers ? Ils n'ont que ce mot sur les lèvres : " Progrès ". C'est, pour eux, comme une religion et l'Exposition en est le temple. Qu'est-ce, après tout, que ce progrès devant lequel ils nous invitent à nous prosterner ? Le plus souvent, ce n'est qu'une apparence, une illusion dont le sage se garde d'être dupe. Ce progrès tant vanté ne touche pas l'art : tous les peintres de l'Europe réunis n'ont pas découvert de couleurs plus brillantes que celles de nos vieilles faïences persanes. Cc progrès ne s'étend ni à l'esprit ni au cœur de l'homme ; il n'atteint ni la poésie, ni l'amour, les deux joies de la vie. Il ne nous chante pas de stances

Nos hôtes de 1889

plus douces que les *ghazels* de Djami ; il ne fait pas refleurir la jeunesse sur la tête qui a blanchi. Mais ce n'est point pour les rois qu'il travaille, ce Progrès moderne. C'est pour la race prosaïque des petites gens, pour la foule des humbles, pour le vulgaire. À ceux-là, il offre, à vil prix, un semblant de luxe et de richesse. Il étend, peu à peu, au grand nombre les raffinements ou les commodités de la vie qui étaient le lot de quelques-uns ; mais en les abaissant au niveau de la foule, il dégrade et déprécie ce qu'il prodigue. La civilisation occidentale s'alourdit et s'avilit en progressant ; elle déchoit, elle déroge à mesure qu'elle s'embourgeoise et se démocratise. Ce qu'elle gagne en étendue, elle le perd en finesse. L'imprudente ! elle s'est engagée à faire de tous les hommes des heureux ; elle semble leur reconnaître le droit au bonheur ; elle leur doit, à chacun, une part de richesses et de jouissances ; on dirait qu'elle a juré de les travestir tous en princes et en rois. Tel est le Progrès, tel est le dernier mot de la Révolution. Mais tout cela n'est guère qu'un mensonge, comme les fausses perles et les fausses pierres exposées dans les vitrines de ses bijoutiers en faux. Imitation, falsification, contrefaçon voilà où le Progrès a mené l'Occident.

Quand ce présomptueux Progrès moderne pourrait leur donner tout ce qu'il leur a promis, les hommes en seraient-ils plus heureux ? Avec leur existence bornée s'élargit le cercle de leurs passions et de leurs souffrances. Les maux qui ne s'attaquaient qu'aux grands de la terre orgueil, ambition, déceptions, soucis de toute sorte, sont devenus contagieux, atteignant jusqu'aux petits. Les biens de la vie qu'ils prétendent rendre accessibles à tous, ces Européens se les disputent avec acharnement. Ils sont comme les fils d'un khan ou d'un émir qui luttent, à main armée, pour les forteresses et les trésors de leur père. Ils ont perdu les biens que savent encore goûter les Orientaux, et qui, seuls, peuvent donner aux humbles leur mesure de bonheur la. modération des désirs, la soumission au sort, la résignation à l'inévitable. Leur existence agitée ressemble à leurs machines toujours en mouvement. Le Progrès est le tourment de l'humanité ; c'est le mal de l'Occident et, par l'Occident, le mal du monde, car l'Univers est condamné avec l'Europe. Ou le Progrès ou la Mort telle est la devise des modernes. Sur ce vaste globe qu'elle est en train de conquérir, il

Anatole Leroy-Beaulieu

n'y aura bientôt plus de refuge contre cette énervante civilisation occidentale, sans cesse en travail d'un enfantement nouveau ; pas une oasis où se mettre à l'abri du Progrès, qui jamais ne repose, qui change tout, déplace tout, complique tout. Que ne pouvons-nous le regarder de loin, de derrière les murs de nos palais d'Asie ! Comme notre Orient se passerait de lui ! Car, encore une fois, qu'a-t-il à nous apporter que n'aient possédé nos aïeux ?

Nous donne-t-il des armes plus fines, des chevaux plus nobles, des soies plus souples, des fontaines plus fraîches, des femmes ou des fleurs plus belles ? Des fleurs peut-être. Dans leurs serres chaudes pareilles au harem où le voluptueux enferme des beautés de toute race, les jardiniers d'Occident ont su réunir des fleurs de tout climat ; et l'art de l'homme en a inventé de nouvelles. Mes yeux ont admiré des roses que n'a pas connues le chantre de Gui ; mais ces roses nouvelles ont-elles plus de parfum que celles qu'effeuillait l'amante de Saadi ? Se fanent-elles moins vite que les roses rouges semées sur la tombe d'Haliz ?

## 2 - Lettre du roi noir Dinah Salifou

Malgré vos funestes pressentiments, notre voyage s'est très bien passé. Les chefs des blancs nous ont fait un excellent accueil, ils nous ont offert des présents et se sont montrés très hospitaliers. Nous sommes ici dans une grande ville, aussi grande que tout le territoire de notre tribu. Les habitants sont si nombreux que, dans les rues, ils sont serrés comme des plants de maïs ou de sorgho dans un champ. Les coutumes des blancs sont en tout l'opposé des nôtres ; c'est comme le monde renversé. D'habitude, les hommes travaillent et les femmes ne font rien. Aussi n'y a-t-il pas d'avantage à avoir plusieurs femmes ; c'est pourquoi, d'ordinaire, les blancs n'en ont qu'une. Ici, tout le monde, y compris les enfants, est habillé des pieds à la tète. Pas de cases en terre ou en branchage comme chez nous ; les maisons sont en pierre, et dans chacune habitent plusieurs familles, à des étages superposés. de façon que la tête des uns est sous les pieds des autres. La nuit toute la ville est éclairée avec de hautes lanternes qu'on prendrait de loin pour des étoiles. Ces blancs sont de grands magiciens. Nous avons vu des prodiges tels que n'en sauraient faire nos plus habiles féticheurs. Il y a une école où l'on apprend à tracer des figures à l'aide desquelles on bâtit d'immenses palais de fer. C'est ainsi qu'un blanc de Paris a construit une tour si haute qu'elle semble toucher le ciel, et le soir elle est illuminée de feux de couleur ; tout cela, nous a-t-on expliqué, à l'aide de formules, de dessins et de nombres. Nous ne comprenons pas bien ce que ces blancs nous expliquent ; peut-être ne veulent-ils pas nous dire leur secret. Ils craindraient de perdre leur puissance.

Nous aurions bien voulu rapporter de leurs talismans et de leurs fétiches ; mais ils les cachent et veulent nous faire croire qu'ils n'en ont point, si bien que nous serons obligés de revenir sans avoir pu nous en procurer. Cela fait, hélas que nous aurons toujours à redouter les blancs, car, nous avons beau être aussi forts et aussi vaillants qu'eux, ils connaissent des enchantements contre lesquels nous ne pouvons lutter.

### 3 - Notes de voyage
### d'un Hindou du Bengale

Plus je fréquente ces Européens, plus ils me paraissent lourds et grossiers de corps, de manières, de goûts. Est-ce le climat ou la race ? est-ce le régime de ces mangeurs de cadavres ? ils ont le sang plus épais que le nôtre ; ils semblent faits d'une matière moins fine. Quel contraste avec nos races d'Asie ! Combien plus souple et plus délicat de formes me semble l'Hindou ou l'Annamite. À côté de ces pesants Occidentaux, les nôtres ont quelque chose de féminin.

J'ai interrogé plusieurs des Asiatiques que les Français font camper à leur Exposition pour les donner en spectacle ; tous, Hindous, Tonkinois, Javanais, sont frappés de cette différence. S'il y a une noblesse des peuples, et une aristocratie des races, c'est à l'antique Asie qu'elle appartient. La Force nous a-t-elle donné des maîtres, nous avons la consolation de nous sentir supérieurs à nos maîtres ; mais, peut-être est-ce parce que nous leur sommes supérieurs, parce que nous avons les membres plus fins, les sens moins grossiers, l'âme moins épaisse, qu'ils sont nos maîtres.

Anatole Leroy-Beaulieu

*Après une visite à l'Exposition.* — Comme la vie est ici plus intense que chez nous ! Comme elle semble avoir foi en elle-même, en sa réalité, en sa vertu ! Des centaines de milliers de curieux se pressent chaque jour au Champ de Mars, et tous ont l'air d'être des croyants en la vie. C'est cette foi qui a construit ces gigantesques galeries et tendu la voûte colossale du palais des Machines. C'est elle qui fait la force de ces peuples, et vaut à l'Europe l'empire du monde.

Jamais peut-être, depuis que l'homme existe, sa puissance n'avait ainsi éclaté, parce que jamais il n'avait eu cette foi dans la vie ! Mal inspirés les sages qui viendraient l'en désabuser Il s'est installé dans l'existence comme dans une demeure solide ; il n'a d'autre souci que de l'embellir, et, en réalité, il s'y entend. Ces Occidentaux ont su apprivoiser la Nature et changer la Matière en esclave. Ils semblent en train de transformer les hommes en dieux. Les séries de métamorphoses que nos poètes ont rêvées en des vies successives, ils s'ingénient à les effectuer dès ce monde ; et, avec l'aide de leur Science, si les dieux les laissent faire, ils sont capables d'y réussir. Mais alors même, à quoi bon ? Les dieux, dans leur ciel, sentent, eux aussi, le mal de l'être, et se lassent du pénible songe de l'existence. Quand les hommes deviendraient pareils à des dieux ; quand les Européens arriveraient à substituer partout l'abondance à la pauvreté, à donner du riz à toutes les bouches et de l'or à toutes les mains ; quand les disciples de Pasteur supprimeraient la maladie comme leurs chirurgiens ont déjà supprimé la douleur (et de toutes les inventions que ce siècle admire, je n'en sais pas de plus divine) ; quand leurs savants sauraient doubler et tripler la longueur de la vie humaine, rendre la vieillesse robuste et la mort insensible, ils ne sauraient faire que la vie devienne un bien, ou que si elle est un bien, la mort ne soit un mal qui empoisonne la vie.

On me dit que ces lourds Occidentaux commencent à entrevoir cette vérité ; que, à l'époque même où leurs savants et leurs artistes s'entendent le mieux à parer la vie et à l'élargir, leurs poètes ou leurs philosophes en découvrent l'inanité, et en signalent la secrète duperie. Dans ce Paris même où la vie bouillonne de jour et de nuit, comme la mer sur des écueils ; dans ce Paris dont l'incessante mobilité vous ferme l'œil de fatigue et lasse l'oreille endormie, il est, m'assure-t-on, des jeunes hommes qui proclament le néant de l'existence et chantent en strophes cadencées la vanité de la vie et l'inutilité de l'action. Ils se disent pessimistes ; ils aspirent à être guéris de l'incurable mal de l'être. Quelques-uns, paraît-il, se sont faits bouddhistes ; ils ont appelé des bonzes du Tonkin à leur célébrer l'office dans une pagode de l'Esplanade ; ils ambitionnent la paix des cellules du *vihara* ; ils demeurent volontiers, comme les *richis,* des journées immobiles en méditation solitaire, pour avoir un avant-goût des délices du *nirvâna.* Est-ce, chez eux fantaisie de blasés ? Ils ont beau avoir en dégoût l'existence, ils ne me semblent vanter la quiétude du néant que pour mieux savourer la vie et l'action. Fatalité de race, ou civilisation trop jeune, ces hommes blancs au sang rose ne peuvent se déprendre de la vie. Peu leur importe que leurs philosophes la déclarent mauvaise, ils s'arrangent pour la rendre bonne, ils l'enguirlandent de fleurs, ils cherchent à en faire une fête. La joie de vivre, la volonté de vivre éclate ici, de toutes parts, dans les dômes multicolores qui s'arrondissent sur les oeuvres de l'homme, dans la tour géante qui s'élance inutilement vers le ciel, dans les machines orgueilleuses dont la voix aigre assourdit l'oreille, comme dans les orchestres cosmopolites dont les notes discordantes se heurtent dans les airs.

*Le soir en revenant du Champ de Mars.* — Oui ! quelle fête de la Vie que cette Exposition ! Jamais la Terre n'avait donné aux autres mondes spectacle pareil. Les génies qui, la nuit, volent sous les cieux en demeurent éblouis ; ils descendent d'en haut pour voir, de plus près, ces merveilles nouvelles. Je ne sais rien de plus exquis, de plus suave, de plus divin que ces fontaines lumineuses. En contemplant cette pluie d'humides étincelles et ces gerbes de feu liquide, qui prennent toutes les teintes de l'aurore et les nuances du couchant, ressemblant, tour à tour, aux flocons d'un nuage diaphane, à une gaze de soie enflammée, à des fleurs aux corolles éclatantes, je songeais que nos joies et nos plaisirs sont pareils à ces eaux changeantes, qui brillent et s'éteignent. Plaisirs. joies, amours, voluptés, tout n'est qu'un jeu de lumière, un rayon qui miroite dans une onde qui s'écoule. Oh ! le noble et philosophique spectacle ! mes yeux et mon âme ne pouvaient s'en lasser. Le bonheur, les passions, la vie même n'ont pas plus de réalité que les rubis, les

Anatole Leroy-Beaulieu

émeraudes, les opales, les topazes qui ruisselaient dans ces eaux, déjà décolorées. Jamais Maïa n'a mis plus de grâce à déployer, devant nous, l'éternel voile des apparences ; jamais la décevante déesse ne nous a plus ravis, en nous trompant moins. Son voile, cette fois, est si transparent que, à travers, on aperçoit clairement l'Illusion.

Et détachant mes yeux du ruissellement magique des fontaines, et les reportant, autour de moi, sur les dômes étincelants dans la nuit et les toits translucides des galeries éclairées à la lumière électrique, sur les colonnades illuminées du Trocadéro et sur les arcs de la Tour dessinés en courbes de feu, je pensais que tout cela aussi nous criait la vanité du rêve de l'existence ; et partout, dans ce temple élevé à la Vie et à la joie de l'Être, je m'étonnais de découvrir des symboles de la fragilité de l'Être et de la caducité de la Vie. Cette immense ville de fer et de verre, construite à la hâte, pour une saison, sur des places qui vont redevenir vides ; ces palais de bois et de métal qui, demain, vont être démontés pour être transportés sous d'autres cieux, quels merveilleux emblèmes d'un Univers où rien n'est élevé que pour être détruit, où le plein masque le vide où la substance s'efface derrière le phénomène, où la frêle étoffe de la Vie passe sans cesse d'un être à un autre !

Je terminai la soirée sur la Tour. Sous mes pieds les feux de la ville pâlissaient, laissant reluire sur ma tête les humbles étoiles du Ciel. D'en bas, montait vers moi le vague murmure des hommes, et comme la respiration de la Vie assoupie. Et, me penchant sur la ville, et jetant un dernier regard sur ces palais éphémères, je songeais que tous ces hommes qui s'agitaient sous mes pieds s'allaient bientôt disperser aux quatre vents du monde ; que tous, habitants et visiteurs de l'opulente cité, étaient les voyageurs en route pour la Mort ; que beaucoup, venus de loin, n'auraient pas le temps de regagner le rivage natal, et que, sur leur corps enveloppé du linceul, leurs fils ne pourraient célébrer les rites de leurs dieux ; que de tout cet amas d'inutiles richesses, accumulé devant moi, il ne resterait pas de quoi faire, à chacun, un tombeau ; et, saisi de cette pensée, je me sentis ému dans mon âme, comme le Pandava du *Bagavadjita* devant les armées rangées en bataille, et je me pris à pleurer sur la grande ville en fête et sur la foule humaine, dont j'entendais les flots expirer au-dessous de moi dans la nuit.

### 4. Un ingénieur de Chicago à son associé

Me voici à Paris, depuis deux jours. J'ai vu le Champ de Mars, je me suis promené sur la galerie des Machines, j'ai dîné sur la Tour Eiffel. Ce sont deux chefs-d'œuvre ; cela est robuste et élégant c'est la force dans sa mâle beauté. Je suis néanmoins persuadé que l'on pourrait faire mieux encore, c'est-à-dire faire plus haut et plus vaste. La. question est des savoir si cela rapporterait. On ne saurait plus, aujourd'hui, bâtir les Pyramides d'Égypte ou Saint-Pierre de Rome ; ce serait trop cher : *it would not pay.* Une tour en fer, c'est autre chose. Ainsi la Tour Eiffel a été mise en actions, cinq mois de recettes ont remboursé le capital. Ce n'est pas seulement un monument, c'est une affaire.

La tour du Champ de Mars a 300 mètres, soit un peu moins de 1000 pieds. Je n'ai aucun doute que nous puissions en construire une de 1.500 pieds.

Au lieu de la placer au bord d'une rivière, nous l'élèverions sur les deux rives d'un fleuve, ou à l'entrée d'un grand port. Comme sous le colosse de Rhodes des anciens, les vaisseaux passeraient dessous, toutes voiles dehors et mâture debout. Au sommet, nous allumerions un soleil électrique, qui illuminerait la terre et la mer. Aux plates-formes, je suspendrais des cloches colossales qui sonneraient durant les nuits de tempête ou les journées de brouillard. Dans les piliers, je logerais des docks et des magasins. Aux différents étages nous établirions des hôtels, avec théâtres et salles de bal. On s'y promènerait du haut en bas, en ascenseur, et l'on y causerait par téléphone. Les nouveaux mariés viendraient passer quelques jours de leur lune de miel dans cette demeure aérienne. Rien n'empêcherait d'y avoir des chapelles de différentes dénominations avec des chapelains pour marier et baptiser. Bref, on aurait là toute une ville verticale et pyramidale, au lieu d'être horizontale. Songez-y ; je vais étudier les devis, préparez les capitaux.

Anatole Leroy-Beaulieu

En dehors de la Tour Eiffel et de la galerie des Machines, cette Exposition n'est qu'une sorte de *great show,* un gigantesque étalage de produits de toute sorte, souvent peu dignes des palais fastueux qui les abritent. Toute cette exhibition ne vaut point, pour la science, le laboratoire d'Edison. Il n'y a que les beaux-arts, la peinture, la sculpture, par où l'Europe nous batte encore. Pauvre vieille Europe comment pourrait-elle nous dépasser ? Elle a les épaules chargées, et nous avons le dos libre. On s'étonne quelle puisse encore marcher, écrasée comme elle l'est, d'impôts et d'armements. Après tout, tant pis pour l'Europe si ses empereurs et ses chanceliers la ruinent ; l'Amérique n'aura plus de concurrents.

### 5 - Si Mouza Ben-Bou-Bekeur,
### marabout des Ouled Sidi Cheik, à ses fils

Gloire à Dieu et louanges à Mohammed, son prophète ! J'ai vu Paris, la grande ville, capitale de la France ; et j'ai visité l'Exposition, qui attire des hommes de par delà les mers et les déserts. J'ai contemplé les merveilles que Dieu a permises au génie de l'homme ; et j'ai admiré les secrets qu'Allah lui a donné de découvrir. Je suis monté sur la Tour de fer, la plus haute qu'aient dressée les fils d'Adam, et, au sommet, je me suis tourné vers l'Orient, et j'ai rendu grâce à Dieu d'avoir amené son serviteur sain et sauf au terme de ce long voyage. Et là. sur cette tour élevée par les Roumis, je me suis rappelé les Pyramides d'Égypte, que j'avais vues en chemin, dans mon pèlerinage au tombeau du Prophète. Si elles sont moins hautes, combien plus solides m'ont paru ces massives Pyramides, bâties par d'anciens sultans du Caire, qui ont été punis pour leur orgueil ! La tour de Paris, toute en treillis de fer et à jour, semble fragile comparée à ces montagnes de pierre, dont le Nil ne sait pas l'âge. La rouille aura rongé les grands arcs de la tour, et les fondations en auront disparu depuis des siècles, que le soleil vieilli verra encore l'ombre triangulaire des Pyramides tourner sur la roche du désert.

Sachez, du reste, que, dans cette grande ville capitale des fournis, j'ai, partout, reconnu la sagesse du Coran et senti la supériorité de l'islam. Que les mœurs et les usages enseignés par le Prophète sont meilleurs que ceux des adorateurs du fils de Marie ! Ici, jeunes et vieux boivent sans honte des boissons fermentées. Les enfants ne témoignent point de respect à leur père, et le visage des femmes a l'impudeur de s'affranchir du voile. Les hommes, auxquels la loi interdit d'avoir plusieurs femmes, n'en ont qu'une dans leur maison, mais ils en trouvent d'autres, au dehors, qu'ils changent à volonté.

Gloire à Dieu, qui nous a guidés dans le droit chemin ! Ces infidèles, qui se vantent d'assujettir les vrais croyants, se détestent entre eux : ils sont partagés en grandes tribus, qui ne songent qu'à se faire la guerre. Leur religion leur commande bien de s'aimer ; leur calife, le pape de Rome, a essayé de les réunir en communauté, mais il n'a pas réussi. Les Français prétendent que leur Révolution a rendu tous les hommes égaux et frères. Cela n'est pas vrai : à l'Exposition même, leurs énormes canons d'acier leur crachent un démenti. L'Islam, seul, a su réunir les croyants dans une immense communauté, sans distinction d'origine, de langue, de couleur.

Apprenez encore que la vie européenne fatigue, et que rien ne lasse comme le séjour des villes. Je me sens à l'étroit dans cette grande capitale, dont les murs pèsent sur moi ; et je suis mal à l'aise dans ces lourdes maisons fixées au sol. Il y a trop de monde ici, et l'homme y tient trop de place.

Mon oreille a pris en aversion le tumulte des foules, et mes yeux ne veulent plus des spectacles que leur offrent les rues des villes. Mon âme a soif de repos, et ma bouche aspire après l'air libre. Les coupoles d'or aux murailles peintes et les palais aux colonnes de marbre ne valent pas le silence de la tente solitaire. Je vais reprendre le chemin de la mer. Il me tarde de laisser derrière moi les champs cultivés et les plaines encombrées de maisons ; et j'ai hâte de retrouver le large horizon vide et les vastes espaces nus du désert. Tenez mon cheval sellé, et ne lui mesurez pas l'orge ; je donnerais la Tour de fer, l'Exposition et Paris pour une heure de galop le long des ouadis du désert.

6 - Abraham Ben David, de Jérusalem,
à ses frères Moïse et Isaac

Anatole Leroy-Beaulieu

Réjouissez-vous avec moi, et remerciez le Seigneur qui a béni mon voyage. J'ai vu Paris, la capitale de la civilisation, et la France, la première nation qui ait reconnu les droits d'Israël. Que Dieu la récompense et la protège entre toutes ! J'ai visité l'Exposition. On y entre avec des *tickets* que l'on achète au cours du jour. Moi-même, étranger et sans connaissances à Paris, je me suis mis, faute de mieux, à vendre de ces *tickets* aux portes. Le français que j'ai appris chez nous, à l'école des Frères, m'a été très utile. Si je fais fortune à Paris, c'est à ces bons Frères que je le devrai.

J'ai reconnu, parmi les exposants, beaucoup des nôtres de différents pays. J'en ai rencontré jusque dans les sections des États qui nous traitent le plus mal ; nombre de Russes et de Roumains sont d'Israël. Quant aux Marocains, Tunisiens, Algériens, presque tous sont de nos frères. J'ai appris que parmi les jurés et même parmi les directeurs de l'Exposition, plusieurs étaient aussi d'Israël. Dieu soit loué ! notre peuple tient ici un haut rang, quoiqu'il n'observe pas assez la Loi. Il y a, au Champ de Mars, des centaines de restaurants, cafés, bouillons, buffets de tout pays ; et, dans tout cela, Dieu me pardonne ! je n'ai pu découvrir un morceau de viande *kacher*.

Vous me demandez comment je trouve la Tour Eiffel. C'est le plus grandiose et le plus riche spectacle que l'on puisse imaginer. En passant par l'Égypte, j'ai vu les Pyramides quelle différence ! Les mornes Pyramides sont faites pour la mort ; ce n'est qu'un lourd amas de pierres nues, des sépulcres vides sur des sables stériles. La Tour Eiffel est faite pour les vivants ; elle est, pour ainsi dire, vivante elle-même on s'y promène, on y cause, on y mange, on y fait des affaires. J'ai fait la dépense de monter sur la première plate-forme ; que de merveilles on aperçoit de sa quadruple galerie ! et qui saurait supputer les richesses qu'elle offre à vos regards ? Je me disais : " Que de trésors amoncelés là, sous tes pieds ! est-ce que tu ne sauras pas en prendre ta part ? " J'essayais de calculer à combien de centaines de millions, à combien de milliards, pouvaient monter ces palais, ces usines, ces magasins, ces campagnes, tout ce que mon seul oeil découvrait ou devinait. C'était comme un océan de richesses, une mer d'or, que l'opulente capitale déroulait devant moi ; et il me semblait qu'il n'y avait qu'à se baisser pour y puiser.

Nos hôtes de 1889

Et je prenais la résolution de ne pas m'éloigner de ses bords, et je me baignais en imagination dans ses flots, aspirant le parfum de richesse qui montait, d'en bas, vers moi, et je m'en sentais tout rafraîchi et tout ragaillardi. Oh ! la belle chose qu'une pareille ville. Chacun est maître de s'y faire place ; aucune loi, aucun préjugé ne dresse sa barrière devant vous, et ne vous refoule dans la pauvreté. Je reste à Paris, et je vous engage à m'y rejoindre. Jérusalem est bon pour les vieux qui vont mourir, et qui veulent être enterrés dans la vallée de Josaphat. La Syrie, l'Orient, pays pauvres, pays des morts ! Ici, c'est la terre des vivants, la nouvelle Terre promise, celle où l'on fait fortune.

### 7 - Lettre d'un marchand raskolnik de Sibérie à sa famille

En parcourant les rues de Paris et en visitant les galeries de cette miraculeuse Exposition, je me demandais quel était l'Esprit qui habitait dans ces murs, et qui avait élevé ces dômes superbes. Je me disais que Babylone, Ninive, Tyr et les villes royales maudites par l'Écriture n'étaient que des enfants auprès de ce Paris. C'est ici le triomphe des sens. Orgueil de la vie, concupiscence de la chair, curiosité de l'esprit, voilà qui résume toute cette fastueuse Exposition. C'est le chef-d'œuvre de l'antique Ennemi, déguisé en ange de lumière pour mieux tromper les hommes. Dans cette immense enceinte, aussi vaste que le champ de foire de Nijni-Novgorod, je n'ai pas vu une église, pas une croix. Dieu est absent, Dieu n'a pas été invité ; si l'on y rencontre des divinités, ce sont des idoles païennes, des Bouddha, des Brahma et autres démons de l'Enfer. On m'a montré une pagode où, devant ces faux dieux, des prêtres du diable font fumer l'encens. En vérité, jamais on ne se croirait chez un peuple chrétien.

Ce que l'homme semble célébrer ici, c'est sa propre puissance, la vertu de son génie. Toute cette gigantesque Exposition, avec ses palais de toutes couleurs, semble un temple à la gloire de l'Homme. Il a l'air de s'adorer lui-même : il est devenu son propre dieu. Dans sa fierté d'avoir dompté la Nature, il a oublié qui lui a donné l'intelligence de subjuguer plus fort que lui, et de faire servir

Anatole Leroy-Beaulieu

à son dessein les forces aveugles de la terre, de l'air et des eaux.

— Où s'arrêtera notre puissance ? semble dire la voix stridente de toutes ces machines, et qui mettra une borne à nos conquêtes ? Avec nous, l'Homme renouvellera la face de la Terre ; il saura rouvrir l'Eden dont l'ange l'a chassé ; il cueillera les fruits de l'Arbre de vie ; il supprimera le travail à la sueur de son front auquel l'Éternel l'avait condamné, il se fabriquera des esclaves de fer et d'acier qui travailleront à sa place.

À la galerie des Machines, vaste nef de fer couverte d'un ciel de cristal, comme une serre gigantesque, où tiendraient toutes les églises et les palais du Kremlin avec leurs coupoles et leurs tours, j'ai entendu le téléphone et le phonographe, et j'ai été effrayé. Bientôt, l'homme pourra, comme le Tout-Puissant, se faire entendre, au même instant, d'une extrémité de la Terre à l'autre : l'homme devient trop grand. Cela m'épouvante. Le chrétien se demande, avec angoisse, jusqu'où la main de Dieu le laissera s'élever ? Lui permettra-t-elle de refaire, à sa manière, tous les miracles de son Créateur. Déjà, avec son phonographe, il a trouvé le moyen de faire durer la parole humaine ; il fait parler les créatures insensibles, la cire et le métal. Prodige plus troublant encore, une science impie peut, des années après son trépas, reproduire la voix ou le chant d'un homme que Dieu a enlevé à la vie ; elle sait faire parler les morts. La pensée m'en glace d'effroi. N'est-ce pas que les Temps sont proches ? et ces inventions diaboliques ne sont-elles point les signes avant-coureurs de la Fin ?

Au-dessus des palais de l'Exposition, s'élève la Tour. Le peuple s'y porte en foule. Elle est en fer, portée sur quatre pieds énormes qui me faisaient songer à la Bête de l'Apocalypse. Sa tête, coiffée la nuit d'une aigrette de feu, se dresse dans les airs, plus haut qu'aucune oeuvre de la main des hommes. On ne sait si Babel montait aussi haut, lorsque Dieu descendit pour en arrêter la construction. Elle semble, elle aussi l'orgueilleuse Eiffel, jeter un défi au Ciel ; elle a l'air de lui dire : " Je ne redoute ni tes tempêtes, ni ton tonnerre ; les vents n'ont point de prise sur mes flancs, et ma tête se rit de tes orages. Je suis la reine de la Terre ; je porterai l'Homme si haut que

*Nos hôtes de 1889*

tu n'auras plus de secrets pour lui, et qu'il verra, de ses yeux, s'il est vrai qu'un Dieu habite en toi. "

Je suis monté, je le confesse au sommet de la Babel ; que mon péché me soit remis ! Je me frappais la poitrine en m'élevant, par les airs, dans les machines qui vous hissent au faîte ; je sentais la foudre suspendue sur ma tête. Du haut de la Tour, les hommes paraissent des insectes affairés. En voulant faire parade de sa force, l'homme ne montre que sa petitesse. Je restai là une heure ;. je contemplais les dômes d'or étincelant à mes pieds et, au loin, les villes et les villages, les bois et les champs, qui se prolongeaient à l'horizon, à perte de vue. Il me semblait que j'avais été transporté sur la montagne d'où le Tentateur montrait au Christ les royaumes de ce monde. Ils se déroulaient là, devant moi, les royaumes de ce monde, avec leurs maisons innombrables, avec leurs cultures variées, avec leurs verdures et leurs eaux brillant au soleil. Elle était là, à mes pieds, dans sa parure de fête, la perfide Babylone, étalant ses palais, ses jardins, ses richesses, m'envoyant, d'en bas, comme un souffle de volupté. Elle me souriait et me tentait. Je fermai les yeux et, me raidissant contre moi-même, je me penchai sur la sirène, et je crachai dessus.

## 8 - Extrait du rapport de Ki-Tchi-Lang, chargé d'une mission du gouvernement chinois

... Ce que les barbares de l'Occident appellent la civilisation européenne se manifeste, à l'Exposition de Paris, dans tout son éclat et sa force. Si rustres et si grossiers que nous semblent les Occidentaux, il faut bien reconnaître qu'ils ont quelques inventions utiles. Pour les arts, pour tout ce qui exige du goût, de la patience, de l'habileté de la main, ils ne sauraient nous être comparés. Leur peinture, dont ils sont si fiers, n'est qu'un trompe-l'œil. Leurs étoffes, leurs vaisselles, leurs meubles, leurs bronzes, sont loin d'atteindre à l'élégance et à la perfection que nous devons aux leçons de nos ancêtres. Il en est autrement de la mécanique. Sur ce point, force nous est d'avouer que ces barbares nous sont supérieurs. C'est là une vérité admise par la sagesse de notre Gouvernement, quoique sa prudence cherche à la cacher au peuple.

Anatole Leroy-Beaulieu

J'ai vu, à cette Exposition, des machines de toute sorte et pour tout faire. La machine, chez les Occidentaux, est en train de tout envahir ; elle aura bientôt, partout, remplacé l'ouvrier. On se demande ce que deviendront les pauvres gens ; ils ne sont déjà plus que les serviteurs des machines. Il en est de bizarres, et qui attestent le mauvais goût de ceux qui les ont inventées. Ainsi les machines à écrire, exposées par les Américains.

Déjà, la plume de fer employée en Occident, était loin d'avoir la grâce et la finesse de notre pinceau ; avec une machine à clavier, qui imprimera sous les doigts tout ce qu'on lui dictera, le noble art de l'écriture perdra toute vie et toute individualité.

Malgré ce répugnant abus des machines, il est manifeste que si le Céleste Empire veut maintenir sa puissance, il lui faut s'approprier les arts mécaniques de l'Occident, sauf, pour le gouvernement, à en maintenir l'emploi en de justes bornes. Quand les dix-huit provinces auront des chemins de fer, qui permettront d'aller de Pékin à Canton en un jour et une nuit ; quand elles auront partout des télégraphes ou des téléphones pour porter au loin les ordres impériaux ; lorsque Pékin ou Tien-tsin seront pourvus d'arsenaux pour couler nos canons et de bassins pour construire nos vaisseaux, l'Empire du Milieu aura une force proportionnelle à sa masse. Rien alors, dans le monde, ne sera en état de lui tenir tête. Le jour où nous posséderons les mêmes engins de paix et de guerre, les remuants et cupides barbares, qui cherchent à s'emparer de nos frontières ou de notre commerce, par la force ou par la ruse, Anglais, Russes, Français, Américains, seront contraints de se courber devant le Fils du Ciel. La Chine, avec son innombrable population, avec la supériorité de sa culture traditionnelle et de sa constitution politique, avec l'ingéniosité de ses peuples, leur sobriété, leur amour du travail, la Chine sera la reine de l'Univers. Elle sera vraiment l'Empire du Milieu grands ou petits, tous les États deviendront ses tributaires ou ses clients. Pour nous assurer la domination du monde, nous n'avons qu'à nous assimiler les procédés de l'Europe ; et cela est d'autant plus facile que, dans leur naïf orgueil de barbares, les Occidentaux se plaisent à nous révéler eux-mêmes les secrets de leurs inventions, et que leur aveugle cupidité est prête à nous avancer les capitaux destinés à battre leurs armées ou leurs industries.

Il importe cependant de ne pas nous faire illusion. Cette transformation mécanique, qui doit décupler notre puissance et notre richesse, aura ses périls. Elle risque d'ébranler les principes sur lesquels nos ancêtres ont édifié la grandeur de l'Empire. Ces chemins de fer, ces télégraphes, toutes ces inventions qui rapprochent les lieux et suppriment le temps, éveillent, chez le peuple, des goûts de mouvement, de changement, d'innovation, qui agitent la société et troublent l'État. La vapeur et l'électricité remuent les esprits, autant que les corps ; elles produisent, dans les têtes aussi bien que dans les membres, une sorte d'ébullition qui fait que personne ne peut rester en place. La facilité des voyages suscite des curiosités et des ambitions nouvelles. Chacun aspire à sortir de son pays et de son rang. La France est un exemple des maux enfantés par cet esprit de mobilité.

Cette malheureuse France, la moins barbare des nations d'Occident, souffre de commotions sociales et politiques qui l'affaiblissent à chaque génération. Chose qu'on a peine a croire de la part d'hommes doués de quelque raison, son Exposition même n'est qu'une manière de fêter une révolution accomplie par les Parisiens, il y a cent ans. Le sens du gouvernement est si oblitéré chez eux, que les Français la célèbrent encore comme une gloire pour leur pays. Ils l'appellent la grande Révolution, sans doute pour la distinguer de toutes celles qui en sont depuis sorties. Cette perversion du sens politique n'est pas absolument propre aux Français. Elle tient, en partie, au principe de ce que ces barbares nomment leur civilisation. L'esprit d'invention et, comme ils disent, l'esprit de progrès, qu'ils apportent dans leurs arts et leur industrie, ces Occidentaux sont enclins à les porter aussi dans les affaires de l'État. En politique, comme dans le reste, ils ont le goût du neuf. Ils ont perdu le respect de l'antiquité ; ils ne craignent pas de toucher aux institutions de leurs ancêtres. Ils ont fini par regarder les gouvernements comme des machines qu'on peut monter et démonter à volonté ; et ils les modifient, ils les changent ; au besoin, ils les brisent sans scrupule, sous prétexte de

Anatole Leroy-Beaulieu

les perfectionner.

Aussi, mieux vaudrait pour nous ne jamais connaître les inventions de l'Occident que de tomber, à son exemple, dans une pareille déraison. Cette civilisation occidentale, dont l'intérêt public nous commande de nous approprier les découvertes, porte en elle un dissolvant. En lui empruntant ses sciences et ses procédés mécaniques, il faudra bien nous garder d'en prendre l'esprit. Ce serait ruiner l'Empire en sapant les institutions des ancêtres. Les censeurs impériaux devront, par-dessus tout, veiller à ce que les idées de l'Occident ne pénètrent pas chez nous, sous le couvert de ses machines.

Tel est le problème qui s'impose à la sagesse du gouvernement impérial. Ne faisons pas comme nos voisins japonais ; ne copions pas les Européens mettons tous nos soins, même en les imitant, à ne pas leur ressembler. La manie des nouveautés perdra les peuples de l'Europe ; toutes leurs inventions ne les sauveront pas ; ils se détruiront de leurs propres mains. Le salut de la Chine est dans le maintien des mœurs nationales et des traditions gouvernementales, qui ont fait la force et la durée de l'Empire.

### 9 - Un étudiant finlandais
### à un de ses camarades d'Helsingfors

Hommes de toutes les races, produits de tous les climats, on trouve tout ici. Et cependant, en parcourant ces interminables galeries, où le plus intrépide se sent découragé, je me disais que cette Exposition était incomplète, qu'il y manquait quelque chose, et, précisément, ce qui nous importe le plus. Machines, étoffes. meubles, tableaux, statues, on y trouve toute notre civilisation, toute la vie contemporaine dans l'épanouissement de sa force et la multiplicité de ses formes ; mais est-ce là toute la culture européenne, est-ce là tout l'homme moderne ? Les idées, les croyances, les doctrines, où sont-elles ? Je sais que cela est moins facile à exposer et à cataloguer que les soieries ou les cotonnades ; encore, l'art et l'industrie en pourraient-ils offrir les symboles. Et, s'il nous était permis de ranger là, devant nous, par groupes et par classes, nos conceptions religieuses, philosophiques, morales, politiques, sociales le lamentable spectacle que présenterait une pareille exhibition Désordre d'idées ! Conflits de doctrines ! Cacophonie de sentiments ! Anarchie des intelligences !

Sur les murs des restaurants comme sur les albums des visiteurs de la Tour Eiffel, on rencontre partout des rapprochements saugrenus entre la tour moderne et l'antique Babel. Et moi aussi en regardant la tour de fer, je songeais à la tour inachevée de briques et de bitume. Alors, c'était la confusion des langues ; aujourd'hui, c'est la confusion des esprits. Nous parlons les langues les uns des autres, et nous ne nous comprenons point ; le fils n'entend plus son père, et le frère n'est pas toujours intelligible au frère. La vérité de l'un n'est plus celle de l'autre ; et nous n'osons souvent nous interroger nous-mêmes, ne sachant trop ce que nous croyons. Nous vivons dans un subtil, brouillard d'idées, à travers lequel nos yeux ne savent plus rien percevoir nettement.

Une exposition universelle est comme l'examen de conscience d'une civilisation. " Où en est la nôtre ? me demandais-je au Champ de Mars. Cette puissante civilisation moderne, avec ses orgueilleuses découvertes, n'a pas su enfanter une foi, une règle de conduite, capable de diriger les hommes et de les relier entre eux. Toute sa fécondité est stérile. Elle n'a pas su nous donner ce qu'avaient procuré à l'humanité ses humbles devancières, les cultures barbares ou enfantines, qui se sont évanouies devant elle. " Et, frappé de cette pensée, j'en venais à envier les hommes des autres âges dont je voyais, sur les quais de la Seine, les demeures de bois ou de pierre, exhumées pour le plaisir des passants.

Qu'eût été une pareille fête, il y a quelques siècles, si, pour un instant, on la suppose possible ? Imaginons une exposition au moyen âge. Et, après tout, n'en avait-il pas l'équivalent dans ses grandes foires ? Quel contraste avec ce que nous admirons à Paris ! Combien plus de variété dans les modes, dans les vêtements, dans les dehors de l'homme ! Mais, en revanche, combien plus d'unité dans les âmes ! Aujourd'hui, à l'inverse, l'unité est extérieure, elle est dans la forme des chapeaux, dans la coupe des redingotes ; la dissemblance est au

Anatole Leroy-Beaulieu

dedans elle est dans les esprits, dans les croyances. Parmi tous ces Européens et ces Américains, qui semblent habillés sur le même modèle, quelle diversité de croyances et de doctrines ! Dans cette foule de chapeaux ronds, de vestons ou de jaquettes, le XIII° siècle côtoie le XVIII° ; ils se promènent parfois ensemble, l'un donnant le bras à l'autre. L'unité spirituelle de notre civilisation a été brisée ; quand se refera-t-elle ? Y a-t-il seulement ici, dans cette science hautaine, de quoi la refaire ? J'ai beau regarder autour de moi, il me semble que personne n'y travaille. Nos savants et nos inventeurs ont d'autres soucis. Ils fournissent, à notre esprit, des notions positives, des lois, des formules ; mais, à notre âme, qu'apportent-ils ? Ils ont des inventions admirables pour transmettre nos paroles ; mais quel mot ont-ils à nous révéler, quelle pensée à nous apprendre ? Cette superbe civilisation a pourvu à tous nos besoins ; elle n'en a oublié qu'un celui de croire, d'aimer, d'espérer. Il y a ici des concerts pour toutes les oreilles, des spectacles pour tous les yeux, des mets pour tous les palais. Il ne manque que le pain de l'esprit affamé de vérité. C'est une denrée que notre civilisation ne tient point. Par moments, au milieu de tous ces restaurants ci. ces brasseries, devant tous ces gens attablés, il me semblait que j'avais faim et je me sentais pris de soif, sans rien apercevoir autour de moi pour me réconforter, rien pour me désaltérer. Je me retournais, involontairement, cherchant d'instinct, sur les frontons des palais ou sur les plates-formes de la Tour, quelque emblème des croyances ou des espérances de l'Humanité nouvelle. Mes yeux ne découvraient rien. Quelques siècles plus tôt, au sommet de toutes ces coupoles, eût brillé la croix ; aujourd'hui, la croix a été détrônée, — et rien à la place.

Je vois, là-haut, un phare qui rayonne sur la Tour ; je ne vois pas le port où il nous guide. Un phare sans port, ne serait-ce point le symbole de notre brillante et décevante civilisation ?

L'Exposition prétend bien être une fête de l'idée ; elle a été faite pour solenniser le centenaire de 1789.

Mais que de changements dans l'âme française et européenne, depuis cent ans ! La France célèbre 1789, et elle ne croit plus guère à. l'idéal de 1789. La Révolution avait une foi ; si elle croyait peu en

Dieu, elle croyait en l'Homme. Quelle est notre foi aujourd'hui ? L'Occident a-t-il une foi politique plus qu'une foi religieuse ? Quelle parole la France de 1889 a-t-elle à nous dire, à nous, venus à elle, comme des pèlerins vont aux lieux saints ?

Je cherche, avec angoisse, ce que sont devenues, dans leur patrie, ces nobles idées avec lesquelles 1789 se flattait d'affranchir le monde. La France ne parait plus certaine de sa mission. Elle doute des doctrines qu'elle nous a prêchées ; elle se demande ce que vaut la liberté ; elle ne croit plus à la fraternité des peuples. Troublée par sa défaite, elle se méfie de l'idéal qui a fait sa grandeur dans le monde. Elle semble prête à renier ce qu'il y a de plus généreux dans son histoire ; elle tend à se ramasser sur elle-même, à s'enfermer dans ses frontières, comme l'animal blessé se blottit dans sa tanière. Elle rougit presque de ses enthousiasmes d'autrefois, elle fait effort pour devenir égoïste. En nous remerciant de nos vœux pour elle, elle semble parfois nous dire : " Je ne vous connais plus, je ne suis plus libre de penser à autrui ; le cœur de mes enfants n'a plus de battements que pour leur mère ".

C'est ici, dans cette France, dans ce Paris, qui ont donné tant d'espérances au monde, qu'on sent le plus douloureusement combien les cent dernières années ont trahi la confiance de l'Humanité. Quel est le nom de ce siècle présomptueux qui nous avait tant promis ? Désillusion. Que découvre, de la Tour Eiffel, l'œil anxieux de saluer l'aurore du siècle qui va poindre ? Est-ce le lever du soleil de Justice et de Paix, attendu des nations ? J'ai beau regarder au loin, vers l'Est, vers le Nord, vers le Midi, je n'aperçois que des peuples en armes, et, sur l'Europe résignée, la Force triomphante.

### 10 - Un député à un de ses collègues de la dernière Chambre.

Oui, l'Exposition est un succès qui dépasse nos espérances ; nous pouvons nous féliciter, et monter au Capitole, nous qui l'avons votée malgré les prophètes de malheur. Elle a rendu à la France un prestige cosmopolite ; elle en a refait, pour quelques mois, la

Anatole Leroy-Beaulieu

grande nation. Les regards du globe se sont de nouveau dirigés sur Paris, et les deux mondes l'ont admiré. Or, il ne faut pas s'y tromper, ce qui reste de la grandeur de la France est lié à Paris. C'est par l'éclat et par l'attrait de sa folle capitale que la France peut encore primer dans le monde. Cette royauté de Paris, même sous la République, l'Exposition de 1889 l'a affirmée ; par là seul, elle aurait bien mérité de la France et de la République.

Oui, encore une fois, l'Exposition a réussi, elle nous a ramené des sympathies et apporté de l'argent ; mais quel effet aura-t-elle sur le pays, sur l'électeur ? C'est là. le grand point. Après tout, ce n'est pas pour l'étranger, pour le Shah de Perse ou le roi Dinah Salifou, que nous avons construit la Tour Eiffel. Que vaut le Champ de Mars au point de vue électoral ? Que pèsera la galerie des Machines au scrutin ? *That is the question.*

Il serait navrant que cette merveilleuse fête en l'honneur de 1789 ne fût, pour le paysan ou le bourgeois de province, qu'une immense foire au pain d'épice ; que, devant ces sublimes créations de la France moderne, il n'ait pas senti passer sur lui le souffle de 1789.

À mon avis, le défaut de l'Exposition, c'est que 1789 disparaît trop derrière 1889. On l'a dit, la Tour Eiffel manque de couronnement. Au-dessus de la Tour, plane, pour nous, une figure invisible, la Révolution, dont les ailes couvrent la France, mais le peuple la voit-il ? Les élections vont nous le dire. Pauvre pays, dans quelles mains va-t-il tomber ?

### 11 - Le colonel prussien Von B...
### à un officier de son régiment

Ces Welches ont décidément une vitalité étonnante. Ils me font penser à une fourmilière défoncée par le sabot d'un cheval : vous repassez, quelques jours après, les fourmis ont relevé leur *Burg* en ruines. Ainsi des Français : rien ne les démonte. Voici leur Exposition ; ils ont voulu la faire en 1889, l'année du centenaire de la Révolution, malgré l'abstention peu bienveillante des gouvernements ; ils en ont construit les galeries au milieu des bruits de guerre en face des armements de l'Europe ; ils l'ont ouverte au jour dit, en dépit des appréhensions du dehors et des discordes du dedans, sans savoir si les fêtes n'en seraient pas saluées par d'autres canons que ceux des Invalides. Nous autres, Allemands, nous sommes trop raisonnables pour avoir de pareilles audaces.

Je sais bien que cette confiance superbe des Français leur vient de leur légèreté et de leur vanité ; ils ne veulent pas s'avouer déchus ; ils s'entêtent à demeurer un grand peuple. N'importe, une telle foi en soi-même est une force ; elle impose au monde. On le voit bien aux impressions des visiteurs de la grande foire parisienne.

En vérité, c'est un grand effort pour un peuple vaincu. Les Français en sont fiers ; je ne sais si, à leur place, nous nous contenterions de pareils triomphes. Le bourgeois de Paris s'imagine avoir pris la revanche de 1870. La Tour Eiffel le dédommage de Sedan. À propos, d'où vient ce nom d'Eiffel ? Cela vous a bien un son allemand. Rien de grand ne se fait dans le monde sans quelques gouttes de sang teutonique. Cette tour de 300 mètres, élevée à la barbe des souverains de l'Europe pour fêter la Révolution, vous a, malgré tout, un air de défi qui m'agace. Elle a, il faut bien l'avouer, une autre mine que notre colonne de la Belle-Alliance ou notre *Siegesaüle* de Berlin. Je lui trouve quelque chose d'arrogant ; elle semble vous narguer ; elle a l'air de vous dire : " Rien ne porte la tête aussi haut que moi en Europe ; les flèches de vos cathédrales me viennent à. peine à la ceinture. Vus de mes 300 mètres, vous n'êtes que des nains. " N'importe, à la place des Français, j'aimerais mieux la colonne Vendôme ; si elle est moins haute, si elle ne porte pas toute une ville en ses flancs, elle est faite d'un métal plus noble, *aere germanico,* dit mensongèrement l'inscription napoléonique ; lisez avec la fonte des canons russes et autrichiens. Aujourd'hui, c'est aux pieds de la tour de fer que les Parisiens se sentent fiers d'être Français. " Trahis par la victoire ", ils font fi volontiers des triomphes de la guerre. C'est ainsi que, au lendemain de leur défaite, ils n'avaient rien trouvé de mieux que de démolir le trophée des gloires impériales. Pour moi, les lauriers de la paix me laissent froid ; toutes ses conquêtes sont à la merci du canon. Soyez forts,

Anatole Leroy-Beaulieu

et vous aurez le reste par surcroît.

J'ai fait hier l'ascension de la Tour Eiffel. Du sommet, les environs de Paris apparaissent comme un plan en relief ; je revoyais les positions que nous occupions en 1871 ; je fouillais, avec ma jumelle, les collines où nous avions monté une si longue garde. Aujourd'hui, avec les nouveaux forts ; il faudrait reporter nos lignes d'investissement bien en arrière ; le blocus exigerait deux ou trois fois plus d'hommes. Il est vrai que la portée de nos canons a doublé, et, cette fois, nous ne resterions pas des mois a contempler les dômes de Paris sans leur faire faire connaissance avec nos obus. Le beau spectacle qu'on aurait d'ici, en temps de siège ! quel belvédère pour assister à un bombardement ! Je me représentais nos batteries tonnant au loin, et les bombes s'abattant en longues courbes sur Paris en feu ; malheureusement, la nouvelle poudre sans fumée et. sans bruit diminuera la beauté de ces spectacles de la guerre. Ils n'en resteront pas moins autrement sublimes et grandioses que toutes les fêtes de la paix. Que ce Champ de Mars, converti en champ de foire, semblerait misérable à la lueur du canon !

En attendant, ce Paris que nous avions tenu sous la gueule de nos krupps, désarmé par la faim et tournant sa rage impuissante contre lui-même ; ce Paris que, des hauteurs de Montmorency, j'avais vu brûler dans la nuit, je l'avais là, sous mes pieds, plus vivant, plus brillant, plus riant que jamais. Il vous regarde, avec son infatuation ancienne et son incorrigible vanité ; il a, jusque dans ses sourires et les éclats de sa gaîté, quelque chose d'insolent. À sa dédaigneuse présomption de vieille capitale, habituée à se considérer comme la reine du monde, s'ajoute un genre d'orgueil nouveau, le plus repoussant que je connaisse, l'orgueil démocratique, qui se croit supérieur à tout, qui prend en pitié ce qu'il ne comprend point, qui s'admire sottement lui-même et s'imagine être le modèle de l'Univers. Et, après but, il faut bien le dire, il y a ici plus que la capitale d'une nation. Paris est bien la *Weltstadt* par excellence ; la royauté qu'il s'arroge, combien de peuples sont prêts à la reconnaître ! Ils envoient des députations lui rendre hommage ; ils regardent vers lui, comme vers la Mecque du progrès ; ils l'acclament comme la capitale de la civilisation. Paris et Berlin ont reçu, cette année 1889, des visiteurs bien différents. Berlin reçoit les empereurs et les rois, qui passent en uniforme, sous les Tilleuls, entre deux haies de soldats. Paris reçoit des délégations de bourgeois et d'ouvriers., que harangue, à l'Hôtel de Ville, un conseiller municipal en habit noir. Et le monde a plus de regards pour Paris que pour Berlin : les vides discours, échangés dans leurs punchs d'honneur, résonnent peut-être plus loin, ou pénètrent plus bas, que les toasts retentissants des monarques. C'est que, à ce siècle amolli, le Paris de l'Exposition et la France de la République parlent de ce qu'il aime, ou de ce qu'il rêve d'égalité des classes, de fraternité des nations, de droit des peuples, de paix universelle. C'est bien la Révolution que la France enseigne à ses visiteurs. Elle ne sait ce qu'elle sera demain, et elle fait la leçon au monde. Laissons-la à son orgueil et à ses chimères. Nous avons choisi la meilleure part. Rien ne prévaudra contre l'épée.

En descendant de la Tour, je m'arrêtai, sur la seconde plate-forme, au pavillon du *Figaro*. Il y a là un registre où les visiteurs inscrivent leurs noms et leurs réflexions. Je fis comme les autres ; sur cet album de la sottise cosmopolite, au-dessous de plates exclamations en l'honneur de la République française et du Centenaire de 1789, j'écrivis lentement, en allemand et en lettres latines, la non décevante devise : *Mit Gott, für Konig und Vaterland.*

## 12 - Un Alsacien à ses fils

Je n'étais pas venu à Paris depuis 1878. Que nous racontaient-ils donc, que la France était en décadence ? Ce n'est pas à Berlin qu'on verra de sitôt pareil spectacle. Qu'ils fassent une exposition, ils verront s'il leur vient autant de monde. Paris est un aimant pour les deux hémisphères. La France a quelque chose qui attire ; elle est la plus ouverte, la plus humaine, la plus intelligible des nations. Elle a le don, elle a le charme ; chez elle, ni orgueil de race, ni morgue de caste. Les drapeaux de tous pays, qui flottent au Champ de Mars, me semblent joyeux de déployer leurs couleurs à son soleil. Ils sont tous là ; un seul manque, dont l'œil ne regrette pas l'absence. Et cependant, s'ils avaient voulu, il y serait aussi, le noir-blanc-rouge ; et alors, c'eût été vraiment la fête des peuples. Pour

Anatole Leroy-Beaulieu

que 1889 réalisât le rêve de fraternité universelle de 1789, qu'eût-il fallu à l'Europe ? Que le Prussien mît, une fois, en pratique son hypocrite devise : *Cuique suum.* Quelle joie alors pour les mères et les fiancées, de la Baltique aux Pyrénées ! " O Guerre ! qu'as-tu fait de ton aiguillon ? " eût pu chanter notre fin de siècle. La liberté rendue à notre coin de terre, quel poids enlevé au monde civilisé ! Le Champ de Mars eût assisté à une fédération autrement grandiose que celle de 1790. L'Exposition eût été la fête de l'alliance des peuples, et la Tour Eiffel serait la Tour de la Paix.

J'y suis monté, sur la Tour au nom alsacien ; le temps était clair. Je regardais obstinément vers l'Est. Il me semblait être en vigie sur un vaisseau en péril. Pareille impression m'a repris le soir, en apercevant, tout à coup, d'en bas, comme deux bras lumineux dirigés sur l'Est, les faisceaux électriques du sommet. Que ne pouvaient-ils percer, à travers les ténèbres, jusqu'à la vallée du Rhin ! Hélas ! que ne monte-t-elle encore plus haut, la tour qui porte les trois couleurs prohibées, ou que n'a-t-elle une montagne pour piédestal ! Les Vosges la verraient luire au loin, comme une étoile dans la nuit.

Je suis revenu de l'Exposition par la place de la Concorde. La statue de Strasbourg est toujours là. Elle a un air de deuil dans ce Paris en fête. Avec ses couronnes d'immortelles fanées, elle me faisait l'effet d'une statue funéraire sur un tombeau. Je songeais, en la regardant, à ces mortes aimées auxquelles on a longtemps porté des fleurs ; près d'elles, on se sent comme honteux de savoir encore sourire. Ainsi, me semblait-il, des Français devant la statue de Strasbourg. Je lui trouvais presque, dans sa haute mine, un air de reproche, les vivants, quand ils se reprennent à la vie, croient parfois en découvrir dans les yeux des morts. La France, aussi, s'est reprise à vivre ; elle ne pouvait toujours s'envelopper de vêtements de deuil. Par instants, je suis tenté de lui en vouloir de sa prompte guérison et de sa gaieté retrouvée. Je reproche, malgré moi, à ce radieux Paris, sa joie et sa riante beauté. J'ai tort. La France ne peut s'ensevelir au tombeau du souvenir : le crêpe de la veuve lui sied mal. L'esprit français est un esprit de vie, l'âme de la France est une âme joyeuse ; c'est ainsi que nous l'avons aimée ; il ne faut pas qu'elle change. Elle doit rester celle que nous avons connue. Après tout, qui oserait dire qu'elle ne nous a pas été fidèle ? Elle n'a pas, comme d'autres, voulu oublier ; elle n'a pas consenti à tendre la main au conquérant. Peut-être eût-elle mieux fait pour elle-même, pour sa sécurité ou sa puissance. Elle a refusé de marcher sur l'Alsace ; elle n'a pas voulu renoncer de cœur à qui ne voulait pas renoncer à elle. Elle a préféré l'isolement avec ses charges et ses risques. En acceptant le triomphe de la Force, elle se fût donné, à elle-même, un démenti. Elle est la seule nation qui ne puisse sacrifier l'idée au fait brutal. À d'autres, il peut être permis de renier le Droit ; à elle, non. Elle en a proclamé l'avènement dans l'histoire ; elle doit en attendre le règne, — dût-il ne jamais venir. Aux jours de sa royauté, elle avait, pour toutes les douleurs des nations, des armes ou des larmes ; elle ne saurait passer par-dessus les pleurs de ceux qui furent la chair de sa chair. Qu'elle vive, cette noble France, pour le bien du monde et l'honneur de l'Humanité ! Qu'elle se dresse, comme une protestation obstinée, contre les violences de la Force ! Qu'elle soit grande et libre, qu'elle émerveille l'Univers de son génie, pour que nous demeurions fiers de lui avoir appartenu ! Qu'elle soit fidèle à 1789, fidèle à elle-même et à sa vocation, pour que les peuples la reconnaissent ! Sa tâche est de justifier notre amour et nos regrets. Tout ce qui rehausse la France est une joie au cœur de l'Alsace-Lorraine.

ISBN : 978-1523631476

Anatole Leroy-Beaulieu

www.ingramcontent.com/pod-product-compliance
Lightning Source LLC
Chambersburg PA
CBHW072040280526
45788CB00006B/2135